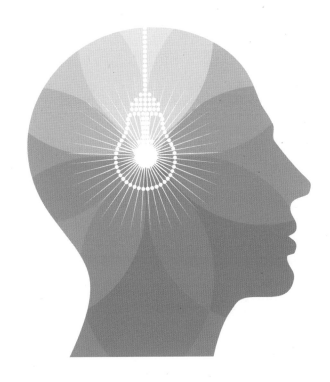

한문 해석 공식

촘스키가 논어를 읽는다면

김종호 지음

저자 소개

김종호

[경력]

- 충남 예산 생(1960.9.음력)
- 한국외국어대학교 중국어과 및 대학원 졸(학사:1985, 석사:1988)
- 연세대학교 대학원 중어중문학과 졸(박사:1994)
- 성신여자대학교 중어중문학과 교수(1994.9-2009.8)
- UC. Berkeley, center for chinese studies visiting scholar(2002.2-2003.2)
- 國立臺灣師範大學 文學院 國文系 客座敎授(2018.2-2018.8)
- 한국외국어대학교 사범대학 중국어교육과 교수(2015.9-2017.8)
- 한국외국어대학교 중국어대학 중국언어문화학부 교수(2009.9-현재)

[저역서]

- 『현대중국어문법』(1998), 신아사[절판]
- 『테마로 읽는 논어명구』(2007), 한티미디어
- 『현대중국어 화제화 이중명사 구문 연구』(2011), 한국문화사
- 『현대중국어 10문형 50구문』(2011), 한국외국어대학교 출판부
- 『도표로 보는 정통문법』(2012[2007]), 한국외국어대학교 출판부
- 『공자, 멋진 사람을 말하다』(2013), 한티미디어
- 『생성문법이란 무엇인가?』(2015)[공역], 한국문화사
- 『논어명구』(2017), HUINE, [세종학술도서(2018): 언어분야]
- 『최소주의 생성문법 13강』(2018), HUINE
- 외 70여 편의 중국어학 관련 학술 논문

한문 해석 공식 – 촘스키가 논어를 읽는다면 –

발행일 2019년 5월 30일 초판 1쇄
지은이 김종호
펴낸이 김준호
펴낸곳 한티미디어 | 서울시 마포구 동교로 23길 67
등 록 제15-571호 2006년 5월 15일
전 화 02)332-7993~4 | 팩 스 02)332-7995
ISBN 978-89-6421-376-6 (93720)
가 격 23,000원
마케팅 박재인 최상욱 김원국
편 집 김은수 유채원 | 관 리 김지영
본 문 김은수 | 표 지 유채원

이 책에 대한 의견이나 잘못된 내용에 대한 수정 정보는 한티미디어 홈페이지나 이메일로 알려주십시오.
독자님의 의견을 충분히 반영하도록 늘 노력하겠습니다.

홈페이지 www.hanteemedia.co.kr | **이메일** hantee@hangteemedia.co.kr

| 차 례

차 례

차 례

　　이 책은 '고대중국어/한문' 해석 공식을 탐구하여 제시하는 데 목적을 둔다. 그 샘플은 『논어』 개별 문장이다. 논어를 예로 하는 이유는, 그것이 고대중국어의 명실상부한 대표 문건이며, 대화체로서 생략현상이 엄청나지만, 오늘 우리가 환원하여 즐길 수 있는 대상이기 때문이다. 우리는 생성문법의 '경동사 이론'으로 『논어』 문장이 어떻게 조직되고, 또 해석되는지 말할 것이다. 특히 경동사 '사건의미'로 논어 속 **'같은 구조, 다른 해석'**의 빗장을 풀어낸다.

　　언어학에서 '구조가 다르면, 의미가 다르다.'는 말은 기본상식이다. 그런데 한문에서는 같은 구조로 보이는데 전혀 다른 방식으로 해석되는 예가 너무 많다. 그중 하나를 보자.

(1) a. 孺悲$_S$欲見$_V$孔子$_O$, 孔子辭以疾。陽貨20

　　 b. 陽貨$_S$欲見$_V$孔子$_O$, 孔子不見, 歸孔子豚。陽貨1

　　두 문장에서 '孺悲$_S$欲見$_V$孔子$_O$'와 '陽貨$_S$欲見$_V$孔子$_O$'는 구조상 'SVO'로 완전히 같다. 등장인물들의 사회적 배경도 유사하다. 즉 공자를 제외한 두 인물들은 모두 공자 당대의 세도가들이다. 이 정도면 당연히 주어 위치의 사람 이름만 바뀐 똑같은 방식의 해석을 기대할 수 있겠다. 그러나 양상은 영 딴 판이다.

(2) a. <u>유비가 공자를 만나려 하였으나</u>, 공자는 병을 핑계로 (유비와의 만남을) 거절하였다.

　　 b. <u>양화는 공자로 하여금 자기에게 나와 알현하게 하였으나</u>, 공자가 알현하지 않자, (양화가) 공자에게 새끼돼지 요리를 보냈다.

　　무엇이 다른가? 우선 각 주어의 의미적 역할이 다르다. a의 '孺悲'는 의지적 〈행위자(agent)〉인 반면, b의 '陽貨'는 공자로 하여금 알현하게 하는 행위를 유발하는 〈원인자(causer)〉이다. 또, 두 곳의 '공자' 역시 그 의미적 역할이 다르다. a에서는 유비가 만나려

프롤로그: 사건의미로 해석하라

는 〈대상자(theme)〉이지만, b에서는 양화의 명령이나 희망에 따라 행동하는 소위 〈경험자(experiencer)〉이다.

왜 이런 차이가 발생하는가? 결론부터 말하자면, 이 차이는 경동사 때문에 발생한다. 즉, 두 문장의 사건의미가 다르다. 먼저 문장의 시작점인 동사 '見'을 보자. 두 경우의 발음이 다르다. a는 'jiàn(견)'이고, b는 'xiàn(현)'이다.[1] 즉, a의 '見'은 [⋯을 보다]라는 동사의 위에 '활동[DO]' 표시 경동사가 개입하여, 이 동작이 주어의 [+의지]적 활동임을 나타낸다. 반면 b의 '見'은 [⋯에게 뵈이다]라는 동사의 위에 '원인[CAUSE]-변화결과[BECOME]' 표시의 두 경동사가 개입하여, 이 동작이 〈원인자〉 주어에 의한 〈경험자〉의 '피동'적 행위임을 나타낸다. 이는 바로 '사역' 사건의미이다. 이처럼 경동사는 동사구의 상위계층에서 자신이 선택한 동사에 대해 일방적으로 자신이 표현하고자 하는 **사건의미를 활성화시킨다.** 이는 바로 표면적으로 **'같은 구조'**일지라도 경동사의 다름에 따라 **'서로 다른 해석'**을 해야 할 때가 있음을 말한다.

우리의 뇌는 사건(event)을 감지하고, 그에 대한 정보를 명제화하여 인식하고, 반응하고, 저장한다. 이처럼 사건을 명제화한 의미를 '사건의미(eventuality meaning)'라 한다. 사건의미는 '활동[DO]', '상태[BE]', '변화결과[BECOME]', '원인[CAUSE]-변화결과[BECOME]' 등의 몇 종류로 나뉜다. 본서는 논어 문장을 문형별로 분류하고, 이 사건의미를 각각 적용하여 해당 구(phrase)를 해석한다. 즉, 논어 구의 개별 문장에 대해 목적어와 보어의 유무에 따라 'SVO', 'SVC', 'SVOC'의 세 가지 문형을 설정하고, 다시 해당 문형에서 문장성분의 생략에 따라 총 8개의 파생문형을 제시하고, 이에 대해 위에서 말한 네 종류의 사건의미를 각각 적용하여 해석한다.

---

1 단어 차원에서, 이 두 '見'은 이음동자(異音同字)의 서로 다른 단어이다. 음도, 의미도, 기능도 다른데, 단지 표기법만 같은 경우이다.

필자는 한문 훈석(訓釋)에 관한 역대의 누적된 경험론을 피하고 싶다. 저 긴 시공에 누적된 어마어마한 경험론 속으로 빨려 들어가면 헤어 나올 수 없고, 그러면 창의성은 피어보지도 못할 가능성이 크기 때문이다. 하여 한나라, 송나라, 명나라, 조선시대의 대학자들이 남긴 관련 의견에 대해 필요하면 들춰보되 인용하지 않는다. 사실 이전 시대 논어에 대한 이해 방식은 언어학적이라기보다 기본적으로 철학적이고 정치학적인 것이라고 여겨진다. 반면, 본서는 생물학적 관점에서 언어를 '뇌 활동'으로 보는 촘스키(N. Chomsky, 1928-) 교수의 생성문법이론을 배경으로 한다. 그중에서도 최소주의 방안(The Minimalist Program, MP)과 관련된 경동사(輕動詞, light verb) 이론이 주가 된다. 이제 이 천년 이상의 긴긴 시간, 켜켜이 쌓인 문화의 철갑 속에서 논어 어구를 꺼내 언어학적으로 음미해보자. 참 오래된 이야기이다. 그러나 이 명제가 인간 공자의 '뇌 속'에서 생성된 것이라면, 지금 우리의 뇌 속에서도 동일한 알고리즘(algorism)으로 작동하지 않겠는가?

필자는 현대중국어문법 전공자이지만, 십여 년 전 우연한 기회에 『논어』에 맛들이기 시작하면서 고대문법 현상이 재미있어졌다. 특히 엄청난 '생략'을 통한 경제성 추구에 매료되었다. 졸저는 그 결실이다. 고대중국어 전공자들의 기 연구와 탐색을 통해 논어에 접근할 수 있었음에, 이 기회를 통해 감사드린다. 아울러 이 작은 열매가 이 분야의 연구와 교육에 창신성을 제공하는 썩는 밀알이 되길 기대한다.

2019. 1. 31
서울 이문동 연구실에서
김 종 호 삼가 적음

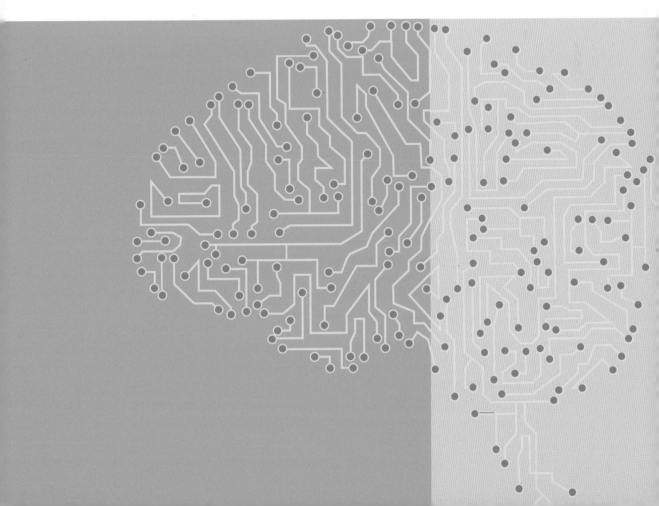

CHAPTER 01

한문 해석 무엇이 문제인가?

01 ｜ 한문 해석 무엇이 문제인가?

'언어'는 인간의 종 특성(species feature)이다. 언어는 인간이 제일 잘 하는 행위이자 '천부적인 능력'이다. 그런데 동아시아에서 수천 년간 써온 언어인 한문[1]은 왜 마치 '하늘에서 내려온 듯(天書)' 어렵단 말인가?

언어를 잘 하는 사람들이 말하듯 동사를 발견하여 문장을 해석하고, 문장의 패턴을 읽어서 잘 이해하고, 생략된 곳을 환원하여 문장의 의미를 파악할 수 있다면 좋겠다. 그런데 그 답 속에 어려움과 한계가 있으니 어쩌면 좋단 말인가?

한문해석 무엇이 진짜 문제인가?

1.1. 동사 찾기의 난점

동사는 문장을 지어나가고, 또 그 의미를 파악하는 중요한 시발점이다. 그런데 문제는 한문에서 동사를 찾기가 어렵다는 것이다. 다음 짧은 문장에서 동사를 찾아보자.[2]

(1) a. 無友不如己者。學而8

　　b. 食夫稻, 衣夫錦, (於女安乎？) 陽貨21

　　c. 君子之德風。顏淵19

고대중국어의 동사에는 자체적으로 '내가 바로 동사이다.'라고 할 만한 아무런 표지(/형태변화)나 단서가 없다. 그렇다면 단어의 '뜻'을 알면 그 기능을 알 수 있을까? 먼저 a, b에서 단어의 뜻을 통해 동사를 유추해보자.

---

1 이 책은 한자로 쓰인 고문에 대한 해석능력을 키우는데 목적을 두므로, '한문'과 '고대중국어'의 명칭 차이에 대해 굳이 구별하지 않기로 한다.

2 '동사 찾기' 차원에서 해석을 직접 보이지 않고 각주로 처리한다.
　a. 자기만 못한 사람을 벗하지(/친구삼지) 마라.
　b. 이 쌀밥을 먹고, 이 비단 옷을 입는 것이, (너에게 편안하냐?)
　c. 군자의 덕은 바람이다/군자의 덕은 바람과 같다.

(2) 단어의 뜻과 동사 유추

연번	단어	뜻	품사
ⓐ	**食**	**음식, 먹다**	**명사/동사**
ⓑ	夫	남편, 이, 저, 무릇	명사/대명사
ⓒ	稻	쌀, 쌀밥	명사
ⓓ	**衣**	**옷, 입다**	**명사/동사**
ⓔ	錦	비단, 비단 옷	명사
ⓕ	**無**	**없다**, 아니다. …하지 마라	**동사/부사/조동사**
ⓖ	**友**	**친구, 사귀다**	**명사/동사**
ⓗ	不	아니다	부사
ⓘ	如	같다	동사
ⓙ	己	자기	대명사
ⓚ	者	사람/놈	대명사

　　표에서 보이듯 해당 단어의 뜻이 무슨 뜻인지 잘 알더라도 '동사 찾기'가 쉽지 않다. 특히 ⓐ, ⓓ, ⓕ, ⓖ는 문맥상황을 고려하지 않으면 명사인지 동사인지 말할 수 없다. 이처럼 동사 찾기가 어려운 까닭은 무엇인가? 이는 단어의 뜻과 그 기능 사이에 필연적인 관계가 없기 때문이다.

　　그렇다면 이제 단어의 기능 차원에서 동사를 판별해보자. 예문 c의 동사를 찾아보자. 아마 뜻을 모르는 글자는 없을 것이다. 먼저 문장을 주어부와 술어부로 2분 해보자.

(3) '君子之德風'에 대한 주술(主述) 관계 분절하기

연번	끊기	가능한 뜻(한국어 해석)
ⓐ	君子‖之德風	* 군자는‖의 덕스런 바람(이다)
ⓑ	君子之‖德風	?? 군자는(/의)‖덕스런 바람(이다)
ⓒ	君子之德‖風	**군자의 덕은‖바람(이다)**

　　표에서 ⓐ와 ⓑ는 무슨 뜻인지 감이 안 온다.3 ⓒ에 이르러 우리 머릿속에서 '오케이 사인'이 떨어진다. 이제 그 속을 도표로 보자. 한국어 해석 부분에서 보듯 '風'이 술부이다. 그렇다면 '風'이 동사일까? 글쎄다. 한국어 같으면 '바람이다'에서 '바람(風)'을 동사로 치지 않는다. '-이다'를 명사성 성분과 결합하여 술어화하는 특수한 동사로 처리한다. 그렇다면 중국어에는 이런 것이 없는데 어쩌나? 두 가지 가능성이 있다. 하나는 '風'을 전성(轉性) 동사로 보는 것이다. 이는 전통문법에서 소위 품사의 활용(活用)이라는 것이다. 다른 하나는 한국어 분석처럼 '風'의 앞에 '-이다'와 같은 모종의 동사성분이 생략되었다고 보는 경우이다. 우리는 후자의 관점에 동의한다.4 그렇다면, (1)c는 다음과 같이 표현할 수 있다.

(4) '君子之德風'에 대한 문장성분 분석 표

주부		술부	
주어(S)	부가어	술어 동사(V)	보어(C)5
君子之德		EV	風

---

3 '*'는 해당 문장이 비문임을, '?'는 어색함을, '??'는 매우 어색함을 의미하는 부호이다.

4 전자는 '風'의 동사적 활용이라고 보는 견해이다. 후자는 문장이 보이지는 않지만 갖춘 문장이라고 보고, 생략의 개념을 이용한 것이다. 둘 다 학술적으로 일리가 있지만, 본서는 발화된 하나의 문장은 하나의 성숙한 것(/완전한 것), 즉 문장이 완전한 형태라면 소위 문장의 필수요소라고 하는 '주어', '술어', '목적어'를 가질 것이라고 보고 분석한다. 물론 현대중국어에서는 두 명사구 사이에 '是'를 쓰며, 생략되었더라도 부정문에서는 다시 '[不]是'쓴다. 따라서 본서는 후자의 관점으로 이 책을 전개한다.

5 본서는 술어 뒤에 위치하지만 목적격을 받지 못하는 명사구를 목적어로 치지 않는다. 따라서 한국어로 해석할 때 격조사 '-을/를'을 받지 못하는 명사구나 전치사구는 일률적으로 보어로 친다.

이렇게 처리할 때, '君子之德風'이라는 구조체는 완전한 절이다. 발음되지는 않지만, 바꾸어 말해 동사가 겉으로 보이지 않을 뿐이다. 그 동사를 환원하자면, 고대중국어로 치면 '爲'나 '如' 정도일 것이고, 현대중국어로 치면 '是'일 것이다.

혹자는 일부의 한자는 음의 차이가 기능의 차이를 보여준다고 말할 것이다. 그런 예가 있기는 하다. 다음 예를 보자.

(5) 단어의 음과 의미와 기능의 관계

단어		음		뜻		기능[6]	예문	출전
		중국	한국					
好	ⓐ	hǎo	호	좋다	좋음	+V/+N	窺見室家之**好** **좋은 것**(을 엿보다)	子張23
	ⓑ	hào		좋아하다	좋은 것		惟仁者能**好**人 (사람을) **좋아하다**	里人3
惡	ⓐ	é	악	악하다/ 나쁘다	악, 나쁨	+V/+N	恥**惡**衣**惡**食者 **나쁜** (옷과) **나쁜** (음식)	里人9
	ⓑ	wù	오	싫어하다	미움		(惟仁者)能**惡**人 (사람을) **미워하다**	里人3

표에서 보이듯, 음의 차이는 기능의 차이를 보여준다. '好'는 같은 음에 대해 성조를 교체하면서 품사적 기능을 달리한다. 마치 ⓐ는 형용사 같고, ⓑ는 동사 같다. 또, '惡'은 음 자체를 달리하며 품사적 기능과 뜻도 달리 한다.[7] 마치 ⓐ는 명사 같고, ⓑ는 동사 같다.

---

6 중국어, 특히 고대중국어에서 상당수의 단어는 범주적 자질(category feature)인 [+V]이나 [+N]의 설정이 의미가 없다. 어느 위치에서 어떻게 작용하느냐에 따라 비로소 범주자질이 확정되고, 품사성이 결정되는 것이기 때문이다. 그래서 각각의 단어 단계에서는 의미에 따른 두 가지 자질(+V, +N)을 모두 가지는 것으로 표시한다.

7 전자에 대해서는 '성조교체(聲調交替)', 후자에 대해서는 '파음자(破音字)'라 하여 설명하기도 한다. 어쨌든 문장 속에서 동사(+V)적인 단어를 찾았다고 문제가 다 해결되는 것이 아니다. 위와 같은 단어의 용법에 대해, 어떤 이들은 같은 단어의 '활용(活用)'이라는 말을 즐겨 쓰는데, 우리는 동의하지 않는다. 당장은 쉬운 말로 설명하는 것이 좋아 보이지만, 두 경우 모두 각각의 단어로 보는 것이 한문해석의 엄밀성과 향후 과학적 분석

그런데 이처럼 'ⓐ는 뭐 같고, ⓑ는 뭐 같다.'라고 일반화시킬 수 있겠는가? 중간의 '기능' 항목 아래에 '+V/+N'로 나타낸 바와 같다. 그렇게 일반화시킬 수 없다. 또, 이런 단어는 전체 단어에서 차지하는 수량 차원에서 극소할 뿐만 아니라, (본질은 그렇지도 않지만) 일부 품사구분 기능이 있다 가정하더라도, 동일한 글자로 쓰인 단어의 음이 뭔지 알 재주도 없다. 결국 동사를 발견하고 나서 그 독음을 어떻게 읽을 것이냐의 문제일 뿐이다.[8]

　　한문은 동사 자체의 외관적 단서가 없기에, 문장에서 동사의 발견이 어렵다. 마치 원시림 앞에서 길을 못 찾듯, 우리는 처음 보는 한문은 해석불가처럼 여겨지기 일쑤이다. 수많은 경험만이 길이라고 믿고 부단히 노력할 뿐이다. 할 수 있다는 것은 문맥 속에서 동사일 가능성이 있는 단어의 선후 관계를 잘 살펴 동사를 확정해내는 것이다. 예를 들어 술어동사가 자동사가 아니라면 그 뒤에는 목적어나 보어가 올 것이다. 또 술어동사의 앞에는 이론상 부사어나 주어가 온다. 특히 주어가 없는 경우는 없다.[9] 다만 여러 가지 이유로 생략되었을 뿐이다. 결국 동사의 발견은 어순 구조 속에서 앞뒤 성분들 간의 관계를 통해 확정하는 길이 최선이랄 수밖에 없다. 그러나 진짜 문제는 따로 있다. 이렇게 어렵사리 동사를 발견했다 해도 해당 문장이 해석되지 않는 경우가 비일비재하다는 것이다. 심지어 해당 문장의 단어 뜻을 다 알고, 동사가 뭔지도 아는데 해석이 안 되는 경우가 많아 예를 들 필요조차 없을 정도이다. 무엇이 우리의 한문해석을 가로 막는 것일까? 그 빗장을 풀 방법은 없는가?

　　사실 동사의 발견 자체가 답은 아니다. 동사보다 한 계층 높은 곳에서 동사를 작동시키는 잘 안 보이는 모종의 요소를 발견하는 것이 답이다. 필자는 한문의 동사가 '원광석(原鑛石)이나 원유(原油)같다.'고 본다. 그것은 유용한 여러 물질을 포함하고 있으나, 제련하거나 정유하지 않으면 구체적으로 써 먹을 수가 없다. 즉, 우리는 원광석을 제련하고 원유를 정

과 이해 차원에서 훨씬 유리다. 예를 들어 현대중국어에서 '鎖(suǒ)'는 '자물쇠'라는 뜻과 '잠그다'의 뜻을 가진 원광석 같은 존재이다. 이것을 뜻에 연관성이 있으니 같은 단어라고 해야 할까? 그러면 '죽음'과 '죽다'라는 단어도 뜻에 연관이 있으니 같은 단어이며, '활용'된다는 것인가? 다시 말하지만 '활용'이라는 쉬운 말이 주는 유혹에 빠지지 말자. 이는 우리가 더 생각하고 잘 처리할 수 있는 기회와 능력을 반감시키는 것이기 때문에 '유혹'이라는 말을 써봤다.

8 한문해석에 도움을 주기보다, 음을 하나 더 알아야 하는 것이므로, 초학자들에게 오히려 학습 부담만 가중시키는 경우가 아닐 수 없다.

9 현대중국어에서 자연현상을 표현하는 '무주어 구문'을 말하기도 하나 극소의 예외로 치자.

유할 설비와 물질이 필요하다. 한문해석에서 그 물질 중의 하나가 바로 '경동사(輕動詞, light verb)'이다. 경동사는 동사보다 한 계층 위에서 동사가 함유하고 있는 여러 의미와 기능성에 대해 **'선택적으로 활성화시켜주는 역할'**을 하기 때문이다. 다음 우리가 잘 아는 단어 '近'을 예로 보자.

(6) a. (子曰:) 剛、毅、木、訥近仁。子路27

　　굳세고, 의지가 있고, 질박하고, 말을 조심하는 것은 인에 **가깝다**.

b. (子曰:) (惟女子與小人爲難養也), 近之則不孫, 遠之則怨 。陽貨25

　　그들을 **가까이 하면** 불손하고, 그들을 멀리하면 원망한다.

(6) a, b에 쓰인 동사 '近'은 같은 글자, 같은 음, 같은 뜻이다. 그러나 해석 부분을 보자. a는 '가깝다[BE]'로 해석되고, b는 '가깝게 하다[DO]'로 해석된다.[10] 바로 '近'의 위에서 작동하는 활성화 물질인 경동사가 '近'의 기능을 이렇게 만들어 버렸다. 계층상 (hierarchically) 상부에서의 작동이자 명령(?)이므로 '近'은 따라 갈 수밖에 없다.

　결국, 동사의 발견과 아울러 이 동사에 대해 어떤 경동사가 작동하는지에 대해 집중해야 한다. 그렇다! **경동사가 한문해석의 활성화 물질이다.** 경동사에 대해서는 2-3장에서 구체적으로 살펴보자.

---

[10] 이런 예는 한문에 비일비재할 뿐만 아니라, 사실은 문장의 모든 주요 술어 동사가 가지는 것(사건의미)이다. 즉, 동사가 어떤 사건의미를 표현하는지 파악되지 않으면, 그 명제의 뜻은 머릿속에 제대로 들어오지 않는다.

1.2. 패턴 분석의 한계

요즘 유행하는 언어학습 방법의 하나가 '패턴(pattern) 학습법'이다. 외국어 학습서에 '패턴'이라는 말이 들어간 책자가 수두룩하다. '패턴'의 정확한 정의가 문제이겠지만, 일단 자주 쓰이는 일정한 구조라고 할 때, 패턴의 이해는 특히 외국어 학습 시에 빈도가 높은 구조나 문형(sentence type)을 파악하는 데 도움이 된다. 또 패턴 간의 비교를 통해 학습함으로 학습의 수고를 덜어줄 수도 있다.

그러나 '패턴의 한계'는 무엇인가? 바로 패턴의 수 문제이다. 도대체 몇 개의 패턴을 제시할 것인가? 한문의 문형만 하더라도 몇 개에서 수십 개까지 제각각 제시한다. 패턴을 강조하는 사람들은 사용 빈도수가 높으면 무조건 패턴이라는 이름을 들이대는 것 같다. 패턴은 패턴을 낳는다. 패턴은 시대에 따라, 지역에 따라, 사람에 따라 변할 수도 있는 것이기에 그 수를 정하는 것 자체가 편의주의적일 수밖에 없다. 또, 패턴의 수가 많아지면 이미 패턴으로서의 가치를 잃은 것이나 다름없다.

패턴의 수도 문제지만 더 큰 문제가 있다. 그것은 **'같은 패턴 서로 다른 해석'**이다. 즉, 같은 구조에 심지어 같은 동사를 쓰는 데도 해석이 달라진다. 사실 그런 예가 매우 많기에 한문 해석이 어렵다는 것이다. 다음 예를 보자.

(7) a. **子S爲V政O,**(焉用殺?) 顔淵19
   b. **그대가 정치를 <u>하는데</u>,** (어찌 살인의 방법을 쓰렵니까?)

(8) a. (孝弟也者,) **其S爲V仁之本O與!** 學而2
   b. (효제라는 것은 말이지,) **그것은 인의 뿌리<u>이다</u>**!

(9) a. **克己復禮S爲V仁O。**顔淵1
   b. **극기복례는 인이 <u>된다</u>.**

(10) a. **天S將以夫子爲V木鐸O。**八佾24
   b. **하늘이 장차 선생님으로 하여금 목탁이 <u>되게 하려 한다</u>.**

네 문장 모두 동일한 'SVO' 유형의 문장이며, 같은 동사 '爲'를 사용한다. 그런데 '爲'

의 해석이 제 각각이다. 왜 그럴까? 각 문장마다 동사 '爲'의 상위계층에서 작동하는 경동사가 다르기 때문이다. (7)은 '활동[DO]', (8)은 '상태[BE]', (9)는 '변화결과[BECOME]', (10)은 '원인[CAUSE]-변화결과[BECOME]'의 사건의미이다. 이 경동사들이 동사 '爲'의 상위 계층에서 작동하면서 각각 자신들의 구미에 맞는 사건의미를 활성화한다. 우리는 이 사건의미를 매우 중시한다. 따라서 본서는 논어 구의 개별 문장에 대해 목적어와 보어의 유무에 따라 'SVO', 'SVC', 'SVOC'의 세 가지 기본문형을 설정하고, 다시 해당 문형에서 문장성분의 생략에 따라 총 8개의 파생문형을 제시한 후, 이에 대해 위에서 말한 네 종류의 사건의미를 적용하여 해석한다.

한문의 해석에 있어 패턴을 파악하는 것도 중요하다. 그러나 그것보다 더 중요한 것이 개별 문장의 사건의미 파악이다. 이미 (7)-(10)에서 보았듯 같은 패턴(/유형)의 문장이라 해도 해당 문장이 나타내는 사건의미가 무엇이냐를 파악할 때, 비로소 해당 문장을 정확하게 해석할 수 있기 때문이다.

1.3. 환원하기의 난점

한문에는 빈 곳이 너무 많다. 사람들은 자신의 가슴에도 빈 곳이 많다고 하소연한다. '비어있다'는 것은 무슨 의미일까? '비었다'는 것은 양면성이 있다. '허한 것'이라 허무하게 느껴질 때도 있지만, 역으로 많은 것을 채울 수 있는 '공간이 있다'는 말이다. 이런 점에서 빈 곳이 많다는 말은 아주 긍정적인 자산이기도 하다. 또, 묻는다. 그렇다면 '비어서 안 보이면 아무것도 없다.'는 건가? 이 말에 대한 답은 아주 간단하며 명쾌하다. 안 보이지만 존재하는 것이 많다. 어쩌면 세상에는 존재하나 안 보이는 게 더 많은지도 모른다. 또, 하나님(Big Creator)이 보여줘도 보지 못하기에, 우리는 세상의 반에 매달리는 것은 아닐까? 우리의 시각센서가 고장이 났든 어떻든 세상은 '보이는 것 반, 안 보이는 것 반' 같다. 언어현상도 그렇다. 그 안에서 문법현상도 마찬가지이다. 모두 보이는 것 반, 안 보이는 것 반이다. '환원하기'를 잘 이해하려면, 이 안 보이는 것을 보아내야 한다. 문자가 눈에 안보이고, 어음이 귀에 안 들려도 마치 보이고, 들리는 것처럼 여기고 설정하는 '믿음'이 필요하다. 다행히 마음만 먹으면 우리 뇌는 이런 일을 잘 해낸다. 쉽지는 않지만 마음먹기에 달렸다.

이 책은 고대중국어의 문형에 대해 '주어(S)+술어(V)+목적어(O)' 구조도 설정하면서, 또 그 속에서 주어가 안 보이는 'VO 구', 목적어가 안 보이는 'SV 구', 혹은 주어도 안 보이고 목적어도 안 보이는 'V 구'도 각각 설정한다. 또 목적어를 아예 설정하지 않는 '주어(S)+술어(V)+보어(C)' 구조도 설정하면서, 또 그 속에서 주어가 안 보이는 'VC 구', 심지어 술어동사가 안 보이는 구 'SC 구'도 각각 설정한다. 이는 문장에서 안 보이는 성분이 있을지라도, 모두 환원하여 해석하겠다는 의미이다. 먼저 논어 한 구절을 보자.

(11) a. 子禽問於子貢曰:

　　　"夫子S$_i$至於是邦也, ES$_i$必聞V其政O。ES$_i$求V之O與？抑^{11}ES$_j$與V之O與？" 學而10

　　b. 자금이 자공에게 물었다.

　　　"선생님(공자)이$_i$ 그 나라에 이르시면, (선생님은$_i$) 반드시 그 곳의 정치에 대해

---

11 억, 접속사. '抑'은 'A與?抑B與?' 'A인가 **아니면** B인가?'의 선택의문을 구성하는 구조의 핵이다.

들으십니다. (선생님이$_j$) 그것을 요구하신 건가요? 아니면 (사람들이$_j$) 선생님께 그것을 말씀드린 건가요?"

('ES'는 생략된 주어 ; 첨자 '$_j$', '$_j$'는 공지시대상 표시 부호. 이하 동)

(11)의 쌍 따옴표 부분은 동사를 근거로 하여 4개의 절로 나뉜다. 여기에 빈곳을 모두 환원하고, '주어' 사이의 지시 관계를 보자.[12]

① 夫子$_i$至於是邦也, 선생님$_i$이 이곳에 이르다.
② ES$_i$必聞其政$_j$。선생님$_i$은 반드시 그곳의 정치$_j$에 대해 듣는다.
③ ES$_i$求之$_j$與? 선생님$_i$이 그것$_j$을 요구한 것인가요?
④ 抑ES$_k$與之$_j$與? 아니면 다른 사람들$_k$(그곳의 위정자)이 그것$_j$을 준 것인지요?

①a에서 주어는 '夫子(공자)'이다. ②와 ③의 생략된 주어(ES)도 '夫子'이다. 우리는 문맥 속에서 단어들의 조합관계, 특히 동사를 보면서 그것을 금세 알아차린다. 인간에게는 이런 놀라운 타고난 능력이 있다. 그래서 '생략'하기도 하고, 대명사를 써서 '지시(reference)'하기도 한다. 문제는 ④의 생략된 주어(ES$_k$)가 무엇이냐이다. 동사 '與'는 'S가 (…에게) O를 **주다**'라는 뜻이므로, 앞과 동일한 주어로 처리하면 문맥상의 논리가 어긋난다. 따라서 다른 주어이다. 그런데도 이것이 생략된다는 것이 문제이다. 따라서 이것을 제대로 환원하지 못하면 문장이 해석되지 않는다. 그런데 한문, 특히 우리의 연구대상인 논어 구절에는 생략이 너무 많다. 그러나 겁낼 것은 아니다. 우리의 뇌가 그 배경만 파악하면 순식간에 빈곳을 환원해주기 때문이다.

본서는 한문 문장을 한국어로 해석할 때, 생략된 모든 것들, 즉, 주어뿐만 아니라 목적어, 보어, 심지어 동사까지도 '환원(/복원)'하겠다는 입장이다. 그때 비로소 해당 구조체를 완전하게 이해하여 해석해낼 수 있기 때문이다. 우리는 논어 구를 통해 생략성분을 환원하여 문장을 완전하게 하는 연습을 한다. 일단 완전하게 환원한 후 해당 성분을 놔두는 것이

---

12 첨자는 공지시(co-reference) 관계를 나타낸다. 즉, 동일 숫자 혹은 문자를 통해 같은 지시대상임을 표시한다. 이하 동.

좋으면 놔두고, 생략하는 것이 더 좋으면 중간선을 그어 다시 생략(deletion)한다.13

한편, '환원하기'가 주는 또 다른 장점도 있다. 보이지 않는 것을 환원하다보면 재미있는 생각들이 많이 떠오른다. 이 '재미있는 생각들'이 글이 되고 사상이 된다. 어떤 땐 잘못 환원하여 빙긋이 웃고, 다시 그 과정을 반복하기도 한다. 우리 뇌도 생체이기에 연산과정에서 실수하곤 한다. 이런 일련의 과정을 통해 해당 구절이 뇌 속에서 명제로서 완전하게 이해되고, 이를 기억장치에 저장하게 될 것이다. 그러나 이런 '완전화'되는 '환원과정' 없이 명쾌하지 않은 명제를 억지로 외우는 것은 어떤가? 그것은 뇌를 피곤하게 할 뿐이다. 뇌는 자구책으로 이런 정보를 곧 깨끗하게 지워버릴 것이다. 그러므로 '사건의미를 통해 명제의 빈 곳'을 채우는 과정은 시간 죽이기가 아니다. 이는 문장을 완전하게 파악하는 과정이자, 생각을 가지런하게 하는 시간이다. 따라서 이때 우리의 뇌리에 창의적인 아이디어가 떠오를 가능성이 높다. 그러니 환원하는 것이 어렵다거나 귀찮다거나 번거롭다고 생각하지 말고, 빈곳을 채우는 즐거움으로 바꾸어보자. 그리고 다시 최대한 생략하여 경제성 추구의 맛도 함께 느껴보자.

---

13 단, 본서에서는 생략된 내용은 남겨놓음으로써 학습이나 생각하기에 참고하도록 한다.

CHAPTER 02

뇌는 무엇을 말하는가?

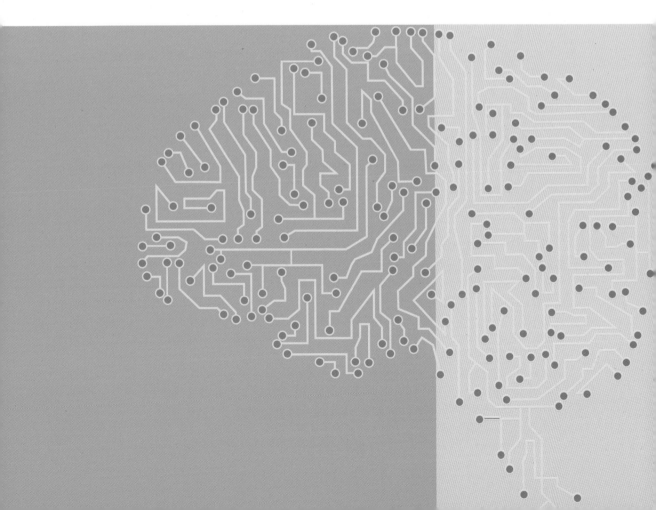

02 뇌는 무엇을 말하는가?

2.1. 경동사와 사건의미

본서는 생성문법의 최소주의(MP) 관점에서 경동사 이론을 배경으로 한다. 이는 『논어』 구절 해석에 있어, 경동사가 표현하는 사건의미를 중심으로 진행됨을 의미한다. 경동사와 사건의미에 대해 알아보자.[1]

인간은 하고 싶은 말이 있을 때 머릿속에서 일정한 단계의 구(phrase)[2]를 만들어 내며, 그것을 진전시켜 최종적으로 완전한 의미를 나타내는 단계의 구를 만들어 낸다. 즉, 어휘부 (lexicon)에서 일정한 단어를 꺼내어 핵(head)을 중심으로 그것을 1:1로, 그리고 계층적으로 병합(merge)[3]하여 완전한 의미체를 만들어 정보처리에 사용한다. 이러한 활동은 뇌의 베르니케 영역, 게시윈드 영역, 브로카 영역을 중심으로 수많은 네트워킹을 통해 일어나는 뇌 활동이다.[4] 이 일련의 활동 중 구(phrase)가 점점 성숙해지는 과정을 예상해보자.

(1) 구의 성숙화 과정

(i) 먼저 동사(V)를 근거로 기초적인 어휘의미 체계(VP)를 만든다.

(ii) 'VP'에 경동사 핵 'v'를 개입시켜, 일정한 사건을 묘사하는 명제단계(vP)를 만든다.

---

1 이 장에서 기술하는 내용은 비교적 이론적인 내용으로서, 상당 부분 졸저(2018)에서 가져온 것이다.

2 생성문법에서의 문법 단위는 '자질(feature) ⟨ 단어(word) ⟨ 구(phrase)'의 세 단계를 설정한다. 즉 전통문법 에서 말하는 문장(sentence)은 생성문법에서 구에 포함된다.

3 병합(merge)이란 통사부(Syntax)에서 단어를 결합하는 조작으로 '합친다'는 의미이다. 즉, 두 개체를 하나로 묶어 새로운 한 개의 개체를 생성하는 일종의 조작(operation)이다. 이때 합쳐서 이루어진 '새로운 개체'는 합치기 전의 두 개체 중 어느 하나의 속성만을 간직한다. 이때 속성을 간직한 개체를 핵(head)라 하고, 그에 병합된 성분을 보충어(complement)라 한다.

4 뇌 과학에 관심이 고조되는 이 시대에 최신 fMRI가 촬영한 사진을 보면, 이러한 일이 일어나는 뇌 속의 공간 은 이미 추상공간이 아니라 '실재적인 생물학적 공간'임을 알게 한다. 전통적으로 베르니케 영역(Wernicke's Area)과 브로커스 영역(Broca's Area)의 연합반응으로 언어가 생성된다고 본다. 한편, 최근의 연구에 의하 면 게시윈드 영역(Geschwind's Territory), 즉 BA 39, 40도 언어 생성에 크게 기여하는 것으로 보인다. https://www.youtube.com/watch?v=_8Mkb1hXzE8(조장희 박사 강연 자료) 참고.

(iii) 'vP'에 시제사 핵 'T'를 개입시켜, 현실과 부응하는 시간체계를 가진 시제단계 (TP)를 만든다.

(iv) 'TP'에 보문사 핵 'C'를 개입시켜, 문장을 기능적으로 운용하는 단계(CP)를 만든다.

우리는 이상의 두 번째 단계인 경동사구(vP)에 집중한다. 이는 '단어를 병합하여 인간의 인지체계에 반영되는 일정한 사건을 묘사하는 단계'이다. 이 경동사구를 구조화하는 핵(head)이 바로 '경동사'이다. 먼저 다음 그림을 통해 경동사구의 위계에 대해 알아보자.

(2) 경동사구의 도출위치와 그 위계

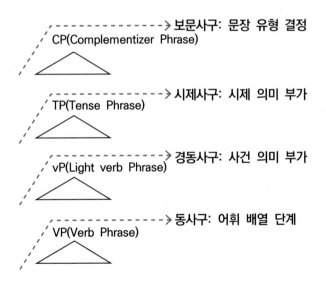

보문사구: 문장 유형 결정
CP(Complementizer Phrase)

시제사구: 시제 의미 부가
TP(Tense Phrase)

경동사구: 사건 의미 부가
vP(Light verb Phrase)

동사구: 어휘 배열 단계
VP(Verb Phrase)

위 그림은 생성문법에서 말하는 여러 단계의 구와 그 위계(hierarchy)를 보인다. 위 그림에서 최상위 계층이 가장 완전한 구이다. 이를 보문사구(CP)라고 하며, 문장의 기능적 유형(진술, 의문, 명령, 감탄 등등)이 결정되는 단계이다. 이제, 본서에서 중시하는 사건의 미를 표현하는 경동사구(vP)의 위치를 찾아보자. 이는 동사구(VP)의 위, 시제사구(TP)의 아래에 위치한다. 물론, 경동사구는 생성문법에서 말하는 완전한 의미에서의 문장은 아니다. 그러나 인간이 말하고자 하는 '사건'을 명제화시키는 단계이다. 따라서 이 단계를 중심으로 『논어』 구절의 명제적인 의미를 파악하는 것은 매우 유효하다.[5] 또, 명제화 단계는 우리 뇌가 어떤 사태(event)에 대해 판단하고 기억하는 단계일 것이다. 우리 뇌는 이 명제적 의미를 기억 장치 속에 잘 저장하였다가 새로운 문장을 만들 때 재료로 사용할 것이다. 이 **경동사구를 투사시키는 핵이 바로 경동사**이다. 우리는 다음과 같이 경동사를 정의한다.

(3) 경동사(light verb, 輕動詞)란 명시적이든 비명시적이든 독립된 품사의 하나로, 동사구(VP)를 보충어(complement)로 취하고, 보충어에 대해 사건의미를 표시하여 경동사구(vP)를 구성하는 핵(head)이다.

결국, 경동사는 동사구(VP)를 보충어로 취하여 모종의 '사건의미'를 부가하는 기능성 품사의 하나이다.[6]

이제, 이미 여러 차례 언급된 바, '사건의미(eventuality meaning)'에 대해 더 생각해 보자. 그것은 일정한 사건(eventuality)에 대한 화자의 추상적 인식이다. 이것이 명제적으로 표현된 것이 바로 사건의미이다. 이는 **'활동[DO]'**, **'상태(BE)'**, **'변화결과[BECOME]'**, **'원인[CAUSE]-변화결과[BECOME]'** 등으로 귀결된다. 다음 그림을 보자.[7]

---

5 이 책은 기술 범위 차원에서 보문사구(CP) 단계까지 언급하지 못한다. 그럴 경우, 그것에 걸맞은 비교적 복잡한 설명들이 필요하다. 이 경우 한 문장의 생성과정을 설명하는 데에만 너무 많은 지면이 필요하다. 또 명제 의미파악에 시제사구(TP)나 보문사구 단계의 이해가 반드시 필요한 것은 아니다. 본서는 책의 성격과 목적 차원에서 경동사구(vP) 이상에 대한 설명은 가급적 피한다.

6 이에 Tzong-Hong Lin(2001:69-72)은 경동사를 "사건술어(eventuality predicate)"라 한다. 한편, 'EXIST', 'AT', 'USE' 등을 내경동사(inner light verb)로 보는 학자들도 있다. 경동사 이론의 발단은 논항구조를 확대해나가는 Larson(1988)의 동사 패각구조(VP shell)이론에 뿌리를 두며, Grimshaw & Mester(1988)의 일본어 경동사 'suru' 연구, Hale & Keyser(1991, 1993, 1997)의 명사의 동사화(denominalization) 연구, Chomsky(1995, 1998, 1999)의 이론, Huang, C.-T. James(1997, 2004), Andrew(2004) 등이 있다. 중국어학계에서는 Tzong-Hong Lin(2001), 鄧思穎(2010), 何元建(2011), 蔡維天(2015) 등의 연구가 있다. 경동사 연구의 요지는 경동사는 사건(/태)을(/를) 나타내는 술어로 위에서 제기된 사건의미를 나타내는 기능을 가진다는 점이다. Tzong-Hong Lin(2001:21-24) 인용 및 참조.

7 이 그림은 鄧思穎(2010:86-88, 91)을 기초로 필자가 재구성한 것이다.

(4) 경동사구의 구성과 경동사의 기능

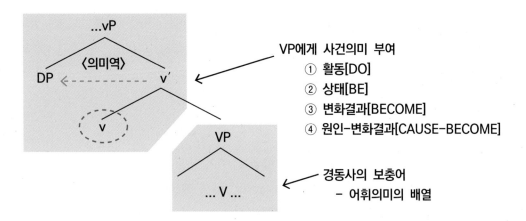

위 그림은 경동사(v)가 동사구(VP)에 대해 네 종류의 사건의미를 나타내는 것을 보여준다. 그림에서 보듯, 경동사의 기능은 두 가지로 요약된다. 첫째, 경동사(v)는 자신의 보충어(complement)인 동사구(VP)에 대해 ⓐ-ⓓ의 사건의미를 준다. 이는 바로 자신의 성분통어(c-command)[8] 대상에게 자신의 속성을 부여하는 것이다. 둘째, 경동사는 사건의미에 걸맞게 배열된 논항(argument)들, 특히 경동사구 지정어(vP-Spec) 위치의 논항에게 모종의 의미적 역할, 즉 의미역(theta-role)을 준다.[9]

결국, 경동사는 동사의 사건의미를 활성화시키며, 자신의 지정어 위치(vP-Spec)에 있는 논항에게 사건의미에 걸맞은 의미역을 할당한다. 이러한 두 기능에 대한 이해는 한문 개별문장의 도출과 생성을 파악하는 핵심 사항이다.

---

8 성분통어(c-command)는 통사론의 중요한 개념으로 언어 구조체의 '상하관계(/통사층차)'를 규정하는 과학적인 방법이다. 성분통어는 구조의 계층관계를 파악하게 함으로써 통사·의미 접합부 연구에서 중요한 의미를 가진다. 寧春岩(2011), 김용석(2012) 등 참고.

9 (4)에서 경동사에 의해 〈의미역〉을 할당받는 한정사구(DP)를 '내주어(inner subject)'라고도 한다. 이는 향후 시제사구의 지정어 위치(TP-Spec)로 이동하여 주격(nominative)을 받는 성분이므로, 사실상 주어이다. 구체적인 양상에 대해서는 아래 2.2를 통해 살펴보자.

2.2. 사건의미의 종류와 적용

이제 『논어』 구절의 구체적인 예를 통해 경동사가 표현하는 사건의미를 그 종류별로 나누어 살펴보자. 또, 각 사건의미에 따른 술어 동사의 의미특징, 의미역, 격, 문장성분과의 관계 등에 대해 구체적으로 알아보자.

2.2.1. 활동[DO] 사건의미 구

'활동' 사건의미 구란 '의지성을 가지는 행위자 주어가 모종의 대상자에 대해 어떻게 행동/처리(V-v)하는지'를 전달하는 구(phrase)이다. 다음 예를 보자.10

(5) a. 君子學道。陽貨4

군자가 도를 배우다.

b. 孔子辭以疾。陽貨20

공자가 병을 핑계로 거절하다.

a는 소위 'SVO 구'이고, b는 'SVC 구'이다. 이들을 수형도11로 나타내 보자. 먼저 a의 예를 보자.

---

10 예문은 본서 4-12장을 통해 다양하게 제시된다. 대체로 하나의 구(phrase)에 사건의미 당 6개를 기준으로 제시한다. 예구 자체가 많지 않은 경우는 6개 이하도 있다. 여기서는 목적어가 있는 경우와 보어가 있는 경우의 두 예를 제시하고, 수형도로써 그 사건의미의 부가과정을 중심으로 설명한다. 이하 '상태', '변화결과', '원인-변화결과' 사건의미의 경우도 모두 동일하게 적용된다.

11 수형도(tree diagram, 樹型圖)는 어떤 의미에서 우리 머릿속에서 언어적 연산을 통해 일어나는 어순조작도이다. 즉, 문장 구성에 참여하는 단어들이 층차를 가지는 1:1의 병합(merge)을 통하여 어떻게 완전한 구조체로 성숙되어 가는지를 보여주는 그림이다.

(6) '君子學道'의 도출도

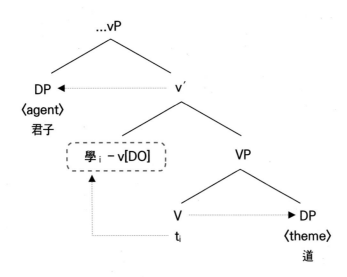

    가장 먼저 동사 핵 '學'과 보충어(complement)[12] '道'가 병합하여 동사구(VP)를 만든다. 이때 보충어 '道'는 핵의 요구에 부합하기 위해 자신이 최대투사(maximal projection)된 상태, 즉 한정사구(DP)로 투사한다.[13] 이렇게 구성된 동사구(VP)에 대해 경동사 '-v[DO]'가 다시 핵으로 개입한다. 이때 경동사(-v)는 음성적 실현이 없는 굴절적 요소이다. 따라서 자신의 안정성 확보를 위해 하위 계층(VP)으로부터 동사핵을 당겨 병합한다.[14] 이것이 바로 완전한 술어(V-v)이다. 또한 이 경동사는 지정어 위치(vP-Spec)의 한

---

12 생성문법에서의 보충어 개념은 핵의 당김에 의해 핵과 직접적으로 병합하는 성분을 이르는 말이다. 따라서 이론상 소위 각종 '명사구, 전치사구, 절' 등이 모두 모종 핵의 보충어가 될 수 있다.

13 통사부에서 핵은 최대투사(maximal projection)된 보충어를 가질 것을 요구한다. 따라서 고대중국어에서 동사 핵이 원하는 보충어는 명사성(+N) 단어의 최대투사체인 '한정사구(DP)', 혹은 전치사가 최대투사된 전치사구(PP), 혹은 또 다른 절 상태(vP/CP) 등이다. 여기서, 한정사구란 생성문법에서 품사의 하나로 설정하는 한정사(determiner)가 핵이 되고 명사구(NP)를 보충어로 병합(merge)하여 최대투사한 구를 이르는 말이다. 본서는 '모든 명사성(+V) 구는 문장 구성에 있어 한정사구로 최대투사한다.'라는 가설을 받아들인다. 따라서 수형도상의 모든 소위 '명사구'를 'NP'가 아니라 'DP'로 적는다. 설령 독자의 이해를 위해 '명사구(NP)'라는 말을 혼용할지라도 이 원칙에는 변함이 없다.

14 동사 위치의 't'는 '흔적(trace)'이고, 아래첨자 'i, j'등은 공지시(co-reference) 관계를 나타내는 부호이다.

정사구(DP)에게는 〈행위자(agent)〉 의미역을 준다. 이로써 경동사구(vP)로 최대투사한다.[15] 이는 다음과 같이 해석된다.

(7) (의지적인 행위자인)[16] **군자(君子)가** (모종의 지배대상인) **도(道)를 배우다.**

이어서 '활동' 사건의미를 나타내는 'SVC 구'에 해당하는 (5)b의 수형도를 보자.

(8) '孔子辭以疾'의 도출도

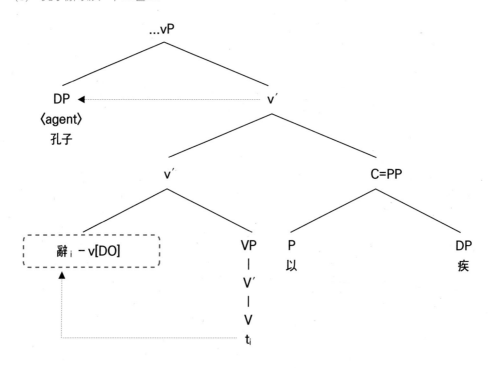

먼저 동사 '辭(사절하다, 거절하다)'는 타동사이므로 〈대상자〉 목적어와 병합되어야 하

---

15 경동사구(vP) 앞의 '…'은 더 이상의 도출에 대해서는 생략한다는 의미이다.

16 본서에서 삭제된 부분은 이해를 돕기 위해 일부러 제시하는 것이다. 독자들은 참고하고 필요에 따라 첨삭하여 해석해도 좋다.

나, 이것이 문맥상 생략되었다. 즉, 생략된 보충어는 유비(孺悲)라는 당시 대부의 '만나자는 요청'이다. 우리는 이를 동사가 명시적인 보충어 없이 동사구로 투사됨(V-V´-VP)으로 나타낸다. 이렇게 구성된 동사구(VP)에 대해 '활동' 사건의미를 나타내는 경동사 [DO]가 동사핵(V)을 당겨 병합함으로써 완전한 술어가 된다. 한편, 중간투사 과정에 술어의 뒤쪽에 간접적인 보어(C)를 병합시킨다. 이는 바로 명시적인 전치사구(以+疾)이다. 이때 전치사 '以'는 '...때문에/이유로[BECAUSE]'의 의미를 가지며, 자신의 보충어 '疾'[17]에 대해 '이유'의 〈대상자〉 의미역을 할당한다. 경동사는 또한 자신의 지정어 위치에는 〈행위자〉를 배치함으로서 경동사구(vP)로 투사된다. 이는 다음과 같이 해석된다.

(9) (의자적인 행위자인) **공자(孔子)가 병을 이유로** (어떤 대상자를) **거절했다**.

이상에서 살펴본 바, '활동' 사건의미를 나타내는 술어동사(V-v)의 의미특징은 [+의지], [+진행] 등이다. 또, 경동사는 자신의 지정어 위치(vP-Spec)의 논항에게 〈행위자〉 의미역을 할당한다. 이 논항은 향후 시제사구의 지정어 위치(TP-Spec)로 확대투사(EPP)되어 주격(nominative)을 받고 주어(subject)가 된다. 결국, '활동' 사건의미 구는 다음과 같이 해석된다.

(10) (의자적인) **행위자(S)가** [[(지배대상자 및 보어성분 즉 간접 〈대상자〉, 〈장소〉, 〈도구/방식〉, 〈원인〉 등등**에 대하여**(/에서/에 따라) 어떻게] **활동(V-v)한다**.

이러한 해석은 이 유형에 속하는 모든 구들에 대해 공통적으로 적용된다. 즉, 구의 크기나 구 성분들의 명시성 여부와 관계없이 모두 동일하게 적용된다.[18]

---

17 이 명사성 구도 전치사 핵과의 병합을 위해 먼저 'DP'로 투사된다. 한편 이 한정사구는 전치사와 직접적인 관계를 맺을 뿐 문장의 주동사와는 간접적인 관계를 맺을 뿐이다. 따라서 목적격을 받지 못하여 소위 '보어'가 된다. 우리는 이 원칙을 목적격을 받지 못하는 모든 명사구에 공통적으로 적용시킨다.

18 즉, 문장의 주요 요소를 갖춘 'SVO 구', 'SVOC'이던, 이들 성분이 생략된 'VO 구', 'VC 구', 혹은 'V 구'이던 간에 같은 활동[DO] 표시 경동사가 개입하면 모두 동일한 사건의미로 해석된다는 것을 말한다. 이하에 설명되는 '상태', '변화결과', '원인-변화결과'의 사건의미도 동일하게 적용된다.

2.2.2. 상태[BE] 사건의미 구

'상태' 사건의미 구란 '묘사 〈대상자〉 주어를 어떻게 묘사(V-v)하는지'를 전달하는 구이
다. 다음 예를 보자.

(11) a. 小人下達。憲問23

　　　소인은 아래로 통달한다.

　b. 君子喩於義。里仁16

　　　군자는 의에 밝다.

a는 소위 'SV 구'이고, b는 'SVC 구'이다. 이들을 각각 수형도로 나타내 보자. 먼저 a
의 예를 보자.

(12) '小人下達'의 도출도

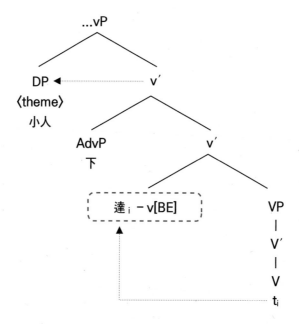

동사핵 '達'은 자동사이므로, 보충어(이 경우는 목적어)를 필요로 하지 않고 직접 동사구(VP)로 투사된다. 여기에 '상태[BE]'를 나타내는 경동사가 개입한다. 경동사는 하위의 동사핵을 당기어 병합하여 술어로서의 완전성을 확보한다. 또, 이 경동사는 자신의 지정어 위치에는 묘사 〈대상자〉인 '小人'을 배치하여 경동사구(vP)로 투사된다. 이는 다음과 같이 해석된다.

(13) 소인(小人)은 아래로 달통(達通)한 (상태어)다.

이어서 '상태' 사건의미 표시 'SVC 구'의 도출을 보이는 (11)b의 예를 보자.

(14) '君子喩於義'의 도출도

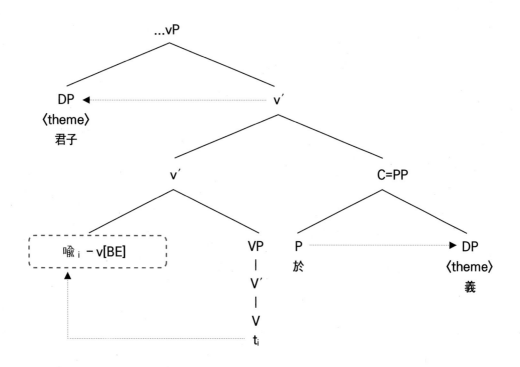

먼저 동사 '喩(깨우치다, 밝다)'는 자동사이므로 자체적으로 동사구(VP)로 최대투사된다. 여기에 '변화' 사건의미를 나타내는 경동사 핵 [BE]는 동사구를 보충어로 당기고, 동사핵과 병합함으로써 완전한 술어가 된다. 여기에 전치사구로 구성된 보어(C)가 다시 병합된다. 이때 전치사 핵 '於'는 '…에 대하여[ABOUT]'의 의미를 가지고, 한정사구(DP)인 '義'를 당겨 '간접 대상자' 의미역을 할당한다. 한편, 경동사 '-v[BE]'는 자신의 지정어 위치에는 묘사 〈대상자〉인 '君子'을 배치하여 경동사구로 투사된다. 이는 다음과 같이 해석된다.

(15) 군자(君子)는 의(義)에 대해 밝(은 <s>상태어</s>)다.

이상에서 보듯 상태 사건의미를 나타내는 술어동사(V-v)는 [-의지]이며, [+판단], [+존재], [+비교], [+소유] 등의 의미특징을 포함한다.[19] 경동사의 지정어 위치의 묘사 〈대상자〉 논항 '小人/君子'은 향후 시제사구의 지정어 위치로 확대투사되어 주격을 받고 주어가 된다. 결국, 이 '상태' 사건의미 구는 다음과 같이 해석된다.

(16) (어떤) **대상자(S)가** (모종의) **상태(V)이다.**

이러한 '상태' 사건의미는 이 유형에 속하는 모든 구들에 공통적으로 적용된다. 즉, 구의 크기나 구 성분들의 명시성 여부와 관계없이 모두 동일하게 적용된다.

---

19 따라서 '상태' 사건의미는 형용사 술어에 의한 묘사구인 경우가 많다. 이때 술어 동사가 [+상태]이므로 뒤에 〈대상자〉 의미역의 논항을 가지지 못하며(/목적격의 논항을 가지지 못하며), 주어 자리에 묘사의 〈대상자〉 의미역 논항이 온다.

2.2.3. 변화결과[BECOME] 사건의미 구

'변화결과' 사건의미 구란 '[-의지]의 〈대상자〉 혹은 〈경험자〉 주어가 어떤 변화결과에 처하게 되는지(V-v)'를 전달하는 구이다. 이는 [+심리], [+인지] 동사에 의한 경우와 소위 비대격동사(unaccusative)에 의한 두 경우로 나누어 볼 수 있다. 논어에서의 각 예를 보자.

(17) a. 我愛其禮。八佾17

　　　나는 그 예의를 좋아한다.

　　b. 信近於義, (言可復也)。季氏12

　　　믿음이 의에 가깝게 되면, (말이 실천될 수 있다.)

a는 소위 'SVO 구'이고, b는 'SVC 구'이다. 이들을 수형도로 나타내 보자. 먼저 a의 예를 보자.

(18) '我愛其禮' 도출도

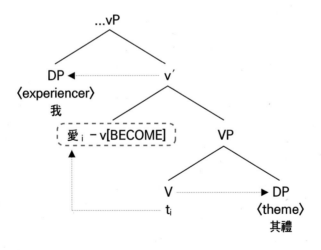

동사핵 '愛'는 보충어 '其禮'를 병합하여 동사구로 투사된다. 여기에 '변화결과[BECOME]'를 나타내는 경동사가 개입한다. 경동사는 하위의 동사핵을 당기어 병합함으로써 술어로서의 완전성을 확보한다. 또, 자신의 지정어 위치에는 **변화의 〈경험자(experiencer)〉**를 배치하여 경동사구로 투사된다. 이 사건의미는 다음과 같다.

(19) 나(공자를 자칭함)는 그것의 예의를 사랑한다.

여기서 주어 '**나**'는 [-의지]의 〈**경험자**〉이다. '**사랑하게 되다**(愛+BECOME)'라는 심리·인지변화는 [+의지]의 〈행위자〉를 주어로 가지지 않음에 주의하자.

이어서 '변화결과' 사건의미 표시 'SVC 구'인 (17)b의 예를 보자.

(20) '信近於義'의 도출도

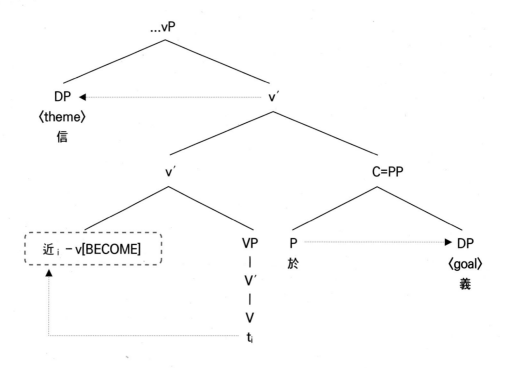

먼저 동사 '近'은 동사구(VP)로 투사된다. 이에 대해 '변화결과' 사건의미를 나타내는 경동사 '-v[BECOME]'가 개입한다. 경동사는 하위의 동사핵을 당기어 병합(近+BECOME)하고, 중간투사과정에 술어의 뒤쪽에 간접적인 보어(C)를 병합시킨다. 이때 명시적인 전치사 핵 '於'는 '…에/로[TO]'의 의미를 가지고, '義'에게 도착점(goal)의 의미역을 할당한다.

이로서 경동사는 자신의 지정어 위치에는 **변화결과의 〈대상자〉**인 '信'을 배치하여[20] 경동사구로 투사된다. 이 사건의미는 다음과 같다.

(21) 믿음이 의에 가깝게 되다.

이상에서 보듯, '변화결과' 사건의미를 가능하게 하는 술어동사(V-v)는 [-의지]이며, [+변화결과], [+심리], [+인지] 등의 의미특징을 포함한다. 결국, 이 '변화결과' 사건의미 구는 다음과 같이 해석된다.

(22) (어떤 비의지적인 변화) **〈대상자〉 혹은 〈경험자〉(S)가** (모종의 변화결과에/를) **V하게 되다.**

이 사건의미 구조에서 특히 주의해야할 점은 주어가 변화결과의 〈대상자〉 혹은 변화결과의 체험자인 〈경험자〉라는 점이다. 이러한 해석은 이 유형에 속하는 모든 구들에 공통적으로 적용된다. 즉, 구의 크기나 구 성분들의 명시성 여부와 관계없이 모두 동일하게 적용된다.

---

20 이 구에서 변화결과의 대상자 '信'은 동사의 뒤에서 출발하였을 것이다. 그러나 그 자리에 있으면 지배 대상자 의미역을 받고 목적어로 되어야 한다. 그러나 화자의 머리 속에서 '信'은 변화결과의 대상자이기 때문에 목적격을 받는 자리에 놔둘 수 없다. 이에 향후 주격을 받을 자리로 이동시킨다. 이처럼 자신의 〈대상자〉 의미역을 받는 것에게 목적격은 주지 못 하(/않)는 동사를 비대격동사(unaccusative)라고 한다. 이 동사류가 가지는 논항은 대격동사류(accusative)가 가지는 논항과 현격한 차이가 있다. 즉, 전자는 주격(nominative)을 부여받지만, 후자는 화제(topic)가 된다. 화제는 주격을 받지 못할 뿐만 아니라 부가어가 되는 것이므로 양자 사이에는 큰 차이가 있다. 이는 고대중국어 해석에 있어 특히 유의해야 할 점이다. 4-11장의 해당 부분에서 그때그때 구체적으로 언급할 것이다.

2.2.4. 원인[CAUSE]-변화결과[BECOME] 사건의미 구

'원인-변화결과' 사건의미 구란 '원인'을 나타내는 경동사와 '변화결과'를 나타내는 두 개의 경동사를 이용하여 '사역'의 사건의미를 전달하는 구이다. '사역'의 사건의미는 기본 적으로 〈원인자(causer)〉와 사역의 〈대상자〉 혹은 〈경험자(experiencer)〉 논항을 가진 다. 이때 〈원인자〉는 [±의지]이다. 즉 '사역의 사건이 발생하게 하는 원인이나 힘'을 의미 하기 때문에 [의지성]과 필연적인 관계는 없다.

현대어나 고대어를 막론하고 '원인-변화결과' 사건의미, 즉 사동(/역)의 사건의미를 나 타내는 방식은 두 가지이다. 즉, '원인'을 나타내는 경동사[CAUSE]가 비명시적(covert)인 가 명시적(overt)인가에 따라 나뉜다.

1) '원인' 경동사가 비명시적인 경우 [21]

논어에서 '원인[CAUSE]'을 나타내는 경동사가 비명시적인 경우의 예를 보자.

(23) a. 君子成人之美。顏淵16

　　　　군자는 사람들이 아름답게 되게 한다.[22]

　　b. (《詩》), 多識於鳥獸草木之名。陽貨9

　　　　(시는) 여러분으로 하여금 들짐승과 날짐승 그리고 초목의 이름을(/에 대해) 많이 알 게 (되게) 한다.

표면상 a는 소위 'SVO 구'이고, b는 '(S)VC 구'이다. 이들을 수형도로 나타내 보자. 먼 저 a의 예를 보자.

---

[21] 이것을 먼저 기술하는 이유는 '존재하지만 보이지 않거나 더 간단한 경우'가 해당 구조(체)의 기본구조일 것 이라는 생각에서이다.

[22] 이 구조를 '활동' 사건의미 구로 해석해보자. '군자는 **사람들의 아름다움을** 이룬다.' 이 해석이 머릿속에 잘 들어오는지, 아니면 위처럼 하는 것이 좋은지 각자 판단하는 수밖에 없다. 본서는 '원인-결과' 사건의미로 해석한 것에 100점을, '활동' 사건의미로 해석한 것에 95점을 주고 싶다. 이는 전적으로 머릿속에서의 이해 도에 따른 것이지만 개인차가 있을 것으로 본다. 이에 대한 좀 더 구체적인 내용과 용례는 본서의 4.3을 참 고하라.

(24) '君子成人之美'의 도출도

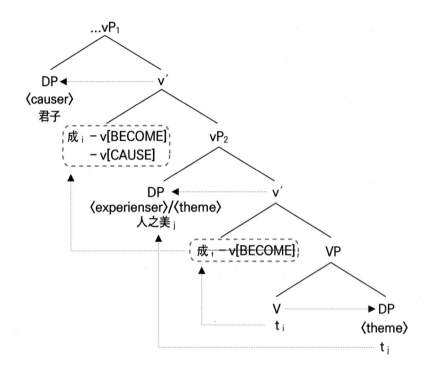

핵 동사 '成'은 먼저 한정명사구(DP) '人之美'를 보충어로 선택하여 병합함으로 동사구 (VP)를 구성한다. 이에 대해 변화결과를 표시하는 경동사 −v[BECOME]이 개입한다. 경동 사는 하위의 동사핵을 당겨 'V-v', 즉 '이루어지게 되다(成-BECOME)'를 만들고, 자신의 지정어 위치에는 그러한 변화의 대상자가 될 만한 성분 '人之美(사람들이 아름답게 됨)'를 아래로부터 당기어 배치하고 〈대상자〉 의미역을 할당한다. 이로써 하나의 '변화결과' 사건 의미를 나타내는 경동사구(vP₂)가 도출된다. 여기에 다시 발음되지 않는 '원인'을 표시하 는 경동사 −v[CAUSE]가 개입한다.

원인[CAUSE]을 표시하는 경동사 -v도 역시 자립성이 없는 굴절적인 형태이므로 아래에 있던 핵 요소 '成-BECOME'을 당겨 '成-BECOME-CAUSE'로 병합한다. 이는 '이루어지게 되게 하다'로 해석된다. 또 자신의 지정어 자리(vP-Spec)에는 〈원인자〉 의미역의 한정사구 논항 '君子'를 배열하고 경동사구(vP₁)로 투사된다. 이 사건의미는 다음과 같다.

(25) (원인자안) **군자가(S)** 사람들이 아름답게 되는 것을(/이/으로 하여금)(O/S₂) **이루어지게 되게 하다(V).**

여기서 주어 '군자'는 '成-BECOME-CAUSE(이루어지게 **되게 하다**)'의 〈원인자〉[23] 역할을 한다. 또, '人之美'는 목적격을 받을 수도 있지만, 자체적으로 하위의 명제를 만들고, '-이/가'의 주격조사를 받을 수 있다. 이에 대해 어떤 해석을 선택할 것이지는 청자의 자유이다. 이어서 '원인-결과' 사건의미 표시 '(S)VC 구'인 (23)b의 예를 보자.

---

23 〈원인자〉 의미역은 반드시 행위의 [+의지]성을 요구하는 〈행위자(agent)〉와 확연히 다르다. 즉, 〈원인자〉란 [의지]의 유무가 문제가 아니라 모종의 '영향력/힘/자연성(저절로)' 등등으로 '원인-변화결과'의 원인이 되는 것을 의미하기 때문이다.

(26) '《詩》), 多識於鳥獸草木之名'의 도출도

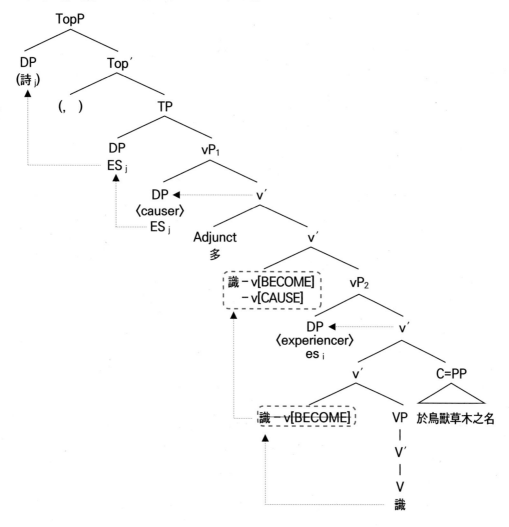

　이 구절은 문맥상 '詩(시경/시)'가 화제연쇄를 이루는 문장임을 전제로 한다. 먼저 동사 '識(알다, 인식하다)'은 자체적으로 동사구(VP)로 최대투사된다. 이에 대해 '변화결과' 사건의미를 나타내는 경동사[BECOME]는 이 동사구를 보충어로 택하여 그 속의 동사핵(V)과 병합하여 완전한 술어가 된다. 이 위에 전치사구로 구성된 보어가 병합된다. 먼저 전치사 핵 '於'는 '…에 대하여[ABOUT]'의 의미를 가지며, 보충어 '鳥獸草木之名'에 대해 '간접대상자' 의미역을 할당한다. 한편, 경동사는 지정어 자리에 〈경험자〉 의미역의 '공자의 제자들(es$_i$로 표시)'을 배치한다. 이상을 통해 '공자의 제자들이 조수초목의 이름에 대해 알게 되다.'라는 '변화결과'의 의미가 도출된다. 여기에 다시 〈원인자〉를 표시하는 경동사 '-v[CAUSE]'가 개입한다. 이 경동사는 다시 하위의 핵요소 'V(識)-v[BECOME]'을 당겨 'V(識)-v[BECOME]-v[CAUSE]'의 핵 병합체를 구성한다. 또 자신의 지정어(vP₁-Spec) 위치에는 〈원인자〉 논항인 'ESⱼ(《詩》)'[24]를 배치한다. 이로써 'ESⱼ(《詩》)는 공자의 제자들이(/로 하여금) 조수초목의 이름에 대해 많이 알게 되게 하다.'라는 '사역'의 의미가 도출된다. 결국, '원인-결과'의 사건의미를 나타내는 두 경동사가 모두 비명시적일 경우, 동사핵(V)은 두 개의 비명시적인 경동사를 향해 연속적으로 핵이동을 함(V(識)-v[BECOME]-v[CAUSE]) 으로써 '원인-변화결과'의 사건의미가 완성된다.[25] 이렇게 도출된 '원인-변화결과' 사건의 미 구는 다음과 같은 사동(使動)의 해석을 낳게 한다.

(27) (어떤 사건을 일으키는) 〈원인자〉 **'시(S)'가** 〈경험자〉인 **공자의 제자들이(/로 하여금)'** 조수초목의 이름에 대하여 (많이) **인식하(V)게 되게 한다.**

2) '원인' 경동사가 명시적인 경우

이는 '원인' 표시 경동사 [CAUSE]가 명시적(overt)인 경우이다. 논어에서는 명시적인 경동사로 '使'만이 보인다. 다음 예를 보자.

(28) a. 子路**使**門人爲臣。子罕12

자로는 (공자의) 문인들이(/로 하여금) (공자의) 신하가 되게 하였다.

b. 可**使**治其賦也。公冶長8

(자로는 말이죠;) (군주가) (그로) 하여금 그 나라의 세금을 다스리게 할 수 있을 것입니다.

---

24 'ES'는 'Empty Subject(비명시적인 주어)'를 의미한다.

25 이후의 투사과정에 대한 설명은 이 각주로 처리한다.: 〈원인자〉 논항인 '《詩》'를 시제사구의 지정어 위치 (TP-Spec)에 배치한 후 주격(nominative)를 할당받고, 이 《詩》'를 다시 화제핵에 의해 화제구의 지정어 위치로 이동시킨다. 이 위치에서 이전의 구절에서처럼 동일 명사구인 《詩》'를 삭제(deletion)한다. 본 수형 도에서는 괄호 속에 표시하였다. 해당 구절에 대한 더 많은 문맥은 본서의 9.4를 참조하라. 위의 그림이 다소 복잡해 보이지만, 사실 수형도의 투사과정을 이해하면 매우 기계적이고 간단하다. 정상적인 우리 뇌는 이런 연산을 매우 빠른 속도로 처리할 것이다.

a는 문장의 주요성분이 모두 출현한 경우이고, b는 〈원인자〉와 〈경험자〉 생략된 경우이다.[26] 먼저 예a가 도출되는 과정을 보자.

(29) '子路使門人爲臣'의 도출도

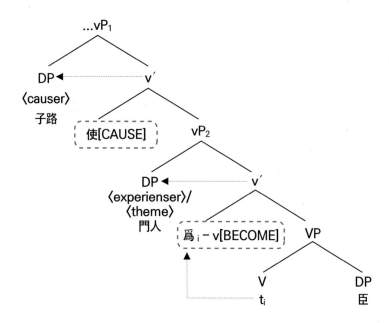

동사 '爲'는 '변화결과'를 나타내는 경동사 -v[BECOME]와 병합되고, 그 지정어 자리에 〈대상자/경험자〉[27] '門人'을 배열하여 vP$_2$를 도출한다. 이 의미는 '문인이 신하가 되다.'이다. 여기에 이런 '변화결과'의 '원인자'를 나타내는 경동사 '使'가 개입한다. 이 '使'는 굴절적 요소가 아니라 명시적(/완전하여 발음되고 서사됨)인 단어이므로, 동사 '爲'는 더 이상 핵이동(head to head movement)을 하지 않는다. 경동사 '使'는 지정어(vP$_1$-Spec) 위치에 〈원인자(causer)〉 논항인 '子路'를 배치한다. 이 해석은 (28)a에서 보인 것과 같다.

이제 경동사 '使'는 명시적이지만, 〈원인자〉와 〈경험자〉의 두 논항이 생략된 (28)b가 도출되는 과정을 보자.

---

[26] 논어에서는 논항이 생략된 b의 예가 비율적으로 a의 예보다 더 흔하다. 이 또한 한문의 경제성 추구차원에서 이해해야할 점이다. '使자 구'에 대해서는 본서의 12장을 참조하라.

[27] 두 의미역 중 어느 하나와만 선택적으로 결합한다. 이 선택은 문맥 속에서 결정된다 하겠다.

(30) '(可)使治其賦(也)'의 도출도

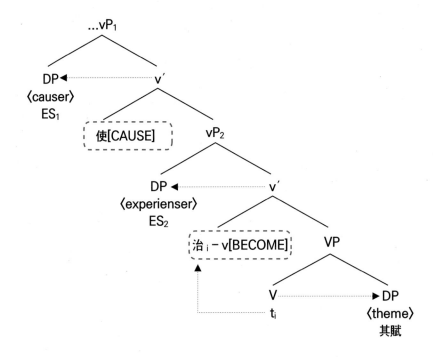

위 수형도에서 보듯 동사핵 '治'는 보충어 '其賦'와 병합하며, 그것에게 〈대상자〉 의미역과 목적격을 준다.[28] 동사핵 '治'는 이어서 '변화결과'를 나타내는 경동사에 병합되어 '治-v[BECOME]' 구조를 이루며, 지정어 위치는 비어 있다. 그러나 우리는 문맥을 통해 이 자리의 생략 성분 '子路'를 즉시 환원시킬 수 있으며, 해당 논항은 〈경험자〉 의미역을 할당받는다. 한편, 상위의 핵인 명시적 경동사 '使[CAUSE]'는 자립적인 단어이므로 더 이상의 병합이 일어나지 않는다. 따라서 핵이동은 끝나며, '使'는 자신의 지정어 위치의 논항에게 〈원인자〉 의미역을 준다. 그런데 이 자리도 생략되었다. 그러나 생략된 '맹무백(孟武伯)' 역시 머릿속에서 즉시 환원되며 여전히 생략되기 전의 〈원인자〉 의미역을 가진다. 결국 이 '원인-변화결과' 사건의미 구는 다음과 같이 해석된다.

---

28 따라서 본서에서는 이것을 'O'라고 표시한다. 한국어 해석에서 볼 때, 이 명사구가 목적격을 받으므로 상위의 '使' 아래에 있던 생략된 명사구를 환원시키면, 〈대상자〉 의미역을 가지기보다는 〈경험자〉 의미역을 선택하고, '-이/가, (-로 하여금)'의 주격을 받는 것으로 보인다.

(31) a. 〈원인자〉 (ES$_1$)는 〈경험자〉 ES$_2$가(/로 하여금) O를 V되게 하다.

     b. (맹무백)은 (자로)가 세금을 다스리(게─돼)게 할 수 있다.

a와 같은 해석 모식은 이 '원인-변화결과' 사건의미 유형에 속하는 모든 구들에 공통적으로 적용된다. 즉, 구의 크기나 구 성분들의 명시성 여부와 관계없이 모두 동일하게 적용된다.

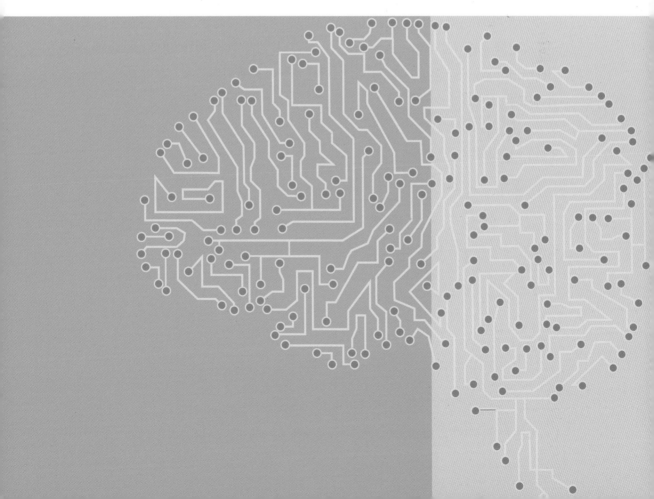

CHAPTER 03

한문은 어떻게 생성되고
해석되는가?

│03│ 한문은 어떻게 생성되고 해석되는가?

언어는 인간의 뇌에서 어떤 순서에 따라 이해되고, 조직되며, 또 수행되어질 것인가? 인간은 동사를 시작점으로 하여, 사건화 단계를 거쳐, 긍정과 부정, 시제, 심리적 운용 기제, 논리 등등을 가다듬은 '완전한 문장'을 만들 것이다. 우리는 2장에서 사건화 단계, 즉 '사건의미 단계(vP)'에 대해 중점적으로 살펴보았다. 이제 문장성분들을 구체적으로 제시하고, 이들 간의 병합순서와 문장의 도출에 있어 보이는 사건의미별 특징에 대해 알아보자.

3.1. 문장성분과 병합

본서는 한문 문장 구성의 주요성분으로 주어, 술어, 목적어, 보어 등을 설정한다. 반면 부사어나 화제(topic) 등은 부가어(adjunct)로 처리하여 필요한 경우만 설명한다. 문장(/구조)성분에 대한 설명의 순서는 '술어(V-v)'부터 시작한다. 이는 병합(merge)과 도출(derivation)의 시작점이기 때문이다. 이어서 술어에 병합되는 순서, 즉 목적어, 보어, 주어 순으로 설명한다.

3.1.1. 문장성분

1) 술어: V-v

우리가 말하는 '술어'는 동사와 경동사 간의 병합된 형태(V-v)의 구조체를 의미한다.[1] 먼저 각 사건의미를 나타내는 술어들의 의미특징에 대해 정리해보자.

---

1 이 둘의 병합은 동사구(VP)를 이룬 후 핵이동 'V-v'를 통해 이루어지지만 '술어'라는 차원에서 이렇게 기술한다.

(1) 사건의미와 술어의 의미특징

사건의미 ＼ 술어의 의미특징	술어의 의미특징	
	주어와 관련한 술어의 의지성 유무	술어 자체의 의미특징
활동 [DO]	[+의지성]	[+진행]
상태 [BE]	[-의지성]	[+상태], [+판단], [+소유], [+비교], [+존재]
변화결과 [BACOME]	[-의지성]	[+변화결과]
원인-변화결과 [CAUSE]-[BECOME]	[±의지성]	[+사역], [+변화결과]

위에서 제시된 의미특징은 동사의 의미특징과 어떤 관련성이 있을 수도 있겠지만, 본질적으로 경동사에 의하여 표출되는 것이다. 구조의 상위 핵(head)인 경동사는 동사구(VP)의 상위계층에서 자신의 입맛에 따라서 사건의미를 부여한다. 이 차원에서 이론상 동사는 절대적으로 수동적이다.

한편, 술어의 뒤에는 목적어 성분이나 보어 성분이 오고, 앞에는 주어 성분이 온다. 현대중국어나 고대중국어 모두 술어 앞에는 부가어가 올 수 있다.[2] 이런 점에서 술어는 문장 구성의 중심부요, 주요부이다.

2) 목적어: O

본서에서 말하는 목적어는 술어성분에 의한 직접 지배 〈대상자〉만을 의미한다. 즉, 동사와 목적어간에 **직접적인 선택 관계를 가지며,** 반드시 목적격을 부여받는다. 이는 매우 강력한 원칙이다. 따라서 한국어로 해석될 때는 반드시 **목적격 조사 '-을/를'**을 첨가할 수

---

2 고대중국어에서는 술어 앞에 양태표시어 '可', '欲', '能' 등, 부정부사 '勿', '毋', '無', '不' 등, 시간부사어 '將', '己' 등이 온다.

있어야 한다. 본서는 이 조건을 만족시키지 못하는 술어동사 뒤의 모든 명사구와 전치사구에 대해 일률적으로 **보어(C)**로 취급한다.[3]

한편, 본서의 12장 '使자 구'에서 명칭상 먼저 짚고 넘어가야할 부분이 있다. 즉, '使' 바로 뒤에 오는 명사구로 소위 전통적으로 '겸어(兼語)'라고 부르는 성분에 관한 것이다. '使' 바로 뒤에 오는 명사구는 '목적어(o)'와 '주어(s)'를 겸한다는 점에서 그렇게 부른다. 그런데 논어의 해당 예 중 소위 주어(S)와 겸어(o/s)가 생략되고 후속하는 동사가 목적어나 보어를 가지는 구, 예를 들어 'ES+使+es+V+O 구, ES+使+es+V+O 구, ES+使+es+V+C 구' 등이 있다. 이때 '使' 바로 뒤에 오는 명사구에 '겸어'라는 말을 쓰기가 어렵다. 이들을 해석할 때, 한국어 조사 '-을/를'을 붙이면 상당히 어색하여 '-이/가'나 '-로 하여금'을 첨가해야 된다. 이러한 경우의 명사구에 대해 여전히 '겸어'라고 하는 것은 문제가 있다. 본서는 이 성분에 대해 격(case)을 말할 때는 하위절의 '주격'으로, 해당 문장성분을 말할 때는 하위절의 '주어'라는 의미에서 's주어'라는 말을 쓰기로 한다.[4]

3) 보어: C

본서에서 말하는 보어는 술어성분을 보충하는 비교적 다양한 성분을 말한다. 여기에는 술어 동사 뒤에 위치하나 목적격을 받지 않는 각종 전치사구가 다 포함된다. 여기서 말하는 '각종 전치사구'에는 전치사가 비명시적인 경우도 포함됨을 분명히 한다. 즉, 술어 동사의 지배대상이 아닌 각종 명사(구)가 다 보어에 포함된다. 사실 술어 동사 뒤에서 보어(C)를 구성하는 명사성 성분들은 명시적이든 비명시적이든 모두 전치사를 가지고 있다. 그리고 이 전치사들에 의해 일정한 의미역을 할당받는다. 다음 예를 보자.

---

3 따라서 술어 뒤의 전치사가 보이지 않는 성분(/한정사구:DP)에 대해 소위 "賓語(목적어)"라는 이름으로 10여 종의 하위분류를 하는 것에 찬성하지 않는다. 그 이유는 의미역과 격 원칙을 어기기 때문이다. 이에 대해 여러 번 반복하였다.

4 참고로, 이 '겸어(o/s)' 성분은 '使'의 성분통어(c-command)를 받는 보충어(complement)중 일부일 뿐이다. 해당성분만 콕 찍어내어 특히 목적어(O)라고 명명하는 것은 논리적인 문제를 야기한다. 여기서는 더 이상 논하지 않는다. 한편, 's주어'라고 한 것은 이들이 하위의 절을 이루며, 해당 절의 주어로 쓰인다는 것을 의미한다.

(2) a. 子曰: <u>回也S視V予O猶父C也</u>. 先進11

　　[공자가 말했다:] 안회는 말이지 나를 아비**라고** 본다.

　b. 子夏曰: …, <u>吾S必謂V之O學C矣</u>. 學而7

　　[자하가 말했다: …] 나는 반드시 그를 학자(학문이 있는 자)**라고** 말하리라.

　　a, b 밑줄 친 부분의 주요성분 배열구조는 'SVOC'로 모두 동일하다. 단, 보어 성분의 구조가 달라 보인다. a는 전치사가 명시적인 '<u>猶P父DP</u>'[5]이고, b는 전치사가 비명시적인 '∅P<u>學DP</u>'이다. 그러나 우리 뇌가 이 구조를 이해하고 해석하는 방식은 같겠다. 즉, 둘 다 '…라고/로서', 혹은 영어 'as'라고 해석된다. 이들을 번역하면 a는 '아비라고(/로)', b는 '학문이 있는 자라고(/로)'이다. 이 말이 맞다면, b의 '∅<u>學DP</u>'에서 발음되지 않은 '∅'는 전치사 'AS'[6]일 것이다. 결국, 고대중국어에서 **보어 성분은 해당 전치사와 그 전치사의 목적어(/보충어) 성분의 병합**으로 이루어진다. 다만 전치사가 명시적(spell out)이냐 아니냐 (non-spell out)의 차이만 있을 뿐이다.[7] 생성문법을 처음 접하는 사람들은 보이지 않는 전치사를 상정하는 것에 반감을 가질지도 모르겠다. 그러나 이것을 인정하느냐의 여부는 고대중국어/한문에서 빈번히 출현하는 바, 술어 뒤에 위치하지만 '목적격조사를 부가할 수 없는 성분'에 대한 해석의 이해와 일반성 확보에 큰 어려움을 느낄 것이다. 우리는 본서 8-12장에서 전개될 '보어(C)'에 대한 해석은 모두 이상의 내용을 근거로 한다.

---

5 '猶' 'yóu', 기본적으로 동사 '같다(如同)'의 뜻이지만, 어휘 항목이 꽤 난삽하다. 『漢語大詞典』5 pp93-94에서는 명사로 시작해서 총 17개의 의미항목을 제시하지만 전치사로서의 항목은 보이지 않는다. 그러나 본문에서 보듯 위의 예는 '…라고/로서, AS'의 의미를 가지는 전치사로 보는 것이 가장 합리적이다.

6 '추상적인 의미'라는 뜻에서 대문자로 표시한다.

7 보어를 구성하는 명사성 성분은 먼저 전치사와 결합하고, 그 후에 술어 동사와 결합한다. 따라서 이 명사성 성분에 대해 의미역을 할당하는 것은 동사가 아니라 먼저 결합한 전치사이다. 그러므로 목적격 '-을/를'을 부여받지 못하는 것이다. 우리는 목적격을 받지 못하는 모든 명사구(/한정사구)는 모두 전치사에 의해 병합되는 성분이라고 가정한다. 다만 전치사가 명시적인가 비명시적인가의 차이만 있을 뿐이다. 목적격을 받지 않더라도 이에 대해 동사와 연결시켜 목적어라고 하는 것은 전치사가 보이지 않는 것에 따른 것이나, 이들 명사구의 의미역(theta role)과 격(case) 문제를 해석할 수 없기 때문에 좋은 견해가 아니다. 다만 문제가 되는 것은 한국어 '학교를 가다/학교에 가다'처럼 동시에 두 특성을 다 가질 수 있는 경우이다. 이때는 우리 뇌에게 물어야겠다. 어느 용도로 말한 것이냐고? 만약 전자라면 좀 더 해당 행위를 목적 지향적(공부하기 위해)인 것으로 해석한 것 같고, 후자는 기타 보충적인 상황(기타 업무로)인 것으로 해석한 것 같다.

보어 성분의 핵인 전치사는 자신의 보충어인 한정사구에게 원칙적으로 어느 한 가지 의미역만을 할당한다. 이 의미역은 한정사구의 다양한 의미특징과 결합하며, 술어의 다양한 의미를 보충한다. 논어에서 명시/비명시 전치사가 자신의 보충어에게 할당하는 의미역에 대해 종합해보자.

(3) 전치사 핵이 보충어에게 할당하는 의미역의 예

전치사의 종류	보어의 특징	보어(C)의 특징		
		한정사구(DP)		한국어 조사 대응 양상
		의미역	의미 특징	
비명시(∅)/ 명시[8]		〈대상자〉	[존재]; [판단]; [결과] [소유]; [비교]; [수혜]; [인정] 등등	-이/가; -에게; -와/과; -라고(/로)
		〈장소〉	[원점]; [출발점]; [종점(/귀착점)] 등	-에서; -(으)로부터; -(에게)로
		〈근거〉;〈방식〉; 〈도구〉;〈재료〉		-로, -써

4) 주어: S

주어는 **주격**(nominative)을 받는 경우의 한정사구(DP)를 이르는 말이다. 한정사구는 사건의미를 나타내는 구의 지정어 자리(vP-Spec)에서 시제사구의 **지정어 자리(TP-Spec)**로 이동하여 주격을 받는다. 이는 한국어로 번역할 할 때 **주격조사 '-이/가(은/는)'**을 첨가할 수 있는 성분이다.

이미 2장에서 살펴본 바와 같이, 주어는 사건의미에 따라 서로 다른 의미역을 가진다. 따라서 주어의 의미역을 감지하면 해석이 어렵지 않다. "『孟子·滕文公章句上』: 勞心者治人, 勞力者治於人, 治於人者食人, 治人者食於人."[9]을 예로 사건의미와 주어의 의미역 간의 관계를 보자.

---

8 전치사가 명시적인 경우 논어에서는 '於', '以', '乎' 등이 흔히 보이고, 드물게 '猶'나 '至於' 등의 예도 보인다.

(4) '사건의미와 주어의 의미역'에 따른 해석 예

예문	주어의 의미역과 해석	'사건의미와 주어의 의미역'에 따른 해석		
		주어(S)		한역 차이
		사건의미	의미역	
ⓐ	勞心者S治V人O	활동 [DO]	[+의지]의 〈행위자〉	마음으로 수고하는 사람은 남을 다스리고
ⓑ	勞力者S治V於人C	변화결과 [BECOME]	[+변화결과]의 〈대상자〉	힘으로 수고하는 사람은 남들에게 다스림을 당하게 된다
ⓒ	治於人者S食V人O	원인-변화결과 [CAUSE]-[BECOME]	[+사역]사건의 〈원인자〉	남들에게 다스림을 당하는 사람은 남들이 먹게 되게 해주고
ⓓ	治人者S食V於人C	변화결과 [BECOME]	[+변화결과]의 〈대상자〉	남을 다스리는 사람은 남들에 의해서 먹게 된다

표에서 보듯, **'사건의미와 주어의 의미역'**에 따른 해석의 차이가 드러난다. 표에서 ⓑ와 ⓓ는 〈대상자〉로 같지만, 나머지는 모두 다르다. 이처럼, 사건의미에 근거하여 주어의 의미역이 머릿속에 확정되면 해석이 훨씬 쉬워진다.

한편, ⓑ와 ⓓ를 구성하는 '於'는 'BY[...에 의해]'에 해당하는 전치사핵이다.

사건의미와 주어성분의 관계를 다음 표로 보자.

---

9 노심자 치인 노력자치어인, 치어인자식인, 치인자식어인.

(5) 사건의미와 주어성분의 의미역 및 격 관계

주어의 의미역과 격 특징 / 사건의미		주어(S)의 특징		
		의미역	격	술어와 관련한 의지성 유무
활동 [DO]		〈행위자〉	주격10	[+의지]
상태 [BE]		묘사 〈대상자〉	주격	[-의지]
변화결과11 [BECOME]	A	변화결과 〈대상자〉	주격	[-의지]
	B	변화결과 〈경험자〉	주격	
원인-변화결과 [CAUSE]-[BECOME]		〈원인자〉	주격	[±의지]

주어(subject)는 **화제(topic)**와 다르다. 일반적으로 말해 화제는 격(case)을 받는 성분이 아니다.12 엄밀하게 말하자면, 주어 앞에 위치하며 화제 보조사 **'-은/는'**을 부가하는 문장의 **부가성분(adjunct)**이다.

---

10 생성문법에서 **주격은 시제사구의 지정어(TP-Spec) 위치에서 부여받는 것**으로 설정된다. 따라서 엄밀하게 말하여 '주격(nominative)'이라고 할 수는 없다. 그러나 이 표에서는 그 과정을 다 기술할 수 없으므로, 향후 받을 것을 예상하여 '주격'이라 한다. (이하 동)

11 A는 동사가 '비대격동사'인 경우이고, B는 동사가 '심리·인지' 동사인 경우이다. 이 둘의 차이가 크므로 따로 분리하여 표시한다.

12 다만 화제가 주어의 이동에 의한 경우는 '화제=주어'이다.

3.1.2. 병합순서

문장은 점점 자라서 성숙해진다. 작은 씨앗이 거목으로 자라는 것처럼 말이다. 따라서 동사로부터 시작된 문장 구성요소들은 성숙한 문장이 되기까지 계속적인 '1:1', 즉 이분지 원칙(binary principle)에 따른 병합(merge)을 진행한다. 그 병합순서는 다음과 같다.[13]

1) [동사(V) 핵(head)]

동사는 동사구(VP)의 핵이다. 이는 완전한 '구조체(phrase)'를 구성하기 위한 시발점이다.

2) [[동사(V)]+목적어(O)]의 병합

이 과정에서 인간 행위의 목적성이 구체화된다. 인간의 행위 중 목적 없는 행위는 없겠다.

3) [[술어(V-v)]+목적어(O)]의 병합

이 단계에서 경동사의 개입이 이루어진다. 즉, 경동사는 동사핵을 보충어로 당겨 'V-v' 구조를 만듦으로써 진정한 의미에서의 술어가 된다. 2장에서 본 바와 같이 경동사(light verb) 핵은 동사구(VP)에 대해 대개 네 종류의 사건의미를 부여한다.

4) [[[술어(V-v)]+목적어(O)]+보어(C)]의 병합

보어는 문장에서 각종 간접대상 및 시간, 장소, 도구, 재료, 방법, 이유, 근거 등등을 표현한다. 문장에서 다양한 의미표현을 보충하는 성분이다.[14]

---

13 표찰붙은괄호(labeled bracketing)를 응용했을 뿐 그것처럼 정확하게 그리는 데는 어려움이 있다. 여기서는 평면적인 병합 순서에 주의하고, 입체적인 순서는 (7)의 수형도를 참고하라.

14 보어의 개입은 문장의 의미를 한층 더 완정하게 한다. 한편, 고대중국어에서 보어가 출현하면 일부 구문을 제외하고, 대다수 구문에서 목적어가 출현하지 않는다. 이 역, 즉 목적어가 출현하면 보어가 출현하지 않는다. 이처럼 이 둘 사이에는 일정 부분 상보성(相補性)이 있다.

5) [주어(S)+[[[술어(V-v)]+목적어(O)]+보어(C)]]의 병합

구조체15는 마지막으로 주어성분과 병합하여 좀 더 성숙한 구조체를 이룬다.

이상, 문장의 주요성분이 결합(병합)하는 순서에 대해 번호를 붙여 표시하면 다음과 같다.

(6) 문장 주요 성분의 결합 순서

① [동사(V)]

② [①[동사(V)+목적어]]

③ [②[①[술어(V-v)+목적어]]]

④ [③[②[①[술어(V-v)+목적어]+보어]]]]

⑤ [주어+④[③[②[①[술어(V-v)]+목적어]]]]]]

이는 먼저 [동사]가 존재하고, 그에 대해 [목적어]가, 또 그에 대해 [경동사]가, 또 그에 대해 [보어]가 순차적으로 병합되며, 마지막으로 [주어(로 투사할 성분)]가 이 구조체의 앞에 위치한다. 이런 순서로 병합된 문장은 선형(線形)적으로 'SVOC'의 어순으로 나타난다. 이상 문장성분의 배열순서를 수형도를 통해 보자. 예문은 顔淵17의 "齊景公問政於孔子"으로, 각종 문장성분들이 모두 출현하는 것에 착안한다.

---

15 이 '구조체'는 추상적인 완전한 의미의 구조체를 말한다. 생성문법의 용어로 하자면 '구(phrase)'가 가장 적절할 것이나, 전통문법에서는 '문장(sentence)'이라고 불리므로, 편의상 구조체라는 말로 갈음한다.

(7) 문장성분의 병합순서 표시도

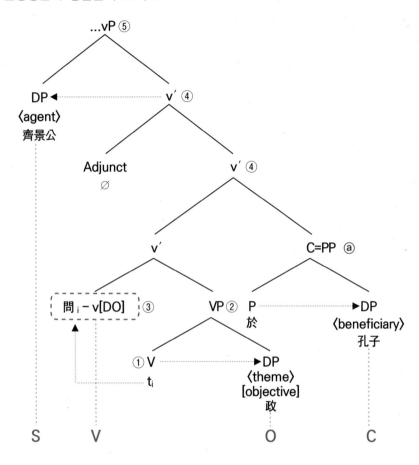

수형도 속의 원문자(단, ⓐ는 자체적으로 보어구를 이루는 예외임)는 이 구조의 병합 순서, 즉 '齊景公問政於孔子'의 도출과정을 보여준다.

①은 '동사(V)' 자체이다.

②는 동사와 목적어의 병합(VO)이다.

③은 경동사와 동사의 병합(V-v)이다.

④는 술어(③으로 표시된 성분)와 보어(C로 표현된 모든 성분)의 병합(VOC)이다.

⑤는 ①-④의 병합성분과 앞으로 주어로 투사될 성분(vP-Spec)과의 병합(SVOC)이다.[16]

---

16 아직은 주격을 받는 자리로 투사하지 않지만, 기술의 편의상 '주어(S)'라고 표시한다. 한편, 재미있는 현상

특히 수형도에서 '보어(C)'의 도출 위치를 보자. 보어는 술어성분(問-v)과 병합(merge)하는 성분으로, 목적어의 밖(/위)에 위치한다. 따라서 동사(V)는 보어 속에 있는 명사성 성분(/한정사구: DP)과는 직접적인 선택관계가 없다. 즉, 전치사구(/보어구)는 내부/자체적으로 ⓐ[전치사+목적어]를 구성된다. 결국, 본서에서 말하는 **보어란 자체적인 내부구조를 가지며, 술어성분을 뒤에서 보충해주는 성분이다. 따라서 본동사와는 직접적인 선택 관계가 없으므로, 본동사로부터 의미역(theta-role)이나 격(case)을 할당받지 못한다.** 이는 술어(V-v)로부터 성분통어(c-command, 統領)[17] 받는 성분일 뿐이다.(위 수형도상의 ⓐ)이다. 본서는 이러한 성분들을 보어(C)라고 통칭한다.[18]

이 수형도를 다시 '표찰붙은괄호(labeled bracketing)'로 보이면 다음과 같다.

(8) '표찰붙은괄호'에 의한 문장성분의 병합순서 표시

[...vP (S: 내주어)[v' [v' Vi-v[VP [Vti 목적어(O)]] 보어(C)]]]

은 이를 한국어로 해석할 때는 병합의 반대순서라는 점이다. 즉, '주어〉(부사어)〉보어〉목적어〉술어동사'의 순으로 해석된다. 이는 해석차원에서 매우 중요한 내용이지만 여기서는 병합을 통한 구조화를 중시하는 차원에서 각주로 처리한다.

17 정의를 곧이곧대로 번역하면 무슨 말인지 알아듣기 어렵다. 쉽게 말해 수형도상에서 자매관계를 가지는 두 성분 A와 B가 있을 때, A 역시 B가 관할하는 하위성분들에 대해 통어함으로써 의미적, 문법적으로 영향을 준다는 것이다. 김종호(2018:99-104) 참조, 김용하·박소영·이정훈·최기용(2018:87, 375) 참조.

18 2000년 이전의 고대중국어에서 부터 다량의 보어가 술어동사의 뒤에 위치하였다는 사실이 흥미롭다. 한편, 고대 중국어에서 이 '보어'라는 용어는 생성문법에서 말하는 보충어(역시 complement로 씀)의 개념과 차이가 있음을 분명히 밝힌다. 고대중국어 보어의 위치 문제와 문법적 자격 문제에 대해서는 연구가 더 필요하다.

3.1.3. 문장유형

문장성분들이 병합된 결과물을 선형적으로 나타낸 것이 바로 **'문장의 유형'**이다.[19] 우리는 목적어와 보어의 유무 차이에 따라 문장의 유형을 크게 **'SVO'**, **'SVC'**, **'SVOC'**의 세 종류로 나눌 수 있다. 또, 이에 대해 문장성분이 생략된 경우를 고려하여 총 8개의 문형을 설정할 수 있다. 한편, 특수하게 '使'를 써서 '원인-변화결과'의 사건의미를 나타내는 문형을 하나 더 포함시켜 총 9개를 설정한다. 다음 표를 보자.

(9) 문형 분류표 [20]

연번	문형	간략식		
I	**'주+술+목' 문형**	**SVO 구**		
II	'술+목' 문형	VO 구		
III	'주+술' 문형	SV 구		
IV	'술어' 문형	V 구		
V	**'주+술+보' 문형**	**SVC 구**		
VI	'술+목' 문형	VC 구		
VII	'주+보' 문형	SC 구		
VIII	**'(주)+술+목+보' 문형**	**(S)VOC 구/VCO 구**		
	'(주)+술+보+목' 문형			
(IX)	**'使'자 문형**	[+사동]	A식	**S+使+o/s+V+C 구**
				使+o/s+V 구
			B식	使+s+V+O 구
				使+V+O 구
				使+V+C 구

---

19 문장의 주요성분을 배열하여 우리 뇌에서 조직할 수 있는 최종적인 구조체는 오로지 보문사구(CP)일 뿐이다. 여기서는 한문해석 학습 차원에서 한문의 유형을 설정하여 이후 설명이나 분석에 대비한다.

20 표에서 'ES, EO, EC, EV' 등은 해당 성분이 완전히 생략되는(/발음되지 않는) 경우를, '(S)'의 경우는 'S'가 수의적으로 출현하는 경우이다. 어쨌든 여기서 주의할 '점은 생략되어 **없다.**'가 아니라 '생략되어 **있다.**'라는 점이다. 너무 당연하여 생략한 상태라고 보면 좋다. 따라서 언제든지 매우 빠른 속도로 환원할 수 있다.

우리는 위 표에서 'Ⅰ-Ⅷ'의 8개를 **한문** 혹은 **고대중국어의 문형**(文型, sentence type 혹은 pattern)으로 설정한다.[21] 한편, '(Ⅸ)'의 '使'자 문형은 특수문형에 해당한다. 본서는 '사건의미'를 중심으로 한문의 해석력과 구성력을 설명하는 데 주안점이 있다. 따라서 중국어에서 '원인-변화결과' 사건의미를 표시하기 위해 고안되고, 현대중국어에서도 여전히 자주 사용되는 이 특별한 문형을 추가하여 설명한다.[22]

본서 **4장부터 12장까지**의 구성은 매우 단순하다. 즉, 위와 같은 8개의 문형에 대해 우선 4개의 사건의미를 반영하여 해석한다. 그렇게 되면 이론상 32개의 사건의미 구가 만들어져야 한다. 그러나 몇몇 구에는 해당 사건의미에 따른 실재적인 예가 없다. 따라서 26개의 구가 만들어진다. 한편, 본서 11.1의 '활동' 사건의미 표시 '(S)VOC 구'는 주어의 출현 유무 및 목적어와 보어의 자리바꿈 등에 따라 3개로 분화되어 28개의 구조체가 만들어지며, 여기에 다시 5개로 나뉜 '使' 구문을 합치면 총 **33개의 사건의미 구 도식**이 그려진다. 이상 각각의 사건의미 구에 대한 설명순서는 '**구 생성도**', '**해석과 쓰기연습**', '**구 생성의 배경**', '**더 생각하기**'의 순서이다. 이에 대해 간략히 살펴보자.

---

21 인간의 뇌는 이 정도만 가지면 계층적 순환(recursion)을 사용하여, 이론상 '세상에서 더 긴 문장은 없다!' 할 정도로 무제한의 긴 문장을 만들 수 있다.

22 위의 표에서 A식은 소위 'O₁/S₂'가 '겸어'식으로 해석되는 경우이고, B식은 'O₁/S₂'에서 'S₂' 요소만 활성화되는 경우이다. 특히 B식에 대한 자세한 내용은 본서의 12장을 보라.

3.2. 도식해석과 쓰기

3.2.1. 구 생성도

위 3.1.3에서 보인 8개 문형이 우리 뇌 속에서 어떻게 이해되고 생성되는지를 파악해보자. 먼저 다음과 같은 도식을 만들고, 여기에 논어 예구를 반복해서 대입시켜보자.[23] 8개의 문형 중 특히 생략이 많은 'ES+V+EO+EC' 문형에 **활동[DO]** 사건의미를 적용해보자.

(10) '활동' 사건의미 표시 'V 구' 생성도

연번	앞맥락	주어 ES	부가어	술어 V-v [DO]	목적어 EO	보어 EC	뒷맥락	출전
ⓐ [24]	弟子入則			**孝**			,出則弟	學而6
ⓑ [25]	君子和而		不	同			,小人同而不和	子路23

ⓐ [젊은이는 (집에) 들어가서는,]

(젊은이는) (부모님께) **효도하고,**

[(젊은이는 집에서) 나와서는 (윗사람을) 공경해야 한다.]

ⓑ [군자는 (여러 사람들과) 화합하나,]

(군자는) (여러 사람들과) 똑같게 행동을 하지는 않는다.

[소인은 (여러 사람들과) 동일하게 행동하나,

(소인은) (여러 사람들과) 화합하지는 않는다.]

---

23 본서에서 예구는 6개가 넘는 경우는 6개를 기준으로 하였으며, 예가 6개가 안 되는 경우는 논어에 출현한 수대로 2-5개를 수록한다. 흥미 있는 독자라면, 어떤 논어 구절을 명제별로 분류한 다음 이 도식에 넣어서 해석 연습을 하는 것도 유용하다. 그러나 일단 본문의 도식에서 제시하는 6개 정도의 예를 숙지하고 나면, 이 도식을 이용하는 방법을 자연스럽게 알게 될 것이다.

24 제자입즉효, 출즉제('弟子', 젊은이)

25 군자화이부동, 소인동이불화(논어에서 '君子'는 '전형적인 멋진 인간상'이거나 '위정자', '소인'은 그 반대를 의미함)

위 도식의 첫 번째 컬럼에는 문장을 구성하는 각 성분의 명칭을 제시한다. 이는 '주어 (S)', '술어(V-v)', '목적어(O)', '보어(C)' 등에 대한 선형적 기술이며, 간단한 표기를 위해 각 성분의 영문 첫 대문자로 표기한다. 이때 생략 성분은 'ES/EO/EC' 등으로 표시하며, 'E'는 empty의 첫 글자를 대문자로 표시한 것이다.[26] 위의 예는 핵심성분 중 술어 요소 'V-v'만 존재하는 구조이다. 따라서 한국어 해석 부분에서도 술어 동사만 볼드체로 하였으며, 기타 부분은 꺾쇠나 괄호 속에 표시하였고, 중복되면 생략표시를 하였다.

한편, 경우에 따라 주어 앞에는 화제가 올 수도 있으며, 주어와 술어 사이에는 부가성 분이 올 수도 있다. 또 분석 대상인 문장 앞에 분석을 위해 유용한 내용이 있으면 '앞 맥락 '이라 하여 제시한다.

또 주요성분인 보어 뒤에도 이런 내용이 있으면 '뒷 맥락'이라 하여 제시한다. 마지막으로는 해당 구절의 출전을 밝힌다. 한편 새 단어의 뜻이 이어지는 '해석과 쓰기연습'에서 자연스럽게 제시면 달리 해석을 붙이지 않는다. 그것보다 문법기능어들이 출현하면 그때 그때 음을 달은 옆, 혹은 각주의 형태로 설명한다. 또, '연번'은 연속 번호를 의미한다. 그 중 원문자 숫자는 도식 속 예문의 연속번호를, 원문자 영문알파벳은 기타 예문의 연속 번호를 각각 나타낸다. 각 도식에서 원문자 위의 각주는 해당 구절의 한국어 독음이다.

앞 맥락과 뒷 맥락의 필요성에 대해 보충하여 설명한다. 사실 도식을 그리는데 있어 공간 두 군데를 더 설정하면 여러 가지로 골치가 아프다. 그러나 이것을 더하는 이유는 '사건의미' 판별의 객관성 확보를 위해서이다. 우리 머릿속에서 '사건의미'의 판별은 직관적이므로, 매우 빠르게 진행될 것이다. 그러나 생략으로 인해 논어의 해당 어구에서 제공되는 정보가 너무 적은 경우가 문제다. 이때 문맥 정보의 필요성이 절실하다. 다음 子路1 에서 밑줄 친 부분의 사건의미를 파악해 보자.

(11) 子路問政。子曰: "先之勞之。" 請益。曰: "**無倦**。" 子路1

생략이 많이 된 문장이다. 이에 대해 도식을 통해 보자.

---

26 본 도식의 예에 화제(topic)가 있는 경우는 그것을 위해 '화제(T)' 칼럼을 설정한다. 화제는 현대어나 고대 어를 막론하고 중국어의 특징 중 하나이며, 정보 차원에서 문맥적 역할을 충분히 함으로 소외시키기 어려운 문의 구성요소이다.

(12) '無倦'의 도식 보기 예

연번	앞맥락	주어 ES	부가어	술어 V-v [DO]	목적어 EO	보어 EC	출전
ⓐ27	先之,勞之.請益.曰:		無28	倦29			子路1

우선 **'無倦'**에서 **'倦'**의 뜻은 '피곤하다'라는 형용사 의미이다. 단어의 의미와 기능상, 일단 '상태[BE]' 사건의미로 접근할 가능성이 크다. 그러나 다시 도식을 가만히 들여다보자. 앞 맥락에 '너는 먼저 그들을 선도하고, 나중에 노역을 시켜라.'는 말이 있다. 자로가 더 말씀해줄 것을 요청한다. 이에 공자가 하는 말이다. 이처럼 배경을 설명하는 것이 '문맥'의 역할이다. 따라서 앞의 내용과 연계시켜볼 때, **'無倦'**은 자로의 행위를 요구하는 권면(명령문)이겠다. 그렇다면 '활동[DO]' 사건의미 구이겠다.30 이제 우리는 **'倦'**에 대해 **'활동[DO]'** 사건의미로 접근하여 '피곤해 **하다'**의 의미를 추출할 수 있다. 이렇게 되면 앞에 위치한 **'無'**도 이에 발맞추어 단순한 부정인 '없다/아니다'의 뜻이 아니라, '…하지 마라(don't)'는 금지의 양태(modality)를 나타낸다. 결국, 이 사건의미는 **'너는** (백성을 선도하고, 부리는 등의 일에 있어/정무에 있어) **피곤해 하지 마라.'**는 '활동' 사건의미로 이해된다. 사실 앞 맥락이 있기에 어렵지 않게 이 문장의 사건의미를 파악할 수 있다. 이것이 바로 본서에서 맥락을 중시하는 이유이다.

---

27 선지노지. 청익. 왈: 무권

28 여기서의 '無'가 '…하지 마라'의 기능을 가지는 것을 알면, 후속하는 내용이 '행위' 사건의미를 표시한다는 것을 감지하는 좋은 근거가 된다.

29 권(juàn), 게으르다. 懈怠(xièdài), 懶惰(lǎnduò).

30 사실 이러한 사건의미의 부가는 **'倦'**의 어휘의미인 '피곤하다'와 결합한 상위의 경동사 ㅡv[DO]로 인한 것이다. 이때 술어 **'倦'** 앞에 위치한 앞에 위치한 '無'도 사건의미 파악에 크게 도움을 준다. 특히 학습을 통해 이것이 단순한 부정인 '없다/아니다'의 뜻이 아니라, '…하지 마라'는 금지 양태를 나타낸다는 것을 알 때이다. '금지'는 행동에 대한 것이지, 심리나 묘사적 내용과 어울릴 수 없다. 한국어도 마찬 가지이다. (예쁘다-안 예쁘다-예쁘지 않다: [+상태] VS 예뻐해 <u>하지 마</u>: [+활동])

3.2.2. 해석과 쓰기연습

여기서는 도식 속의 예문을 해석하고, 그 문장성분의 배열에 대해 쓰기연습을 한다. 도식 속의 생성도에 따라 빈곳을 다 채워 넣어 해석하는 것이 중요하다. 중복되거나 불필요한 경우 지우면 그만이다. 우리 뇌에서는 이런 일들이 빈번히 아주 신속하게 일어날 것이다. 다시 앞 (10)의 해석을 보자.

(13) '(10) 생성도'의 해석

ⓐ [젊은이는 (집에) 들어가서는,] (젊은이는) (부모님께) **효도하고**, [(젊<del>은이는 집에서</del>) 나와서는 (윗사람을) **공경해야 한다.**]

ⓑ [군자는 (사람들과) **화합하나**,] (군자는) (사람들과) 똑같게 행동을 **하지는 않는다.** [소인은 (사람들과) 같게 행동하나, (소<del>인은</del>) (사람들과) **화합하지 않는다.**]

여기서 '[ ]'는 앞 또는 뒷 문맥 부분을 가리킨다. '( )'은 해당 부분에서 있어야 하지만 생략된 부분이다. 중간선 'XXX'은 삭제하는 것이 좋겠다는 뜻이다. 따라서 '활동[DO]' 사건의미를 나타내는 'V 구'의 설명에 반드시 필요한 부분은 중간의 볼드체 부분이다. 특히 꺾쇠 부분은 문맥을 통한 명제 파악에 도움을 주기 위한 것이다. 비교적 복잡해 보이지만 이렇게 하는 것은 문맥의 중요성을 말하는 것이다. 문맥이 없으면 동사 혼자서 어떻게 하나의 명제를 나타낼 수 있겠는가? 즉, ⓐ, ⓑ에서 앞뒤의 '[ ]'한 맥락이 없다면, 어떻게 '孝'나 '同'에 위와 같은 명제적 정보를 넣을 수 있겠는가? 이런 점에서 생략부분이 가지는 중요성은 아무리 강조해도 지나치지 않다.

3.2.3. 구 생성의 배경

사건의미를 말할 때 우리 뇌에서는 어떤 일이 일어날까? 여기서 말하는 '구 생성의 배경'은 해당 사건의미를 말할 때, 우리 뇌에서 일어날 것으로 예상되는 순간적인 결정(/활성화)에 대한 해석이다. 즉, 의사전달의 측면에서 보자면, 어떤 성분을 어떻게 병합시켜 어떤 사건의미를 전달할 것인가에 대한 순간적 결정이다. 이는 결국 술어와 논항들이 보이는 의미특징과 의미역 등에 대한 것이다.

'활동' 사건의미를 나타내는 'VO 구'를 예로 보자.

(14) 활동 사건의미 표시 'VO 구'

연번	앞맥락	주어	술어	목적어	뒷맥락	출전
		ES	V-v [DO]	O		
ⓐ 31	(弟子)行有餘力,則以		學	文		學而6
ⓑ 32	三人行, 必有我師焉,		擇	其善者	而從之	述而22

우선 맥락을 통해서 ⓐ는 '(ES)+學+文', ⓑ은 '(ES)+擇+其善者'라야 완전하게 갖춘 문장이다. 여기서 우리는 생략된 주어성분(ES)을 환원할 수 있다. ⓐ와 ⓑ의 빈 주어자리(ES)는 각각 '弟子: 젊은이'와 '我: 공자'의 자리이다. 이것에 근거해 우리는 위 예구에서 해당 사건의미를 구성하는 논항들의 의미역(theta-role)과 격(case) 그리고 동사의 의미특징 및 한국어 조사 첨가 양상을 유추할 수 있다.33

---

31 (제자)행유여력,즉이**학문**

32 삼인행필유아사언, **택기선자**이종지

33 특히 한국어는 격조사가 정교하게 발달한 언어라서 논항들이 보이는 의미역과 격 관계를 설명하기에 매우 유리하다.

(15) 구 성분의 내부 특징

표기	의미역	의미 특징	격	한국어 조사 첨가
ES	행위자		주격	-이/가 (-은/는)
V-v		[+의지]; [+진행]		
O	대상자		목적격	-을/를
[EC]				

　표 속의 내용은 명제의 내용에 맞게 활성화된 것이다. 즉, 우리 뇌 속에서 논어의 해당 명제를 이해하고 생성하려 할 때, 위의 요소들은 순식간에 활성화될 것이다. 이는 해당 성분이 발음되고 문자적으로 시각화되느냐의 여부와 상관없다. 또, 이는 인종과 언어의 종류와도 상관이 없이 발생하는 뇌 활동이다. 즉, 인간 뇌의 베르니케 영역(Wernicke's area: BA 22), 게시윈드 영역(Geschwind's Area: BA 39, 40), 브로카 영역(Broca's area: BA 44, 45) 등을 중심으로 수많은 시냅스(synapse)를 통해 일어나는 일종의 인지활동이겠다.[34] 해당 구조 속에서 빈 곳(EMPTY)이 있다면, 이는 맥락상 말하지 않아도 명백한 것, 즉 위의 '(ES)'이거나, 아예 불필요한 요소, 즉 위의 '[EC]' 등이다.

　계속하여 해당 내용들에 대한 본서의 설명방식을 보자.

---

[34] 1950년대 말부터 시작된 생성문법론에서 촘스키(Chomsky)는 인간이 언어습득장치(Language Acquisition Device, LAD)를 가지고 태어난다고 설파했다. 또, 현대의 뇌 과학도 언어는 뇌의 감각영역들이 융합활동을 통해 생성되는 것으로 파악한다. 김종호(2018:17-18), 박문호(2018: 472-488) 참조.
박문호, 'https://www.youtube.com/watch?v=cFT5y5uvmO8' 참조.
조장희, 'https://www.youtube.com/watch?v=_8Mkb1hXzE8' 참조.
인간에게는 이런 천부적인 능력이 있기 때문에 자신의 모국어도 습득하게 되고, 외국어도 습득할 수 있다. 바꾸어 말해 어떤 동물도 아무리 긴 세월 동안 인간의 언어를 학습시켜도 인간처럼 말할 수는 없다. 그러나 인간은 닭 울음처럼 흉내 내어 다른 닭들을 속일 수조차 있다. 예를 들어, 닭울음소리를 잘 냈던 어떤 재주꾼의 일화는 『사기(史記)·맹상군열전(孟嘗君列傳)』에 실려 있다. 지금부터 이천 몇 백 년 전 춘추전국시대 제(齊)나라의 재상이었던 맹상군이 진(秦)나라를 탈출하는 과정에서 닭울음소리를 진짜처럼 낸 이름 모를 식객의 도움으로 함곡관(函谷關)의 문을 열고 도망쳐 위험에서 벗어날 수 있었다고 한다.

1) 'ES' 충당 요소

모두 비어 있다. 그러나 '없다'는 말이 절대 아니다. 언제든지 주어를 환원시킬 수 있기 때문이다. 다만, 경제성을 고려하여 발음하지 않았을 뿐이다. 생략된 주어(ES)를 환원하면 다음과 같다.

(16) 생략된 주어 환원 예

    ⓐ -弟子(젊은이는);

    ⓑ -我(나/공자는)

발음되지 않더라도 이들이 문법적 자격은 동일하다. 즉, 이들은 'V-v'에 대하여 〈**행위자**〉 의미역과 '**주격**'의 관계를 가진다. 따라서 한국어로 해석 할 때 주격조사 '**-이/가(-은/는)**'를 첨가한다.

2) 'V-v' 충당 요소

예문에서, 이들은 모두 [+**의지**], [+**진행**]의 의미 특징을 가짐으로써, **활동[DO] 사건의미**를 나타내는 조건을 만족시킨다.

(17) 술어 표시 예

    ⓐ -學-v(배우다) ;

    ⓑ -擇-v(선택하다)

3) 'O' 충당 요소

이는 술어동사와 직접적인 선택 관계를 가지며 병합되는 성분이다.

(18) 목적어 표시 예

ⓐ -文(글을) ;

ⓑ -其善者(그 선한 자를)

활동[DO] 사건의미를 표시하기 위해서, 'O'성분들은 'V-v'로부터 지배 〈**대상자**〉 의미역을 할당받으며, 또, '**목적격**'을 부여받는다. 따라서 한국어로 해석할 때 목적격조사 '**-을/를**'을 첨가한다. 'O'성분이 단순한 명사이든 긴 명사구이든 심지어 동사를 포함하는 절이든 모두 이러한 조건을 만족시키는 해석을 해야 한다.

3.2.4. 더 생각하기

본서는 필요시 각 절마다 '더 생각하기'를 설정한다. 이 목표는 두 가지이다. 하나는 각 사건의미 구와 관련하여 특징적인 문법사항이 있으면 포착하여 설명하기 위함이다. 또 하나는 같은 유형의 더 많은 예문을 즐기기 위함이다. 가급적 논어 구절 속의 예보다 쉽고 단순한 예를 든다.

3.2.5 요약: 같은 구조, 다른 해석

본서에서 **4장부터 11장**까지의 각 문형에 속한 사건의미 구에 대해 설명이 완료되면, 그 내용을 요약한다. 이는 결국 '**같은 구조, 다른 해석**'에 대한 것이다. 이는 해당 문형 속에서 나누어 설명한 2~4개의 사건의미 구를 종합하여 비교한 것이다. 그런데 사실 상당 부분 같은 내용의 반복처럼 보이기도 한다. 이는 문형은 달라도 사건의미는 동일하게 적용되기 때문이다.[35] 이는 바로 언어의 경제성 추구차원에서 보이는 유기적 관계성 때문이라 하겠다.

---

35 예를 들어 '활동[DO] 사건의미'는 'SVO', 'VO', 'V', 'SVC', 'VC', '(S)VOC' 등 6개의 문형에 완전히 동일한 기제(mechanism)로 작동한다. 말하자면 이 모든 경우의 생성 배경이 같다는 이야기이다. 따라서 우리 뇌는 조금도 겁내지 않고 자연스럽게 연산해내며, 그 능력을 뽐낸다.

3.3. 사건의미와 문장성분

모든 **구**(phrase)는 통사적 관점에서 어떤 예외도 없이 **핵**(head)**과 보충어**(complement)**의 계층적**(hierarchical) **병합**(merge)**에 의해 점점 더 큰 단계로 구조화된다**. 사건의미 표시 단계인 경동사구(vP) 단계도 마찬가지이다. 이렇게 추출된 각 사건의미 구에는 그 구성소들이 있다. 이들을 일단 문장성분으로 보자. 각 사건의미와 이들 구성소 간의 관계는 일정한 공통점과 차이점이 있다. 이런 점에서 각 사건의미별로 주어와 목적어를 구성하는 논항(argument)들의 의미역(theta-role)과 격(case)이 나타내는 특징에 대해 알아보자. 또 보어를 구성하는 전치사가 자신의 보충어에게 주는 다양한 간접 의미역에 대해도 알아보자. 먼저 다음 표를 보자.

(19) 사건의미와 문장성분 배열상의 특징[36]

문장성분의 배열과 특징 / 사건의미	주어 (S) 의미역	격	술어 (V-v) 동사-경동사	목적어 (O) 의미역	격	보어 (C) 전치사 비명시 DP 특성	명시 DP 특성	한국어 후치사 대응관계
활동	행위자	주격	V-v [DO]	대상자	목적격	[+판단] [+존재] [+소유] [+비교] 등의 대상	[+장소] [+시간] [+도구] [+방식] [+원인] 등의 대상	-에게 -(으)로 -대해 -라고
상태	묘사 대상자	주격	V-v [BE]	-	-			-이/가 -보다 -만
변화결과 A	변화결과 대상자	주격	V-v [BECOME]	-	-			-이 -에서 -(으)로 -로써
변화결과 B	경험자	주격	V-v [BECOME]	대상자	목적격			
원인- 변화결과	원인자	주격	V-v-v [CAUSE]- [BECOME]	대상자	목적격			-을/를
				경험자	내포절의 주격			-이/가 (-은/는) -로 하여금

　　먼저 각 사건의미별로 주어 논항과 목적어 논항에 대해 살펴보자. 각 사건의미에 따른 **주어 논항들이 보이는 의미역이 서로 다르다.** 따라서 이점을 잘 이해하면 한문해석에 매우 유익하다.

---

36 이 표는 사건의미와 관련된 여러 문법관계를 종합하여 요약한 것이다. 따라서 본서의 '총결 13.4'에서도 다시 언급한다.

첫째, '**활동**' 사건의미 구의 주어는 [+의지]의 〈행위자(agent)〉이다. 우리 뇌는 이런 주어가 할 수 있는 동작이 무엇인지 안다. 즉, [+의지]적 동작이며, 일반적으로 직접적인 지배 〈대상자(theme)〉를 목적어로 가질 것이라 예상한다. 예문은 2.2의 (5)a "君子S學V道O"를 다시 보자.

둘째, '**상태**' 사건의미 구의 주어는 **묘사** 〈대상자(theme)〉이다. 우리 뇌는 이런 주어가 어떤 상태와 관련되어야 함을 안다. 즉, [-의지]적 상태이며, 목적어가 필요하지 않다는 것을 안다. 예문은 2.2의 (11)a "小人S下達V"를 다시 보자.

셋째, '**변화결과**' 사건의미 구의 주어는 **변화결과의** 〈대상자〉이다. 우리 뇌는 이런 주어가 어떤 변화결과와 관련되어야 함을 안다. 즉, [-의지]적 변화결과이며, 표의 A처럼 목적어가 필요하지 않다는 것을 안다. 그러나 B처럼 같은 사건의미를 나타내는 경우라도 [+심리·인지]의 술어동사는 목적어를 가진다. 예문은 2.2의 (17)b "信S近V於義C"와 a"我S愛V其禮O"를 다시 보자.

넷째, '**원인-변화결과**' 사건의미 구의 주어는 [±의지]의 〈**원인자(causer)**〉이다. 우리 뇌는 이런 주어가 미치는 힘과 그 결과, 즉 '**사역**'의 의미가 무엇인지 알아차린다. 즉, [+원인]과 [+변화결과]의 사역적 변화결과를 예상한다. 이때 **사역의** 〈**대상자**〉 혹은 〈**경험자(experiencer)**〉가 필요하리라고 예상한다. 예문은 2.2의 (23)a "君子S成V<u>人之美</u>o/c"와 (28)a"子路S使V<u>門人</u>o/c爲v臣c"를 다시 보자.

각 사건의미에 따른 논항들의 **주격**은 모두 공통적이다. 즉, 이 논항들은 **향후 시제사의 지정어 자리(TP-Spec)에서 모두 주격(nominative)을 받을 것**이다. 한편 목적격의 경우, '상태' 사건의미 구와 '변화결과' 사건의미 구의 A경우는 모두 목적격을 가지지 않는다. 특히 후자의 경우 동사 뒤에 출현하였던 한정사구(DP)는 술어 앞으로 이동하여 **변화결과의 대상자**가 된다는 점에 주목하자.[37]

각 사건의미에서 **보어(C)**는 모두 공통적으로 적용된다. 이는 보어 속 한정사구 논항이 술어동사와 직접적인 관계를 가지지 않기 때문에 비교적 자유롭기 때문이겠다.[38] 즉 **보어 속 한정사구 논항은 전치사와 직접적인 선택 관계**를 가진다. 즉, 전치사 핵은 자신의 보충어인 한정사구에 대해 모종의 의미역을 할당한다.

---

37 현대중국어를 예로 들면, '[張三ᵢ[死了 tᵢ]]'처럼 변화 〈대상자〉 혹은 변화 〈경험자〉 논항인 '張三'이 술어의 뒤에 있으면 문장이 깨지므로 어쩔 수 없이 술어 앞으로 이동한다는 말이다. 이런 동사류를 비대격동사 (unaccusative)라 한다. 구체적인 양상은 좀 더 깊은 이야기가 될 것이므로, 다른 지면을 통해서 한다.

38 이점은 고대중국어에서 보어가 있는 구의 이해에 있어 핵심 사항이다. 보어의 구성소인 한정사구는 전치사와 먼저 직접 병합된다. 따라서 문장의 주동사와는 간접적 관계를 가질 뿐이다. **전치사와 그 보충어간에 보이는 의미역 할당 문제**에 대한 더 구체적인 사항은 본문의 8-11장의 예를 통해 그때그때 살펴보기 바란다.

3.4. 사건의미와 해석 공식

이제 **'한문 해석 공식'**[39]을 만들어 보자. 이는 사건의미와 문장의 유형에 따른 해석 방식이다. 이때 문형은 문장성분, 특히 목적어와 보어의 유무에 따라 'SVO', 'SVC', 'SVOC'의 세 가지로 분류하고, 각각의 관련 파생 구를 설정하여 해석한다.

3.4.1. SVO와 관련 문형의 해석공식

먼저 목적어가 있는 문형과 그 파생문형을 보자. 아래 표에서 공란으로 남겨진 'SV 구'나 'V 구' 등은 '상태' 사건의미와 관련되는 것이다. 즉 보어(C) 성분의 생략에 의한 것이므로, 목적어와 관련이 없기에 여기는 비워둔 것이다.[40]

---

39 혹자에게는 수천 년 동안 하지 않은 이런 공식을 운운하는 것 자체가 우스울지도 모른다. 그러나 우리는 조금이라도 더 형식적(formal)인 공식(formula)이 있다면 그것을 말하고 싶다.

40 이 문형의 상태(BE) 사건의미에 관한 내용은 3.4.2 표의 '상태' 사건의미 부분을 참고하라. 한편, 본문에서 SVO와 관련된 6-7장에서는 이 문형들도 함께 배열하였는데, 그 이유는 이 문형이 SVC에 'BE'의 한 사건의미만 있고, SVO에는 여러 사건의미를 표시하는 경우가 있기 때문에 사건의미의 비교 차원에서 함께 배열한 것이다.

(20) 사건의미에 따른 SVO와 관련 문형의 해석공식

문장성분의 배열과 특성 / 사건의미	SVO와 관련 문형	기본 해석공식	S의 의미역 / V의 의미특징 / O의 의미역
활동 [DO]	SVO	S가 O를 V하다	S는 의지적 〈행위자〉 V는 [+의지] O는 직접 〈지배대상〉
	VO	ES가 O를 V하다	
	SV	S가 (EO를) V를 하다	
	V	ES가 EO를 V하다	
상태 [BE]	SV		
	V		
변화결과 [BECOME]	SVO	S가 O를 V하게 되다	S는 심리적 변화 〈경험자〉/ 변화 결과 〈대상자〉 V는 [−의지] O는 직접 〈지배대상〉
	VO	ES가 O를 V하게 되다	
	SV	S가 V하게 되다	
	V	ES가 (EO를) V하게 되다	
원인- 변화결과 [CAUSE]- [BECOME]	SVO	S는 O/s를/가/로 하여금 V(되)게 하다	S는 사태발생의 〈원인자〉 V는 [+의지] O/s는 〈대상자〉/〈경험자〉
	VO	ES는 O/s를/가/로 하여금 V(되)게 하다	
	SV (A)	S는 (EO/s를/가/로 하여금) V(되)게 하다	
	SV (B)	(ES는) s가(/로 하여금) V되게 하다	
	V	ES는 (O/s를/가/로 하여금) V(되)게 하다	

3.4.2. SVC와 관련 문형의 해석공식

보어(C)가 있는 문형과 그 파생문형을 보자.

(21) 사건의미에 따른 SVC와 관련 문형의 해석공식

문형 해석 공식과 특징 / 사건의미	SVC와 관련 문형	기본 해석공식	S의 의미역 V의 의미특징 C속 DP의 의미역
활동 [DO]	SVC	S가 C에서(/게/대하여/로써) V하다	S는 의지적 〈행위자〉 V는 [+의지] C속 DP는 술어의 간접 의미역
	VC	ES가 C에서(/게/대하여/로써) V하다	
상태 [BE]	SVC	S는 C가(/와/에) V(x)다	S는 묘사/진술 〈대상자〉 V는 [+상태]; [-의지] (C속 DP는 술어의 간접 의미역)41
	VC	ES는 C가(/와/에) V(x)다	
	SV	S는 V(x)다	
	SC	S는 C이(/와/과 같/가있)다	
	V	ES는 V(x)다	
변화결과 [BECOME]	SVC	S는 C가(/에서/로/까지) V(x)게 되다	S는 비의지적 변화결과 〈대상자〉 V는 [+변화결과]; [-의지] C속 DP는 술어의 간접 의미역
	VC	ES는 C가(/에서/로/까지) V(x)게 되다	
	SC	S는 C가(/이) (EV)되다	
원인- 변화결과 [CAUSE]- [BECOME]	VC	ES는 C에 대해 V되게 하다	ES는 사건 발생의 〈원인자〉 V는 [+원인]; [+변화결과] C속 DP는 술어의 간접 의미역

---

41 괄호를 친 이유는 보어(C)가 아예 상정되지 않은 경우도 있음을 고려한 표시이다.

3.4.3 SVOC와 관련 문형의 해석공식

한 문장에 목적어(O)와 보어(C)가 모두 있는 문형과 그 파생문형의 예를 보자. 아래 표에서 '상태' 사건의미는 이 문형에 역시 적용되지 않는다. 3.4.1에서 본 바와 같이 사건의미는 목적어와 관련이 없기 때문이다.

(22) 사건의미에 따른 SVOC와 관련 문형의 해석공식

문형 해석 공식과 특징 / 사건의미	SVOC와 관련 문형	기본 해석공식	S의 의미역 V의 의미특징 O의 의미역 C속 DP의 의미역
활동 [DO]	SVOC/ SVCO	S는 C에게(/으로/와/라고) O를(/에 대해) V하다	S는 의지적 〈행위자〉 V는 [+의지] O는 직접 〈지배대상〉 C속 한정사구(DP)는 다양한 간접42 의미역
	VOC/ VCO	ES는 C에게(/으로/와/라고) O를(/에 대해) V하다	
상태 [BE]			
변화결과 [BECOME]	(S)VOC	ES는 C에서(/에게) O를 V(x)게 되다	ES는 변화결과의 〈대상자〉 V는 [+변화결과]; [−원인] O는 직접 〈지배대상〉 C속 한정사구는 간접 의미역
원인- 변화결과 [CAUSE]- [BECOME]	(S)VOC	S가 C에(게) 'O/s를/가/로 하여금' V되게 하다	ES는 사건 발생의 〈원인자〉 V는 [+원인]; [+변화결과] O/s는 〈지배대상〉/〈경험자〉 C속 한정사구는 간접 의미역

---

42 여기서 '간접'이라 함은 문장의 술어동사와의 관계 속에서 간접적이라는 의미이다. 즉 이 한정사구는 전치사 핵에 의해 직접적으로 모종의 의미역을 할당받을 뿐 문장의 술어동사와는 직접적인 관계를 가지지 않는다.

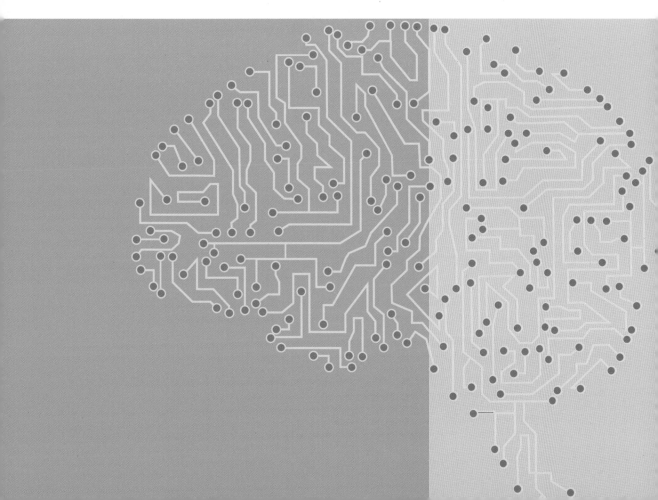

CHAPTER

04

사건의미와
'주(S)+술(V)+목(O)' 문형

04 | 사건의미와 '주(S)+술(V)+목(O)' 문형

4.1. 활동 표시구

기본 해석공식: [S가 O를 V하다] (S는 의지적 행위자)

4.1.1. 구 생성도

먼저 '술어(V)→목적어(O)→(부사어)→주어(S)→(화제)' 순으로 병합한다.

| 연번 | 앞맥락 | 주어 | | 술어 | 목적어 | 뒷맥락 | 출전 |
		S	부가어	V-v [DO]	O		
①1		子		爲	政	,焉用殺	顔淵19
②2		子路		問	成人		憲問12
③3		吾	未	見	好德如好色者	也	子罕18
④4		工	欲	善	其事	,必先利其器	衛靈公10
⑤5	夫子曰:	君子		學	道	則愛人	陽貨4
⑥6		由之		行	詐	也	子罕12

---

1 자위정, 언용살(zǐ wéi zhèng, yān yòng shā; '焉' 어찌, 의문 어기부사. '何/安'과 통함)

2 자로문성인(Zǐlù wèn chéngré; '成人' '사람이 되다', 일종의 절 목적어이다.)

3 오미견호덕여호색자야(wú wèi jiàn hàodé rú hàosèzhě yě; '好'는 모두 동사이고, 중국어 발음은 'hào'; '未' 아직 … 않다/못하다)

4 공욕선기사, 필선이기기(gōng yù shàn qí shì, bì xiān lì qí qì; '善' 잘하다, 동사; '利' 날카롭게 하다, 동사; 지시대명사 '其'는 앞 절의 '工(공인)'을 공지시함)

5 부자왈: 군자학도즉애인, 소인학도즉이사야(Fūzǐ yuē: Jūnzǐ xué dào zé ài rén, xiǎorén xué dào zé yì shǐ yě; '夫子' 선생님, 공자를 가리킨다; '愛' 사랑하다, 동사)

4.1.2. 해석과 쓰기연습

'기본 해석공식'을 응용하여, 사건의미와 문맥에 맞게 잘 다듬어 표현해보자.7 이제 도출의 역순, 즉 '(화제)→주어(S)→(부사어)→목적어(O)→술어(V)'로 해석한다.

한편, '구 생성도'의 원문과 아래 볼드체의 해석에 근거하여 문장의 주요성분을 다시 병합(해석의 역순)해 보자.

① **그대가 정치를 하는데, SVO →**

 [어찌 죽이는 방법을 쓰겠소?]

② **자로가 사람이 되는 길을(/에 대해) 물었다. SVO →**

③ **나는 덕을 좋아하는 것이 색을 좋아하는 것과 같은 사람8을 (아직) 보지 못했다.**

 SVO →

④ **공인이 자신의 일을 잘 하려한다면, SVO →**

 [반드시 먼저 자신의 공구를 날카롭게 해야 한다.]

⑤ [선생님이 말씀하시길:]

 군자가 도를 배우면, SVO →

 [(군자는) 사람들을 사랑하고,]

⑥ **유(자로)가 (나에게) 사기를 치는구나. SVO →**

---

6 유지행사야(Yóu zhī xíng zhà yě; '之' '-이/가', 여기서는 주어 표시 조사)

7 이미 3장에서 언급한 바 있듯이, 생략 부분은 '( )' 속에, 앞뒤 맥락은 '[ ]' 속에 각각 표시한다. 이하 기술법은 모두 같다.

8 ③의 목적어 '好^{2}德^{1}如^{5}好^{4}色^{3}者^6'에서 '者(사람)'의 수식어 '好德如好色'는 'A如B', 즉 'A와 B는 같다' 구조이다. 이때 A와 B가 모두 동사구로 이루어진다. 따라서 '…하기/하는 것' 등으로 명사화하여 해석해야 한다. '덕을 좋아하는 것이 색을 좋아하는 것과 같은 사람'

4.1.3. 구 생성의 배경

'활동[DO]' 사건의미를 나타내는 '**SVO 구**'의 속을 도표로 보자.

표기	의미역	의미 특징	격	한국어 조사 첨가
S	행위자		주격	-이/가 (-은/는)
V-v		[+의지]; [+진행]		
O	대상자		목적격	-을/를

사건의미를 구성하는 논항들의 의미역(theta-role)과 격(case) 그리고 동사의 의미특징 및 한국어 조사 첨가 양상 등이 모두 보인다. 표의 내용은 우리의 뇌 속에서 해당 명제를 이해하고 생성하려 할 때 순식간에 활성화되는 내용들이다.

1) 'S' 충당 요소

주어는 술어(V-v)에 대해 [+의지] 적 〈**행위자**〉로 해석되어야 한다. 또, '**주격**'을 할당받으므로, 한국어로 해석할 때 주격조사 '**-이/가(-은/는)**'를 첨가한다.

① -子(그대가, 계강자를 지칭);   ② -子路(자로가);

③ -吾(내가, 공자를 지칭);   ④ -工(공인이, 기술자);

⑤ -君子(군자가, 멋진 인간)[9];   ⑥ -由(유가, 자로의 이름)

---

9 논어에서 '君子'의 의미는 두 가지이므로, '멋진 인간'으로서의 군자는 '君子'로, 또 '군자'가 '위정자'를 지칭할 때는 '위정자/지도자/리더' 등으로 구분하여 적는다.

2) 'V-v' 충당 요소

술어는 모두 〈행위자〉의 [+의지]적, [+진행]적 행위로 해석될 수 있어야 하며, 음성적 실현여부를 떠나 반드시 〈지배대상〉 목적어를 가져야 한다. 이는 활동[DO] 사건의미의 표시 조건을 만족시킨다.

① -爲(…을 하다);　　　　② -問(…을 묻다);

③ -見(…을 보다);　　　　④ -善(…을 잘 해내다);

⑤ -學(…을 배우다);　　　⑥ -行(…을 행하다)

3) 'O' 충당 요소

술어 동사에 의한 〈지배대상〉이므로, 한국어로 해석할 때 목적격 조사 '-을/를'을 첨가할 수 있어야 한다. 'O'성분이 단순한 명사이든 긴 명사구이든 심지어 동사구이더라도 이 조건을 만족시켜야 한다.

① -爲+政(정치를 하다);

② -問+成人(사람이 되는 것을 묻다);

③ -見+好德如好色者(덕을 좋아하기가 색을 좋아하는 것과 같은 사람을 보다);

④ -善+其事(그의 일을 잘 해내다);

⑤ -學+道(도를 배우다);

⑥ -行+詐(사기를 치다)

특히 ②는 동사구가, ③은 동사구 관형어가 있는 절이 목적어로 충당된다.

4.1.4. 더 생각하기

1) 활동[DO] 사건구조 속의 '問'

②와 관련하여, 논어에서 동사 '問'을 쓰는 세 가지 형식의 구에 대해 알아보자.

#1. 問+O(지배대상 **목적어**)

ⓐ 子貢問友(자공이 우도를/에 대해 물었다). 顔淵23
ⓑ 子路問事君(자로가 임금을 섬기는 것을/에 대해 물었다). 憲問22

이상에서 보듯, '問+O(지배대상 **목적어**)'는 '**O에 대해** 묻다'로 해석해도 좋다.

#2. 問+C(전치사구 **보어**)

이는 동사 '問'이 전치사구 보어를 가지는 경우이며, 보어는 '**C에게**'로 해석된다.

ⓐ 大宰[10]問<u>於子貢</u>(대재가 <u>자공에게</u> 물었다). 子罕6
ⓑ 以能問<u>於不能</u>(능력이 있는 자로서 <u>능력이 없는 자에게</u> 물었다). 泰伯5

#3. 問+O+C 구조

ⓐ 葉公問孔子<u>於子路</u>(섭공이 공자를 자로에게 물었다). 述而19
ⓑ 季康子問政<u>於孔子</u>(계강자가 정치를 공자에게 물었다). 顔淵19

현대어에서는 한국어나 중국어 모두 소위 간접목적어라고 하는 보어성분이 먼저 나오는 것이 더 자연스럽다. 즉, ⓐ '자로에게 공자를 물었다', ⓑ '공자에게 정치를 물었다'가 좋다.

---

10 大宰(dàzǎi). 관직 이름. 왕을 보좌하던 고위직

2) 예문 더 즐기기

다음 '활동' 사건의미를 나타내는 'SVO 구'의 예를 더 보자.

연번	S	부가어	V-v [DO]	O	출전
ⓐ11	父		生	我身	四字小學
ⓑ12	勞心者		治	人	孟子
ⓒ13	大丈夫	當	容	人	明心寶鑑
ⓓ14	子之君	將	行	仁政	孟子

ⓐ 아비가 내 몸을 낳으셨다.

ⓑ 마음을 쓰는 자가 사람을 다스린다.

ⓒ 대장부는 마땅히 남을 용납한다.

ⓓ 그대의 주군이 장차 어진 정치를 베풀려고 합니다.

---

11 부생아신('生', 낳다'는 '활동' 사건의미를 나타내지만, '태어나다'의 의미는 '변화결과' 사건의미를 나타냄에 주의하자. 8.3의 ③을 참고하라.)

12 노심자치인

13 장부당용인('當', 응당히, 마땅히. 양태부사/조동사)

14 자지군장행인정('之', 소속이나 소유 표시 조사. '將', 장차, 미래에. 시간부사)

4.2. 변화결과 표시구

기본 해석공식: [S가 O를 V하게 되다] (S는 심리적 변화 경험자)

4.2.1. 구 생성도

먼저 '술어(V)→목적어(O)→(부사어)→주어(S)→(화제)' 순으로 병합한다.

연번	앞맥락	주어 S	부가어	술어 V-v [BECOME]	목적어 O	뒷맥락	출전
① 15		知者		樂	水	,仁者樂山	雍也23
② 16		惟仁者	能	好	人	,能惡人	里仁3
③ 17	賜也	爾		愛	其羊	,我愛其禮	八佾17
④ 18		君子		懷	德	,小人懷土	里仁11
⑤ 19		君子		恥	其言而過其行		憲問27
⑥ 20	子曰:衆惡之,必察焉	衆		好	之	,必察焉	衛靈公 28

---

15 지자요수, 인자요산(zhì zhě yào shuǐ rén zhě yào shān; 여기서는 '知' zhì, '樂' yào: '이음이의자(異音異義字)'에 대해서 4.2.4.를 참조하라.)

16 유인자능호인, 능오인(wéi rén zhě néng hào rén, néng wù rén)

17 사야, 이애기양, 아애기례(Cì yě, ěr ài qí yáng wǒ ài qí lǐ; '賜' 공자의 제자 자공(子貢); '爾' 너, 2인칭 대명사)

18 군자회덕, 소인회토(Jūnzǐ huái dé, xiǎorén huái tǔ; 여기서의 '君子'는 위정자, '小人'은 백성; '土' 고향의 논밭, 혹은 자기 나라)

19 군자치기언이과기행(Jūnzǐ chǐ qí yán ér guò qí xíng; '而'에 대해서는 '해석과 쓰기연습'의 각주를 참고)

20 자왈: 중오지, 필찰언. 중호지, 필찰언(Zǐ yuē: zhòng wù zhī, bì chá yān, zhòng hào zhī, bì chá yān)

4.2.2. 해석과 쓰기연습

'기본 해석공식'을 응용하여, 사건의미와 문맥에 맞게 잘 다듬어 표현해보자. 이제 도출의 역순, 즉 '(화제)→주어(S)→(부사어)→목적어(O)→술어(V)'로 해석한다.

한편, '구 생성도'의 원문과 아래 볼드체의 해석에 근거하여 문장의 주요성분을 다시 병합(해석의 역순)해 보자.

① **지혜로운 사람은 물**(과 같은 속성을 가진 것)**을 좋아한다.** SVO →

② **어진 사람만이 남을 좋아할 줄 알고,** SVO →

   [남을 미워할 줄도 안다.]

③ (자공아!)

   너는 그(고삭제의 제물로 쓰일) **양을 좋아하는구나.** SVO →

   나는 그 (고삭제를 지내는) 예의를 좋아한다.

④ **위정자가 덕을 마음에 품으면,** SVO →

   [백성들은 자신의 고향 전토(/자기 나라)를 마음에 품는다.]

⑤ **군자는 자신이 말했으나,**[21] **그 말이 자신이 행동하는 것보다 더 지나침을 부끄러워한다.** SVO →

⑥ [공자가 말했다: 여러 사람들이 그를 미워해도,

   (너는) 반드시 (그 정황/사람을) 살펴보아야 한다.]

   여러 사람들이 그를 좋아해도, SVO →

   [(너는) 반드시 (그 정황/사람을) 살펴보아야 한다.]

---

21 ⑤의 절 목적어 '其言而過其行'에서 '而'에 대해 어떤 책은 '주격조사'로 보기도 한다. 일리가 있다. 그러나 '왜?'를 설명할 수 있을까? 본서는 '역접'의 접속조사로 보는 것이 더 합리적이라고 본다. 즉, 두 개의 동사구를 역접으로 연결하는 경우로 해석하면 **두 사건 행위의 순차성과 전후 의미의 대비성**'이 잘 드러나기 때문에 뇌에서 인지하기 쉬울 것이란 생각이다. 따라서 '人而不仁, 如禮何?「八佾3」(사람이라고 **하나** 그가 어질지 않다면, 예의가 어찌 되겠는가?)'나 '人而無信, 不知其可也.「爲政22」(사람이라고 **하나** 그가 믿음이 없으면, 나는 그가 가능한 것이 무엇인지를 모르겠노라)'의 '而'도 위의 경우와 같은 **역접의 접속사**로 볼 때, 해석상 장점이 있다.

4.2.3. 구 생성의 배경

'변화결과[BECOME]' 사건의미를 나타내는 'SVO 구'의 속을 도표로 보자.

표기	의미역	의미 특징	격	한국어 조사 첨가
S	경험자		주격	-이/가 (-은/는)
V-v		[-의지]; [+변화]: [+심리/인지]		
O	대상자		목적격	-을/를

표의 내용은 뇌 속에서 해당 명제를 이해하고 생성하려 할 때 순식간에 활성화되는 것들이다.

1) 'S' 충당 요소

모두 심리 혹은 인지 변화의 〈경험자〉로 해석되며, 한국어 주격조사 **'-이/가(-은/는)'** **등을** 첨가한다.

① -知者(지혜로운 사람은);　　② -惟仁者(오직 어진 자가);

③ -爾(너는, 자공을 지칭);　　④ -君子(위정자가);

⑤ -君子(군자는, 멋진 사람은);　　⑥ -衆(무리가, 여러 사람들이)

2) 'V-v' 충당 요소

예문에서, 이들은 모두 심리, 혹은 인지를 나타내는 동사들이다.[22]

① -樂(좋아하다);　　　② -好(좋아하다);

③ -愛(사랑하다, 아끼다);　　④ -懷(마음에 품다, 그리워하다);

⑤ -恥(부끄러워하다);　　　⑥ -好(좋아하다)

심리동사는 [-의지], [-진행] 등의 의미 특징을 가진다.

3) 'O' 충당 요소

심리동사 술어에 의한 〈지배대상〉으로 해석된다. 한국어로 해석할 때 목적격 조사 '-을/를'을 첨가할 수 있다. 'O'성분이 단순한 명사이든 긴 명사구이든 심지어 동사구이더라도 이 조건을 만족시켜야 한다.

① -樂+水(물/물과 같은 속성을 좋아하다);

② -好+人(남/타인을 좋아하다);

③ -愛+其羊(그 양을 사랑하다, 아끼다);

④ -懷+德(덕을 마음에 품다);

⑤ -恥+其言而過其行(자신이 한 말이지만 그것이 자신의 행동보다 지나침을 부끄러워하다);

⑥ -好+之(그를 좋아하다)

특히 ⑤처럼 심리동사가 긴 절 목적어를 가질 때를 유의하자.

---

22 이들의 특징은 [+변화결과]로 이어지는 [+상태성]을 가지므로 상태[BE] 사건의미를 나타내는 것으로 오해할 수 있다. 그러나 심리변화를 기초로 한 상태이므로, 역시 '변화결과[BECOME]' 사건의미를 나타내는 것으로 잘 숙지하자. 결국, '변화결과' 사건의미를 나타내는 동사는 **심리·인지동사류와 비대격동사**의 두 부류로 나눌 수 있다. 둘 사이에, **전자는 목적어를 가지지만, 후자는 가지지 못하는 큰 차이**가 있다.

4.2.4. 더 생각하기

[단어의 음과 뜻과 기능 간의 관계]

'도식 보기' ①, ②, ⑥에서 보듯, 심리나 지각을 나타내는 단어들 중에 이음이의(異音異 義) 현상이 특이하게 많다. 4.2에서만 무려 7회나 보인다. 다음 표를 통해 논어에 자주 보 이는 이 현상을 종합해보자. 한 가지 조심할 것은 어떤 단어는 표에서 '뜻/의미' 측면에서 동사나 명사의 어느 하나만을 기록하였더라도, 기능 측면에서는 동사성(+V)과 명사성(+N) 의 두 가지 기능을 모두 가질 수 있다는 점이다. 즉, 고대중국어에서 단어의 뜻과 기능은 피차간에 필연성을 가지지는 않는다.

단어		음		뜻	기능	예문	출전
		중국	한국				
說	ⓐ	yuè	열	기쁘다	+V/ +N	不亦說乎 또한 기쁘지 아니한가?	學而1
	ⓑ	shuì	세	유세하다/ 설득하다		(以爲僕沮貳師,) 而爲李陵遊說 李陵을 위해 유세하다	報任少卿 書
	ⓒ	shuō	설	말하다		道聽而途說, (德之棄棄也) 길에서 듣고 그 길에서 말하다	陽貨14
好	ⓐ	hǎo	호	좋다/좋음	+V/ +N	窺見室家之好 집안의 좋은 것을 엿보다	子張23
	ⓑ	hào		좋아하다/좋은 것		惟仁者能好人 사람을 좋아할 줄 안다	里人3
知	ⓐ	zhī	지	알다	+N/ +V	知之者, (不如好之者) 그것을 아는 사람은	雍也20
	ⓑ	zhì		지혜		知者樂, (仁者壽) 지혜로운 사람은 즐기며	雍也23
道	ⓐ	dào	도	길/도	+V/ +N	本立而道生 근본이 서면 도가 생긴다	學而2
	ⓑ	dǎo		인도하다/유도하다		道之以德 덕으로 이끈다	爲政3
樂	ⓐ	yuè	악	악기음악	+N/ +V	(立於禮), 成於樂 음악을 통해 완성하다	泰伯8
	ⓑ	yào	요	좋아하다	+V/ +N	知者樂水, (仁者樂山) 지혜로운 사람은 물을 좋아하고	雍也23
	ⓒ	lè	락	즐기다		不亦樂乎? 또한 즐겁지 아니한가?	學而1

단어		음		뜻	기능	예문	출전
		중국	한국				
惡	ⓐ	è	악	악하다/악 나쁘다/나쁨	+V/ +N	恥惡衣惡食者 나쁜 옷과 나쁜 음식	里人9
	ⓑ	wù	오	싫어하다/미움		(惟仁者)能惡人 사람을 미워할 줄 안다	里人3
使	ⓐ	shǐ	사	부리다	+V/ +N	使民以時 때에 맞게 백성을 부리다	學而5
	ⓑ	shǐ	시	사신보내다		子華使於齊 자화는 제나라에 사신보내졌다	雍也4
	ⓒ	shǐ	사	…로 하여금(-v)		使之聞之 그로 하여금 그것을 듣게 했다	陽貨20
食	ⓐ	shí	식	먹다/음식	+V/ +N	(君子)食無求飽 먹는 것에 배부름을 구하지 않다	學而14
	ⓑ	sì	사	먹거리		雖蔬食菜羹 비록 거친 밥과 나물국일지라도	鄕黨11
	ⓒ	sì	사	먹게 하다		殺鷄爲黍而食之 닭을 잡아 기장밥을 해서 그(자로)로 하여금 먹게 했다	微子7
喪	ⓐ	sāng	상	죽은 사람과 관련된 일	+V/ +N	子食於有喪者之側,(未嘗飽也) 공자는 상례를 치루는 사람의 옆에서 식사할 때	述而9
	ⓑ	sàng	상	죽다, 절망하다		天喪予! 하늘이 내가(/나를) 절망하게 하는 구나!	先進9

　표에서 보듯, 단어는 '음운자질', '의미자질' 그리고 '형식자질' 등의 세 자질을 포함한다. 그래서 단어를 '**자질 집합체(feature inventory)**'라고 한다.[23]

　특히 복잡한 것이 의미자질이다. 위에 제시한 단어는 모두 여러 개의 의미로 더 쪼갤 수도 있다. 그래서 단어의 뜻을 외우는 것보다, 구체적인 문장에서 그 뜻 중 어느 것이 활성화되는 가를 아는 것이 중요하다. 즉, 중국어 단어는 마치 원광석과 같다. 의미의 다중성뿐만 아니라, 단어의 품사적 기능(+N과 +V)조차도 성조교체(예를 들면 '好', '知', '道' 등)를 통해, 변화가 일어나기도 한다. 그래서 우리는 각 문장에서 '경동사의 사건의미 전달 기능'에 집중하며, 또 해당 문장이 처한 환경, 즉 문맥을 고려한다.

---

23 그중 통사적 연산에 작용하는 자질은 형식자질(/문법자질)뿐이라고 본다. 생성문법에서의 자질과 단어에 대해서는 졸저(2019:25-48)를 참조.

4.3. 원인-변화결과 표시구

기본 해석공식: [S는 'O/s를/가/로 하여금' V(되)게 하다] (S는 사태발생의 원인자)

4.3.1. 구 생성도

먼저 '술어(V)→목적어(O/s)→(부사어)→주어(S)→(화제)' 순으로 병합한다.

연번	앞맥락	화제	주어 S	부가어	술어 V~v₁~v₂ [BECOME] [CAUSE]	목적어 s주어 O/s 24	뒷맥락	출전
① 25			君子		成	人之美	,	顏淵16
				不	成	人之惡	.	
② 26			天	將以夫子	爲	木鐸		八佾24
③ 27			陽貨	欲	見	孔子	,孔子不見, 歸孔子豚.	陽貨1
④ 28		動容貌,	斯		遠	暴慢	矣	泰伯4
⑤ 29	人能弘道, 非30		道		弘	人		衛靈公 29
⑥ 31			天		喪	予	!	先進9

---

24 전통적으로, 이 'O/s' 성분은 '목적어₁/주어₂'로 기능한다 하여, '겸어(兼語)'라는 용어를 쓴다. 'O/s' 성분 뒤에는 한국어 조사 '-을/를'과 '-이/가' 혹은 '-로 하여금' 등을 선택적으로 부가한다. '원인-변화결과' 사건의미를 표시하는 경우의 구조에서 하나만을 써야할 때, 편의상 'O'라고 한다. 또, 본서의 도식에서 이 성분이 '-이/가' 혹은 '-로 하여금'로 해석되는 경우, 's'는 보충어절 속에서 주격을 받으므로 's주어'라고 부른다(이하 같은 예의 경우 동일하게 표시함).

25 군자성인지미, 불성인지악(Jūnzǐ chéng rén zhī měi, bù chéng rén zhī è; 두 '之' 모두 주어표시 조사. '-이/가')

26 천장이부자위목탁(tiān jiāng yǐ Fūzǐ wéi mùduó)

27 양화욕현공자, 공자불현, 귀/궤공자돈(Yánghuò yù jiàn Kǒngzǐ, Kǒngzǐ bú jiàn kuì Kǒngzǐ tún; '歸'(음 식 따위를)보내다, 음 'kuì'. '饋(궤)'와 통함; '豚' 새끼돼지 요리)

4.3.2. 해석과 쓰기연습

'기본 해석공식'을 응용하여, 사건의미와 문맥에 맞게 잘 다듬어 표현해보자. 이제 도출의 역순, 즉 '(화제)→주어(S)→(부사어)→목적어(O/s)→술어(V)'로 해석한다.

한편, '구 생성도'의 원문과 아래 볼드체의 해석에 근거하여 문장의 주요성분을 다시 병합(해석의 역순)해 보자.

① **군자는 사람들이 아름답게 됨을 이루게 해주나,** SV'O/s' →

[남들이 악하게 되게 해주지 않는다].

② **하늘이** 장차 선생님으로 하여금 **목탁이 되게 하시려는 도다.** SV'O/s' →

③ **양화가 공자로 하여금 만나러 오도록 하려 했으나,**[32] SV'O/s' →

[공자가 만나 보려하지 않자, 그는 공자에게 삶은 어린 돼지 요리를 보냈다.]

④ 용모를 장중하게 하면,

이것은 (군자로 하여금) **흉포함과 오만함을(/이) 멀어지게 한다.** SV'O/s' →

⑤ [사람이 도가(/를) 커지게 할 수 있는 것이지,]

도가 사람이(/을) 커지게 하는 것이 아니다. SV'O/s' →

⑥ **하늘이 나를(/내가) 절망하게 하는구나!**[33] SV'O/s' →

---

28 동용모, 사원포만의(dòng róng mào, sī yuǎn bào màn yǐ)

29 인능홍도, 비도홍인(rén néng hóng dào, fēi dào hóng rén)

30 술어 동사로서 '道弘人(도가 사람을 넓게 하다)'의 절 목적어를 가진다.

31 천상여(tiān sàng yǔ; '喪' sàng, 죽다, 잃다, 상실하다, 동사, 4.2.4를 참조하라; '予' 나, 1인칭 대명사)

32 이 구조는 '프롤로그'에서 이미 예시한 바 있다.

33 '하늘이 나를 버렸구나.'라고 번역하는 것은 '활동' 사건의미로 해석하여, '予(나)'를 지배대상으로 처리한 것이다. 그러나 공자의 이 절규는 애제자 안회의 죽음이 주는 절망감의 표현이지 '하늘이 자신에게 모종의 행위를 하였다.'는 뜻은 아닐 것이다. 본서는 이를 '원인-변화결과' 사건의미로 번역한다. 여기서 '予(나/공자)'는 〈경험자〉 의미역으로 해석한다.

4.3.3. 구 생성의 배경

'원인-변화결과' 사건의미를 나타내는 'SVO 구'의 속을 도표로 보자.

표기	의미역	의미 특징	격	한국어 조사 첨가
S	원인자		주격(S)	-이/가 -은/는
V-v₁-v₂		[+사동] [+변화결과]		
O	대상자(o)		목적격	-을/를
	경험자(s)		주격(s)	-이/가 -로 하여금

표의 내용은 뇌 속에서 해당 명제를 이해하고 생성하려 할 때 순식간에 활성화되는 것들이다.

1) 'S' 충당 요소

모두 사건 발생의 〈원인자〉로 해석되며, 한국어 주격조사 '-이/가(-은/는)' 등을 첨가한다. 〈원인자〉 주어의 [의지성] 유무는 결정적인 요인은 아니다.

① -君子(군자는);　　② -天(하늘이);

③ -陽貨(양화가);　　④ -斯(이것은);

⑤ -道(도가);　　⑥ -天(하늘이)

2) 'V-v₁-v₂' 충당 요소

이 술어 동사(V-v₁-v₂)는 〈원인자〉에 의해 유발된 행위(사건)(으)로 해석되며, 발음 여부를 떠나 항상 〈지배대상〉 혹은 〈경험자〉 의미역의 보충어(/목적어/보어)를 가짐으로써 '원인-변화결과' 사건의미 표시 조건을 만족시킨다.

① -成-v₁-v₂(**이루어지게 되게 하다**);

② -爲-v₁-v₂(**되어 지게 하다**);

③ -見-v₁-v₂(**알현하게 하다**);

④ -遠-v₁-v₂(**멀어지게 되게 하다**);

⑤ -弘-v₁-v₂(**넓어지게 되게 하다**);

⑥ -喪-v₁-v₂(**절망하게 되게 하다**)

예문에서, 이들은 모두 **[+사동]**, **[+변화결과]**의 의미 특징을 가진다. 따라서 '**원인 [CAUSE]-변화결과[BECOME] 사건의미**'를 나타낼 수 있다.

3) 'O' 충당 요소

① -成(-v₁-v₂)+人之美(사람들이 아름다워**지게 되게 하다**);

② -爲(-v₁-v₂)+木鐸(목탁이 **되게 하다**);

③ -見(-v₁-v₂)+孔子(공자가/로 하여금 **알현하게 하다**);

④ -遠(-v₁-v₂)+暴慢(흉포함과 오만함을/이 **멀어지게 하다**);

⑤ -弘(-v₁-v₂)+人(사람을/이/로 하여금 **넓어지게 하다**);

⑥ -喪(-v₁-v₂)+予(나를/내가/로 하여금 **절망하게 하다**)

예문에서, 이 요소들은 모두 'V-v₁-v₂'로 부터 〈경험자〉 혹은 〈대상자〉 의미역을 할당받으며, '-이/가'와 '-을/를'을 선택적으로 부여받을 수 있다.[34]

---

34 특히 ②와 ③은 〈대상자〉 의미역을 받기가 어렵다.

4.3.4. 더 생각하기

1) [民信之: 백성들이 그것을 믿는다] 해석 유감

'民信之'는 "子貢問政。子曰: 足食, 足兵, 民信之矣。顔淵7"에 나오는 유명한 구절이다. 정치의 요체를 묻는 자공의 말에 대한 공자의 답 중 일부이다. "식량이 풍족하게 되게 하고, 병력이 넉넉하게 되게 하고, **백성들이**(/로 하여금) **정부를 믿게 하라.**"는 말이다. 세 구절 모두 '원인-변화결과'의 사역구조로 해석할 때 뜻이 잘 들어온다.[35] 그런데 (S)VO 구조인 이들이 어떻게 '원인-변화결과'의 사역의미로 해석되는가? 특히 중학생도 알 이 **'民信之'**의 세 글자의 해석이 문제다. 번역서마다 해석도 분분하다. 그러나 이는 위아래 문맥상 명백하게 사역의 의미를 표시하는 구절이다. 그렇다면 어떻게 이 구조가 도출되었을까? 다음 수형도를 보자.

---

35 '식량을 풍족하게 하고, 병력을 넉넉하게 하고, **그러면 백성들이 그것을 믿는다.**'라고 해석한다면 정말 어이없는 해석이다. 아래 문맥을 볼 때, 공자가 말한 이 세 항목은 모두 내용상 등가이다. 이는 자공이 '부득이해서 버린다면 이 세 가지 중에 무엇을 먼저 버려야 하느냐(必不得已而去, 於斯三者何先?)'는 말이 있음을 상기하라.

[民信之]의 도출 수형도

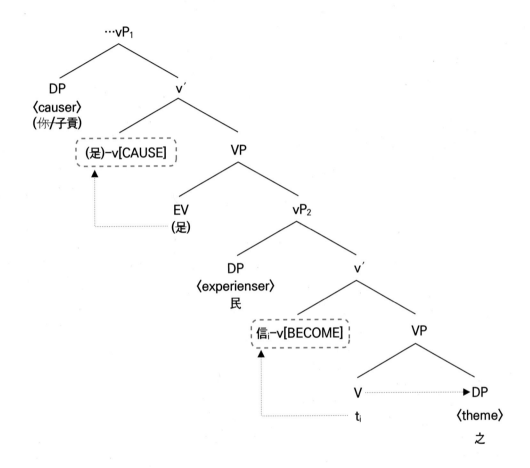

먼저 동사 핵의 '信'의 보충어로 쓰인 '之'를 보자. 〈대상자〉 의미역을 할당받은 '之'는 '군주, 정권, 위정자' 등으로 이해된다. 이제 동사 핵 '信'은 경동사 핵의 위치로 이동하여 '信-BECOME(믿게 되다)'를 구성하고, 이 경동사구 지정어(vP2-Spec) 자리에는 〈경험자〉 의미역의 '民'을 배치하여, '백성들이 믿게 되다.'를 도출한다. 여기에 보이지 않는 〈원인자〉 표시 경동사 –v[CAUSE]가 개입한다. 이 경동사는 아마도 이미 앞에서 2회나 반복하였으므로 생략된 동사 '足'으로 구성된 동사구(VP)를 보충어로 병합할 것이다. 그리고 대화체이므로, 주어로 투사되는 지정어(vP1-Spec) 자리의 '너/자공'은 자연스럽게 생략된다. 이상의 병합과정을 통해 결국 '너는 백성들이(/로 하여금) 정부를 믿게 하라.'라는 **'원인-변화결과'** 사건의미의 문장이 도출된다.

2) SVO의 예외 규칙(목적어 전치 규칙)

고대중국어에서 대명사 목적어는 술어 앞으로 전치되는 일이 비교적 흔하다. 이에 대해 알아보자.

(1) 의문대명사 목적어 전치

의문문에서 의문대명사 목적어는 술어 앞으로 전치될 수 있다.[36]

A. 구 생성도

연번	앞맥락	주어 S	부가어	목적어 O	술어 V-v [DO]	뒷맥락	출전
ⓐ 37	子曰:	天		何	言	哉?	陽貨19
ⓑ 38	必不得已 而去,		於斯三者	何	先	?	顔淵7
ⓒ 39	衛君待子 而爲政,	子	將	奚	先	?	子路3
ⓓ 40		吾		誰	欺	,欺天乎?	子罕12

---

36 논어에 해당 예가 풍부하다. 특히 의문대명사 목적어 '何'가 전치되는 예가 압도적으로 많다.
　　한편, 이 이동규칙보다 더 상위에서 작동하는 것이 사건의미를 부여하는 경동사의 기능이다. 따라서 이 규칙
　　에 부합하지만, 이동하지 않는 의문대명사 목적어도 있다. 관심 있는 사람은 본서 8.2.4를 먼저 참고하라.
37 자왈: 천하언재(Zǐ yuē: tiān hé yán zāi)
38 필부득이이거, 어사삼자, 하선(bì bù dé yǐ ér qù yú sī sān zhě, hé xiān; '先' 먼저 하다. 동사)
39 위군대자이위정, 자장해선(Wèi jūn dài zǐ ér wéi zhèng, Zǐ jiāng xī xiān; '衛君', 춘추시기의 위나라 임금,
　　시호는 '出'; '子' 그대, 선생님, 2인칭 대명사. 여기서는 공자를 가리킴,)
40 오수기, 기천호(wú shuí qī, qī tiān hū; '欺' qī, 속이다)

B. 해석과 쓰기연습

'구 생성도'의 원문과 아래 볼드체의 해석에 근거하여 문장의 주요성분을 배열해 보자.

ⓐ **하늘이 무엇을 말하는가?**

　　SOV →

ⓑ [부득이하게 제거해야 한다면,]

　　(이 세 가지 가운데) **무엇을 먼저 해야 하나요?**

　　SOV →

ⓒ [위나라 군주가 선생님을 기다려 정치를 하려 하는데,]

　　선생님은 장차 무엇을 먼저 하시겠습니까?

　　SOV →

ⓓ **내가 누구를 기만하겠는가?**

　　SOV →

　　[하늘을 속이겠는가?]⁴¹

---

41 후속하는 이 구절도 의문문이지만, '天'은 의문대명사 목적어가 아니므로 술어 앞으로 도치되지 않는다.

(2) 인칭대명사 목적어 전치

부정문에서 인칭대명사 목적어는 술어 앞으로 전치될 수 있다.[42]

A. 구 생성도

연번	앞맥락	주어 S	부가어	목적어 O	술어 V	뒷맥락	출전
ⓐ [43]	日月逝矣,	歲	不	我	與		陽貨1
ⓑ [44]	不患[45]	人之	不	己	知	,患不知人也	學而16
ⓒ [46]	居則曰:		不	吾	知	也	先進26
ⓓ [47]	子曰:以吾一日長乎爾,		毋	吾	以	也	先進26

---

42 논어에 풍부한 예가 있다. 특히 인칭대명사 목적어 '己'가 전치되는 예가 압도적이다.

43 일월서의, 세불아여(rì yuè shì, yǐ suì bù wǒ yú; '逝', 가다, 죽다; '歲', 세월, 시간; '與', 기다리다, 주다, 함께 하다.)

44 불환인지불기지, 환부지인야(bù huàn rén zhī bù jǐ zhī, huàn bù zhī rén yě; '之' 주어표시 조사)

45 근심하다, 탓하다. 이하의 절을 목적어로 취한다.

46 거즉왈: 불오지야(jū zé yuē: bú wú zhī yě)

47 자왈: 이오일일장호이, 무오이야(Zǐ yuē: yǐ wú yī rì zhǎng hū ěr, wú wú yǐ yě; '以' 원인표시 전치사; '一日' 시간적으로 '조금', 부사어; '乎' 비교표시 전치사; '爾' 너, 너희 2인칭 대명사; '以' 임용하다. 동사)

B. 해석과 쓰기연습

'구 생성도'의 원문과 아래 볼드체의 해석에 근거하여 문장의 주요성분을 배열해 보자.

ⓐ [해와 달은 흘러가나니,]

   세월은 나를 기다리지 않는다.

   SOV →

ⓑ [남들이] **자신을 알아주지 않는 것을 걱정하지 말고,**

   SOV →

   [자신이 남을 알아주지 못하는 것을 걱정하라.]

ⓒ [(공자가) 앉으셔서 말했다:]

   (군주들아) **나를 알아주지 않는구나.**

   SOV →

ⓓ [공자가 말했다: (군주들아) 내가 너희들보다 나이가 좀 많다하여,]

   (군주들아) **나를 임용해주지 않는구나.**

   SOV →

4.4. 요약

'SVO 구'가 사건의미의 차이에 따라 달리 해석되는 양상을 종합해 보자.[48]

구의 종류와 특성 / 사건 의미	SVO 구							
	S			V–v		O		
	의미역	뜻과 기능	한국어 조사	의미 특징	[V–v]의 뜻	의미역	뜻과 기능	한국어 조사
활동 –v_1[DO]	행위자	[+의지] 의 행동주	–이/가 (은/는)	[+의지]	V–v_1 V하다	대상자	직접 지배 대상	–을/를
	君子 (군자가)			學 (배우다)		道 (도를)		
	[S가 O를 V하다] → 군자가 도를 배운다.							
상태 –v_2[BE]								

표에서 보듯 'SVO 구'는 '상태' 사건의미를 표현하지 않는다.

---

48 도식을 두 개의 사건의미씩 나누어 그린다. 이는 편집의 편의성을 위해 적당한 크기나 양으로 분리할 뿐 어떤 문법적 의미를 가지지 않는다.

구의 종류와 특성	SVO 구								
	S			V-v		O			
사건 의미	의미역	뜻과 기능	한국어 조사	의미 특징	[V-v]의 뜻	의미역	뜻과 기능	한국어 조사
변화결과 -v₃[BECOME]	대상자	[-의지] 의 변화 대상자	-이/가 (은/는)	[-의지] [+변화 결과] [+심리]	V-v₃ V하게 **되다**	대상자	직접 지배 대상	-을/를
	知者 (지혜로운 사람이)			樂 (좋아**한다**)		水 (물을)		
	S가(/이) **O를**(/을) **V하게 되다** → 지혜로운 사람이 물(과 같은 속성)을 좋아하게 되다.							
원인-변화결과 -v₄[[CAUSE]- [BECOME]]	원인자	원인자	-이/가 (은/는)	[+사역] [+변화 결과]	V-v₄ V(하게) **되게 하다** V**게(케) 하다**	대상자	직접 지배 대상	-을/를
	人 (사람이)			能弘 (크게 할 수 있다)		道 (도를/가/로 하여금)		
	[S가(/이) **O를**(/가/로 하여금) **V되게 하다]** → **사람이 도를**(/가/로 하여금) **크게 되게 할 수 있다.**							

이상 사건의미와 'SVO 구'에서 주의할 점을 주어, 술어, 목적어 차원에서 다시 정리해
보자.

1) 주어(S)의 의미역

    a. '활동' 사건의미의 주어: [+의지]의 〈행위자〉

    b. '변화결과' 사건의미의 주어: [-의지]의 〈대상자〉/〈경험자〉

    c. '원인-변화결과' 사건의미의 주어: [±의지]의 〈원인자〉

2) 술어 동사(V)의 의미특징

    a. '활동' 사건의미의 동사: [+의지]

    b. '변화결과' 사건의미의 동사: [-의지], [+변화결과]

    c. '원인-변화결과' 사건의미의 동사: [+사역], [+변화결과]

3) 목적어(O)의 의미역

    a. '활동' 사건의미의 목적어: [+의지] 술어 동사의 지배대상

    b. '변화결과' 사건의미의 목적어: [+심리], [+인지] 동사의 지배대상

       #. '변화결과' 사건의미를 나타내는 '비대격동사'는 목적어를 가지지 못함

    c. '원인-변화결과' 사건의미의 목적어: [+사역]의 〈대상자〉/[+변화결과]의 〈경험자〉

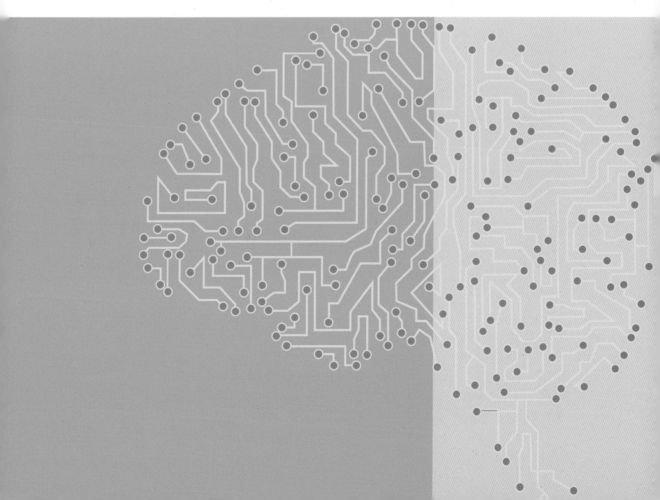

CHAPTER 05

사건의미와 '술(V)+목(O)' 문형

05 사건의미와 '술(V)+목(O)' 문형

5.1. 활동 표시구

기본 해석공식: [ES는 O를 V하다] (ES는 의지적 행위자)

5.1.1. 구 생성도

먼저 '술어(V)→목적어(O)→(부사어)→주어(S)→(화제)' 순으로 병합한다.

연번	앞맥락	주어 ES	부가어	술어 V-v [DO]	목적어 O	뒷맥락	출전
① 1	今吾於人也,			聽	其言	而觀其行	公冶長10
② 2	三人行, 必有我師焉.			擇	其善者	而從之	述而22
③ 3				博	學	而篤志	子張6
④ 4				溫	故	而知新	爲政11
⑤ 5	唯女子與小人爲 難養也,			近	之	則不孫6, 遠之則怨	陽貨25
⑥ 7			無	友	不如己者	,過則勿憚改	學而8

---

1 금오어인야, 청기언이관기행(jīn wú yú rén yě, tīng qí yán ér guān qí xíng; '於' 대하다. 동사; '言' 말하다. 동사; '而' 순접의 접속사)

2 삼인행필유아사언, 택기선자이종지(sān rén xíng bì yǒu wǒ shī yān, zé qí shàn zhě ér cóng zhī)

3 박학이독지(bó xué ér dǔ zhì; '篤志' 자신의 의지를 돈독하게 지키다. 술목구조)

4 온고이지신(wēn gù ér zhī xīn; '溫' 따뜻하게 하다, 궁구하다; '故' 이치, 까닭)

5 유여자여소인위난양야, 근지즉불손, 원지즉원(wéi nǚzǐ yǔ xiǎorén wéi nán yǎng yě, jìn zhī zé bú xùn, yuǎn zhī zé yuàn; '小人' 여자와 어린아이, 또는 종과 하인)

5.1.2. 해석과 쓰기연습

'기본 해석공식'을 응용하여, 사건의미와 문맥에 맞게 잘 다듬어 표현해보자. 이제 도출의 역순, 즉 '(화제)→주어(S)→(부사어)→목적어(O)→술어(V)'로 해석한다.

한편, '구 생성도'의 원문과 아래 볼드체의 해석에 근거하여 문장의 주요성분을 다시 병합(해석의 역순)해 보자.

① [이제 나는 사람들에 대해서 말이지,]

(나는) 그가 말하는 것을 듣고, VO →

[그가 행동하는 것을 관찰한다.]

② [세 사람이 (같이) 행동하다 보면, 반드시 스승이 있나니,]

(나는) 그 선한 자를 택하여 VO →

[그를 따른다].

③ **(너는) 배움을 넓게 하고, VO →**

[뜻을 돈독히 하라].

④ **그 까닭을 달구어**(궁구하여) **VO →**

[새로운 것을 알다].

⑤ **(위정자가) 그들을 가까이 하면, VO →**

[(그들은) 불손해지고, 그들을 멀리 하면 원망한다].

⑥ **(너는 인격적으로) 자기만 못한 자를 친구삼지 말고,**[8] **VO →**

[허물이 있으면 고치는 것을 꺼리지 마라.]

---

6 '遜(겸손하다)'과 같다. 글자가 아직 덜 분화된 원인으로 보임.

7 무우불여기자, 과즉물탄개(wú yǒu bù rú jǐ zhě, guò zé wù dàn gǎi; '無', '…하지마라'는 '금지'의 양태를 나타내는 부사. '勿/毋'와 통한다. 후속하는 명제가 '활동' 명제임을 가리킬 수 있다.)

8 '無友不如己者, 過則勿憚改'에서 '無'와 '勿'는 단순한 부정부사나 동사가 아니다. 즉, '…하지마라(don't)'의 양태의미(modality)를 나타내는 단어(생성문법에서는 양태사라 칭함)이다. 따라서 뒤에는 반드시 '행위'를 표시하는 술어동사가 온다.

5.1.3. 구 생성의 배경

'활동' 사건의미를 나타내는 'VO 구'의 속을 도표로 보자.

표기	의미역	의미 특징	격	한국어 조사 첨가
ES	행위자		주격	-이/가 (-은/는)
V-v		[+의지]; [+진행]		
O	대상자		목적격	-을/를

표의 내용은 뇌 속에서 해당 명제를 이해하고 생성하려 할 때 순식간에 활성화되는 것들이다.[9]

1) 'ES' 충당 요소

경제성 추구로 인해 모두 비어 있다. 그러나 언제든지 환원할 수 있으며, 이때 'V-v'에 대하여 〈행위자〉 의미역과 '주격'을 가진다. 따라서 한국어로 해석할 때 주격조사 '-이/가 (-은/는)'를 첨가한다.[10]

① -我(나는/공자);   ② -我(나는/공자);
③ -(일반인);   ④ -(일반인);
⑤ -(위정자);   ⑥ -(너는, 일반인, 위정자[11])

---

9 해당 성분이 발음되고 문자적으로 시각화되느냐의 여부와 상관없다. 또, 인종과 언어의 종류와도 상관없이 일어나는 뇌 활동이다. 따라서 해당 구조 속에서 빈 곳(EMPTY) 'ES'이 있다면, 이는 맥락상 말하지 않아도 명백하거나, 아예 불필요한 요소(EC)이기 때문에 경제적 효율성을 따져 생략한 것이다.

10 문맥 파악만 된다면, 생략된 주어 성분을 환원시키는 일은 어렵지 않다. 본서에서 이후에는 필요한 경우가 아니면 이런 생략 성분을 환원시키지 않고 설명을 가한다.

11 논어 본문의 대화 내용을 고려하여 이렇게 표시하나, 상당수는 불특정 대화 상대자인 '너/독자'를 지칭하는 것으로 이해해도 된다. 이하 동

2) 'V-v' 충당 요소

술어는 모두 〈행위자〉의 [+의지]적 행위로 해석될 수 있어야 하며, 음성적 실현여부를 떠나 반드시 〈지배대상〉 목적어를 가져야 한다. 이는 활동[DO] 사건의미 표시의 필수조건이다.

① -聽(듣다);   ② -擇(선택하다);
③ -博(넓게 하다);   ④ -溫(따뜻하게 하다/궁구하다);
⑤ -近(가까이하다);   ⑥ -友(친구 삼다/벗으로 하다)

특히 ③-⑥처럼 우리의 머릿속에서 형용사나 명사적으로 각인된 단어들을 조심하자.

3) 'O' 충당 요소

술어 동사에 의한 〈지배대상〉이므로, 한국어로 해석할 때 목적격 조사 '**-을/를**'을 첨가할 수 있어야 한다. 'O'성분이 단순한 명사이든 긴 명사구이든 심지어 동사구이더라도 이 조건을 만족시켜야 한다. 술어와 연계시켜 살펴보자.

① -聽+**其言**(**그가 말하는 것을** 듣다);
② -擇택+**其善者**(**그 착한 자를** 선택하다);
③ -博+**學**(**학문을** 넓게 하다);
④ -溫+**故**(**까닭/연고를** 궁구하다);
⑤ -近+**之**(**그들/여자와 어린아이를** 가까이하다);
⑥ -友+**不如己者**(**자기와 같지 않은 사람/자기만 못한 사람을** 친구 삼다)

특히 ⑥처럼 동사성 목적어의 쓰임새와 ①-②처럼 대명사가 '其'가 있는 목적어에서 그 지시 관계를 잘 파악하자.

5.2. 변화결과 표시구

기본 해석공식: [ES는 O를 V하게 되다] (ES는 심리적 변화 경험자)

5.2.1. 구 생성도

먼저 '술어(V)→목적어(O)→(부사어)→주어(S)→(화제)' 순으로 병합한다.

연번	앞맥락	주어 ES	부가어	술어 V-v [BECOME]	목적어 O	뒷맥락	출전
① 12			不	恥	下問		公冶長15
② 13	謹而信,		汎	愛	衆	,而親仁	學而6
③ 14			既	欲	其生	又欲其死, 是惑也	顔淵10
④ 15				惡	稱人之惡者	,	陽貨24
⑤ 16	我非生 而知之者,			好	古		述而20
⑥ 17	歲寒然後,			知	松柏之後彫	也	子罕28

---

12 불치하문(bù chǐ xià wèn; '下問' 술목구)

13 근이신, 범애중, 이친인(jǐn ér xìn, fàn ài zhòng, ér qīn rén; '親' 가까이하다, 목적어는 '仁' 인덕(仁德)이 있는 사람)

14 기욕기생, 우욕기사, 시혹야(jì yù qí shēng, yòu yù qí sǐ; '既A, 又B', 'A도 하고, B도 하다'. 병렬표시 접속사; '生', 살다, 자동사: 아래 ⑤, 7.2의 ②, 11.1의 ③ 등을 참고하라.)

15 오칭인지악자(wù chēng rén zhī è zhě; 앞의 '惡'는 동자이음어(同字異音語). 전자는 동사 '미워하다', 후자 는 명사 '나쁨, 악함'. 본서 4.2.4 참조할 것)

5.2.2. 해석과 쓰기연습

'기본 해석공식'을 응용하여, 사건의미와 문맥에 맞게 잘 다듬어 표현해보자. 이제 도출의 역순, 즉 '(화제)→주어(S)→(부사어)→목적어(O)→술어(V)'로 해석한다.

한편, '구 생성도'의 원문과 아래 볼드체의 해석에 근거하여 문장의 주요성분을 다시 병합(해석의 역순)해 보자.

① (공문자는) **아랫사람에게 묻는 것을 부끄러워하지 않다.**

   VO →

② [(젊은이는) 삼가하며 믿음직스럽게 하며,]

   대중들을 (널리) 사랑하고.   VO →

   [어진 이를 가까이 하라.]

③ **그가 살기를 바라면서,**   VO →

   [또 죽기를 바란다면, 이는 미혹된 것이다.]

④ (나는) **남의 나쁜 행위를 말하는 사람을 미워한다.**[18]

   VO →

⑤ (나는) **옛 것을 좋아하다.**   VO →

⑥ [(사람들은) 날씨가 추워진 후에라야]

   소나무와 측백나무가 늦게 시드는 것을 알다.

   VO →

---

16 아비생이지지자, 호고(wǒ fēi shēng ér zhī zhī zhě, hào gǔ)

17 세한연후, 지송백지후조야(suì hán rán hòu, zhī sōng bǎi zhī hòu diāo yě)

18 절 목적어의 해석에 주의하자. 표에는 없지만 후속 절 '惡⁶居²下流¹而訕⁴上³者⁵, 惡⁵勇¹而無³禮²者⁴, 惡⁴果敢¹而窒²者³'도 모두 같은 'VO(즉, 'O'는 v¹而v²者³, '而'는 역접의 접속사)'의 술목구조이다.

5.2.3. 구 생성의 배경

'변화결과' 사건의미를 나타내는 'VO 구'의 속을 도표로 보자.

표기	의미역	의미 특징	격	한국어 조사 첨가
ES	경험자		주격	~~-이/가~~ ~~-(은/는)~~
V-v		[-의지]; [+변화]: [+심리/인지]		
O	대상자		목적격	-을/를

표의 내용은 뇌 속에서 해당 명제를 이해하고 생성하려 할 때 순식간에 활성화되는 것들이다.

1) 'ES' 충당 요소

경제성 추구로 인해 모두 비어 있다. 그러나 환원한다면, 모두 변화의 〈경험자〉로 해석되며, 한국어 주격조사 '-이/가(-은/는)' 등을 첨가한다.

① -(孔文子: 공문자는);　　② -(弟子: 젊은이는);

③ -(일반인/보편 주어);　　④ -(孔子: 공자는);

⑤ -(孔子: 공자는);　　⑥ -(일반인/보편 주어)

예에서 보듯 생략된 주어를 금세 파악할 수 있다.

2) 'V-v' 충당 요소

예문에서, 이들은 모두 심리, 혹은 인지를 나타내는 동사들로, 모두 심리 혹은 인지상의 [+변화]를 전제로 한다.[19]

  ① -恥(부끄럽다);   ② -愛(사랑하다);

  ③ -欲(원하다);   ④ -惡(미워하다);

  ⑤ -好(좋아하다);   ⑥ -知(알다);

'도식 보기'의 ①, ③, ④, ⑥에서 보듯 심리·인지 동사들은 동사성 절 목적어 친화적이다.

3) 'O' 충당 요소

예문에서, 이 요소들은 모두 'V-v'로 부터 지배 〈대상자〉 의미역을 할당받는다. 또, '**목적격**'을 가지므로, 한국어로 해석할 때 목적격조사 '**-을/를**'을 첨가한다. 술어와 연계시켜 살펴보자.

  ① -恥+下問(아랫사람에게 묻는 것을 부끄러워하다);
  ② -愛+**衆**(**여러 사람을** 사랑하다);
  ③ -欲+其生(그가 살기를 원하다);
  ④ -惡+稱人之惡者(남들의 나쁜 행위를 말하는 것을 말하는 자를 미워하다);
  ⑤ -好+**古**(**옛것을** 좋아하다);
  ⑥ -知+松柏之後彫(소나무와 측백이 늦게 시드는 것을 알다);

해석할 때, 특히 ①, ③, ④, ⑥처럼 '절 목적어'를 가지는 경우에 주의하자. 이는 심리, 인지 동사술어가 목적어를 가질 때 보이는 특징이다.

---

[19] 이미 한 차례 언급했듯, 이들의 특징은 [+변화결과]로 이어지는 [+상태성]을 가지므로 상태[BE] 사건의미를 나타내는 것으로 오해하지 말자. '변화결과[BECOME] 사건의미를 나타내는 것으로 잘 숙지하자. '변화결과' 사건의미를 나타내는 동사는 **심리·인지동사류**와 **비대격동사**의 두 부류로 나눌 수 있다. 둘 사이에, **전자는 대상자 목적어를 가지지만 후자는 가지지 못하는 큰 차이**가 있다.

5.2.4. 더 생각하기

1) 동사성 목적어

'절'이나 '동사구(사실은 역시 절임)'가 목적어[20]로 충당되는 예가 적지 않다. 다음 표를 보자.

연번	앞맥락	주어 S	술어 V	목적어 O			뒷맥락	출전
				s	v	o		
ⓐ 21	愛之,		欲	其	生		,	顔淵10
ⓑ 22	惡之,		欲	其	死		,	顔淵10
ⓒ 23			樂		節	禮樂	,	季氏5
ⓓ 24			樂		道	人之善	,	季氏5
ⓔ 25			樂		多	賢友	益矣	季氏5

ⓐ 그를 사랑하면, <u>그가 살기</u>를 바라고,

ⓑ 그를 미워하면, <u>그가 죽기</u>를 바란다.

ⓒ-ⓔ: 밑의 표를 참고하라.

---

20 본서에서 말하는 목적어란 목적격(objective)을 가지는 명사구에 대한 명칭이다. '그 길이가 얼마인가', '그 구성 요소가 어떠한가', 심지어 '그 위치가 어디인가'보다 더 중요한 것이 바로 목적격을 가지느냐의 여부이다. 목적격을 가지지 못하는데 단지 술어 뒤에 위치하는 명사구라 하여 목적어라 하는 것은 근거가 약하다.

21 애지욕기생(yě ài zhī yù qí shēng)

22 오지욕기사(wù zhī yù qí sǐ)

23 낙절례악(lè jié lǐ lè)

24 낙도인지선(lè dào rén zhī shàn)

25 낙다현우익의(lè duō xián yǒu yì yǐ)

절 목적어 풍년이다. 顔淵10의 짧은 구절에 주술(동사성) 구조가 앞뒤 대칭적으로 여러 차례 출현한다. 한편 ⓒ-ⓔ는 더 특이한 예이다. 목적절이 또 목적절을 품는 식이다. 즉,

V_2	O_2		한국어 '목+술' 배열과 해석
	v_1	o_1	
樂	節	禮樂	예악을(o_1) 절제하는(v_1) 것을(O_2) 즐거워하다(V_2)
樂	道	人之善	사람들이/의 착한 것을(o_1) 말하는(v_1) 것을(O_2) 즐거워하다(V_2)
樂	多26	賢友	어진 친구가/를(o_1) 많게 되게 하는(v_1) 것을(O_2) 즐거워하다(V_2)

이렇게 계산하면 짧은 절 안에 총 6개의 절목적어를 가지는 셈이다. 이는 병렬적으로 나열되지 않고 계층적으로 쌓아 올린 것이다. 이론적으로 무한히 쌓은 것을 선형적으로 펼쳐놓으면 무한히 긴 문장이며, 따라서 이 세상에 가장 긴 문장은 없다고 본다.

같은 구조를 이용하여 끊임없이 쌓아 올리는 것은 바로 계층적 순환(recursion)이다. 이처럼 인간은 계층적 순환 구조를 자유자재로 운용할 줄 아는 능력을 창조주로부터 부여받았다. 그리고 그 작동 기관은 우리의 '뇌'이다. 고대중국어 뿐만 아니라 현대 중국어도 마찬 가지이며, 한국어 및 타 언어도 마찬 가지일 것이다.[27] 인간이외의 동물도 나름의 언어가 있겠다. 그러나 그들의 뇌는 이런 계층적이고, 순환적인 연산능력이 없다.[28] 이점이 인간 언어와 동물 언어의 본질적인 차이이다.

---

26 문맥상 동사로 보는 것이 좋다. 자세한 내용은 옆의 해석을 보라.

27 이는 아마 시공을 초월한 인간 언어의 공통성일 것이다. 만약, 외계에 자신들만의 고도의 언어체계를 가지는 생물체가 있다고 한다면 통사적으로 어떤 체계일까?

28 '언어는 사유다.'라는 말이 인정되고, 만약 짐승들도 언어를 통한 사유의 계층적 순환구조를 운용할 능력이 있다면, 그리고 그것을 어떤 형식으로든 인간에게 표현해 온다면, 우리 주변에 어떤 정경이 펼쳐질까?

5.3. 원인-변화결과 표시구

기본 해석공식: **[ES는 'O/s를/가/로 하여금' V되게 하다]** (ES는 사태발생의 원인자)

5.3.1. 구 생성도

먼저 '술어(V)→목적어(O)→(부사어)→주어(S)→(화제)' 순으로 병합한다.

연번	앞맥락	화제	주어 ES	부가어	술어 V-v-v [BECOME] [CAUSE]	목적어 s주어 O/s	뒷맥락	출전
① 29	夫仁者, 己欲立而				立	人	,己欲達 而達人	雍也30
② 30	樊遲問知. 子曰:				務	民之義		雍也22
③ 31	子曰: 求也退,			故	進	之	,由也兼人, 故退之	先進22
④ 32	定公問: 一言而			可以	興	邦	有諸?一言 而喪邦有諸	子路15
⑤ 33	恭近於禮,				遠	恥辱	也	學而13
⑥ 34	止子路宿, 殺鷄爲黍而				食	之	,見其二子焉	微子7

---

29 부인자, 기욕입이입인, 기욕달이달인(fú rén zhě, jǐ yù lì ér lì rén, jǐ yù dá ér dá rén; '夫仁者'는 화제, 후속하는 두 구절은 모두 '원인-변화결과' 사건의미를 나타냄)

30 번지문지. 자왈: 무민지의(Fánchí wèn zhi. Zǐ yuē: wù mín zhī yì; '樊遲' 공자의 제자; '知' 지혜; '之'는 주어표시 조사)

31 자왈: 구야퇴, 고진지, 유야겸인, 고퇴지(Zǐ yuē: Qiú yě tuì, gù jìn zhī, Yóu yě jiān rén, gù tuì zhī; '兼人', '(용기가) 일반인보다 뛰어나다', 술목구조; '退之', '그가 물러나게 하다' 역시 '원인-변화결과' 사건의미 구)

32 정공문: 일언이가이흥방, 유저. 일언이상방, 유저(Dìnggōng wèn: yì yán ér kě yǐ xìng bāng, yǒu zhū. yì yán ér sàng bāng, yǒu zhū)

33 공근어례, 원치욕야(gōng jìn yú lǐ, yuǎn chǐ rǔ yě)

5.3.2. 해석과 쓰기연습

'기본 해석공식'을 응용하여, 사건의미와 문맥에 맞게 잘 다듬어 표현해보자. 이제 도출의 역순, 즉 '(화제)→주어(S)→(부사어)→목적어(O)→술어(V)'로 해석한다.

한편, '구 생성도'의 원문과 아래 볼드체의 해석에 근거하여 문장의 주요성분을 다시 병합(해석의 역순)해 보자.

① [자기가 서고자 한다면,]

   (너는) 남을 세워주어라./남이 서게 해 주어라. V'O/s' →

   [자기가 도달하고자 한다면,]

   [(너는) 남을 도달시켜 주어라./남이 도달하게 해 주어라.]

② [번지가 지혜에 대해 여쭈었다. 공자가 말했다:]

   (너는) 백성들이 의롭게 되도록 힘쓰라. V'O/s' →

③ [염구는 (자주) 물러나니/위축되니,]

   그래서 (내가) 그를(/가) 나아가게 한 것이고, V'O/s' →

   [자로는 (용기가) 남들보다 세니, 그래서 (내가) 그를(/가) 물러나게 한 것이다.]

④ [정공이 물었다: (그것은) 한 마디 말이지만,]

   (큰 말어) 나라를(/가) 살게 할 수 있는 것이 있습니까? V'O/s' →

   [(그것은) 한 마디 말이지만, (큰 말어) 나라를(/가) 망하게 할 만한 것이 있습니까?]

⑤ (일반인, 혹은 유자의 제자) [공손함이 예의에 가깝게 되면,]

   (그것은) 치욕을(/이/으로 하여금) 멀어지게 되게 할 수 있다. V'O/s' →

⑥ [자로를 머물게 하고는, (그 노인이) 닭을 잡고 기장밥을 지어]

   (큰 노안어) 자로로 하여금(/가) 먹게 하고, V'O/s' →

   [자기의 두 아들들이(/로 하여금) 자로를 뵙도록 했다.]

---

34 지자로숙, 살계위서이사지, 현기이자언(zhǐ Zǐlù sù, shā jī wéi shǔ ér sì zhī xiàn qí èr zǐ yān; '止v子路o宿v' '자로를 (발걸음을) 멈춰 머물게 하다', 현대중국어의 연동문 형식['원인-변화결과' 사건의미]; '殺鷄爲黍而食之, 見其二子焉': 이 구절에는 두 번의 '원인-변화결과' 사건의미 구가 있다. 즉 외견상 동사 '食[사/sì]'와 '見[현/xiàn]'에 의한 것 같지만, 실상은 이들보다 더 상위계층에서 작동한 두 개의 경동사 [CAUSE-BECOME] 때문이다.)

5.3.3 구 생성의 배경

'원인-변화결과' 사건의미를 나타내는 'VO 구'의 속을 도표로 보자.

표기	의미역	의미 특징	격	한국어 조사 첨가
ES	원인자		S주격	-이/가 (-은/는)
V-v$_1$-v$_2$		[+사동] [+변화결과]		
O/s	대상자		목적격	-을/를
	경험자		(s주격)	-이/가 -로 하여금

표의 내용은 뇌 속에서 해당 명제를 이해하고 생성하려 할 때 순식간에 활성화되는 것들이다.

1) 'ES' 충당 요소

생략되었지만 모두 환원할 수 있으며, 사건 발생의 〈원인자〉로 해석된다. 한국어 주격 조사 '-이/가(-은/는)' 등을 첨가한다.

① -(어진 사람은, 仁者);   ② -(너는, 樊遲);
③ -(나는, 孔子);   ④ -(그 한 마디 말이, 一言);
⑤ -(네가, 일반인, 혹은 유자의 제자)   ⑥ -(노인이, 丈人)

2) 'V-v$_1$-v$_2$' 충당 요소

이 술어 동사(V-v$_1$-v$_2$)는 〈원인자〉에 의해 유발된 행위(사건)(으)로 해석되며, 발음 여부를 떠나 항상 〈지배대상〉 혹은 〈경험자〉 의미역의 보충어(/목적어/보어)를 가짐으로써 '원인-변화결과' 사건의미 표시 조건을 만족시킨다.

① -立(서게 하다);　　　　　② -務(힘써지게 하다);

③ -進(나아가게 하다);　　　　④ -興(흥성하게 되게 하다);

⑤ -遠(멀어지게 되게 하다);　　⑥ -食(먹게 하다)

위의 해석에서 '사건의미'는 전적으로 경동사에 의한다. 경동사는 자기가 보충어로 당겨오는 동사의 의미에 맞추는 것이 아니다. 경동사는 자신이 표현하고자 하는 사건의미에 맞게 동사의 의미를 선택하여 적용한다.[35] 따라서 동작성이 약한 형용사나 자동사로 보이는 것들이 목적어로 보이는 성분(목적어가 아닐 수 있음)을 가지면 '왜'일까 생각해야 한다. 다음 예를 보자.

| 연번 | 앞문맥 | 주어 | 부가어 | 술어 | 목적어 | 뒷문맥 | 출전 |
		ES		V-v-v [BECOME] [CAUSE]	O/s		
ⓐ 36			必也	正	名	乎	子路3
ⓑ 37	無臣而			爲	有臣		子罕12

ⓐ 나는 반드시 명분이 **바르게** 되게 **하겠다.**

ⓑ [나는 신하가 없는데도,] (자로가) (내가/로 하여금) **신하가 있게 한다.**

---

35 예를 들어 경동사가 동작성이 없는 형용사를 당기면, 그 형용사는 십중팔구 사동성, 즉 '원인-변화결과'의 사건의미를 나타내는 데 소용된다. 다음 예를 보자. [恭近於禮, **遠V恥辱O也.**(치욕을 멀리 할 수 있다) 學而13]. 그러므로 물론 동사의 뜻을 알아야하겠지만, 그 뜻에 집중하기보다는 그 동사가 어떤 경동사를 만나 어떤 사건의미를 표현할 것인가에 집중하는 것이 문장의 의미파악에 더 유효하다. 사실 자기 색깔이 옅어 보이는 '爲[하다/이다/되다/되게 하다]'나 '有[있다/있게 되다/있게 하다]' 같은 동사는 여러 가지 사건의미를 나타낼 수 있다.

36 필야정명호(bì yě zhèng míng hū; '正名' 명칭과 명분이 바르게 되게 해야 한다는 사상)

37 무신이, 위유신(wú chén ér wéi yǒu chén)

두 경우 모두 'O'의 요소를 외견상 목적어라고는 하겠으나, 이미 〈대상자〉 의미역인지 판단하기 어렵다. 특히 '有臣'은 주어 '孔子'가 생략된 절로 목적격 조사 '-을/를'을 부가하기 매우 곤란하다.

3) 'O/s' 충당 요소

이 목적어는 두 가지 의미역, 즉 〈대상자〉과 〈경험자〉 중에서 어느 하나를 적절하게 선택하여 해석해야 한다.

> ① -立+人(남을/이/으로 하여금 서게 하다);
> ② -務+民之義(백성이 의롭게 됨을/이/으로 하여금 힘써지게 하다)/
>   백성으로 하여금 의롭게 되게 하다;
> ③ -進+之(그를/가/로 하여금 나아가게 하다);
> ④ -興+邦(나라를/가/로 하여금 흥성하게 되게 하다);
> ⑤ -遠+恥辱(치욕을/이/으로 하여금 멀어지게 되게 하다);
> ⑥ -食+之(그가/로 하여금 먹게 하였다)

특히 조심할 점은 이 목적어는 '활동' 사건의미의 목적어인 '지배대상'과 달리 '사역대상'으로 해석해야 한다는 점이다. 사역대상의 내부가 절(/주술구)을 이루는 것도 용인된다.[38]

---

[38] 절속에 주격조사 '之'를 사용한 것을 보면, 목적절을 둠으로써 더 많은 '사역성' 정보를 표현하려던 당시 사람들의 뇌 활동이 개입된 것 같다. 결국, '民之義', '有臣', '人之美/惡(4.3 참조)' 등은 동사구(명제)가 목적어로 충당되는 경우로, 이들은 일단 명사구로 전환된 후, 핵(head)인 'V(務/爲/成)'의 보충어/목적어(complement)로 충당된다.

5.3.4. 더 생각하기

'원인-결과' 사건의미 구의 특징

이 구조는 다른 세 경우에 비해 복잡한 편이다. 즉, '[CAUSE]'와 '[BECOME]'의 두 경동사에 의해 [+사역]과 [+변화결과]의 의미를 나타내기 때문이다. 여기에 생략마저 심한 경우에는 해석에 어려움이 따른다. 이러한 두 유형의 예구를 보자.[39]

연번	앞맥락	주어 ES_1	술어 EV_2-v_2 [CAUSE]	목적어 S_2	술어 V_1-v_1 [BECOME]	목적어 O_2	뒷맥락	출전
ⓐ 40	足食,足兵,	(子貢)	(足)-v_2	民	信	之	矣	顔淵7
		ES_1	V-v_1-v_2	ES_2	EV-v_1	EO_2		
ⓑ 41	敏則有功, 公則	(君子)	說ᵢ	(民)	(說ᵢ)		.	堯曰1

ⓐ [(너는) 식량이 풍족되게 하고, 병력이 풍족되게 하고,]
(너는) **백성이**(/으로 하여금) **그것**(정부/위정자)**을 믿게 하라.**
ⓑ [(지도자가) 공의로우면,] (그는) (백성들로 하여금) **기쁘게 할 수 있다.**

ⓐ는 생략되고 남은 내용물만 놓고 볼 때, 겉으로 보기에 영락없는 'SVO 구'이다. 실제로 어떤 번역본은 '(그러면,) 백성들이 그것을 믿는다'라고 엄청나게 오역하기도 한다. 그러나 이 구조는 문맥상 반드시 '원인-변화결과' 사건의미로 해석되어야만 하는 구이다. 왜인가? 이는 앞 문맥에서 보인 '足食', '足兵' 등과 대등한 담화 기능적 자격(공자가 자공의

---

39 도식은 두 개의 상이한 구조를 하나의 표로 작성하여 비교하려니 약간 복잡해보이나 천천히 보면 그 도출과정을 알아볼 수 있을 것이다.

40 족식, 족병, 민신지의(zú shí, zú bīng, mín xìn zhī yǐ; '足' 풍족하다. 동사, 이 동사에 두 개의 경동사가 적용된다. 즉, **풍족하[V]게 되게[BECOME] 하다[CAUSE]**)

41 민즉유공, 공즉열(mǐn zé yǒu gōng, gōng zé yuè; '公' 공의롭다; '則' 순접표시 접속사; '說' 기쁘다. 동사, 이 동사에 두 개의 경동사가 적용된다. 즉, **기쁘[V]게 되게[BECOME] 하다[CAUSE]**)

정치에 대한 질의에 대답한 세 가지 내용)을 가지기 때문이다. 따라서 도식에서 보이듯 주어인 〈원인자〉와 [+사역] 의미가 있는 생략된 동사 'EV$_1$-v$_1$[CAUSE]'가 있다고 유추된다. 이것을 아마도 앞에 나온 '足食', '足兵' 두 가지의 사건의미에서 이미 생략한 경험이 있(/ 말하지 않아도 아무 문제가 없었)으므로 여기서는 더 과감히 생략할 수 있었을 것이다. 여하튼 이 구절의 단어는 기본 한자어를 배운 수준이면 다 알 것들인데, 문맥이 없으면 해석하기 매우 어려운 경우이다(4.3.4의 '더 생각하기' 부분의 수형도를 참조할 것).

ⓑ는 가히 엄청난 생략을 전제로 한다. 한 글자로 '원인-변화결과' 사건의미를 나타낸다. 표에서 보듯, '기쁘다'는 뜻의 동사 '說(열)'이 두 개의 경동사와 차례로 병합하며, 이런 사건의미를 도출해낸다.

도대체 어떻게 ⓐ, ⓑ 두 구절이 '원인-변화결과'의 사건의미로 해석되는지 신기할 따름이다. 물론 앞의 맥락이 없으면 불가능한 일이다. 앞에서 멍석을 깔아주니, 뇌는 이처럼 신기한 도출을 해낸다.

5.4. 요약

이제 'VO 구'가 '사건의미의 차이'에 따라 각각 달리 해석되는 양상을 종합해 보자. 우리 뇌에서 활성화되지 않는 부분은 어떻게 처리할까? 경제성 차원에서 삭제한다. 단 주의해야 할 점이 있다. 삭제된 부분은 해당 성분이 없다는 뜻이 아니고 '있는데 발음하지 않았다(non-spell out)'는 의미이다. 즉, 생략된 내용은 전체 프로그램 연산을 위해 꼭 필요한 요소이다. 한편, **'빈칸은 아예 없는 것'**이다. 이는 머릿속에서 상정하지 않는다는 의미이다.

구의 종류와 특성 / 사건의미	VO 구							
	ES			V-v		O		
	의미역	뜻과 기능	한국어 조사	의미 특징	[V-v]의 뜻	의미역	뜻과 기능	한국어 조사
	행위자	[+의자]의 행동주	-어/가 (은/는)	[+의지] [+진행]	V-v₁ V**하다**	대상자	직접 지배 대상	-을/를
활동 -v₁[DO]	[三人行, 必有我師焉] ES(我)			擇 (택하다)		其善者 (그 선한 자를)		
	ES는 O를 V하다 → 나는 **그 선한 자를** 택한다.							
상태 -v₂[BE]								

구의 종류와 특성 / 사건의미	VO 구							
	ES			V–v		O		
	의미역	뜻과 기능	한국어 조사	의미 특징	[V–v]의 뜻	의미역	뜻과 기능	한국어 조사
변화결과 −v₃[BECOME]	대상자	[−의지]의 변화 대상자	−이/가 (은/는)	[−의지] [+변화]	V–v₃ V(하게) 되다	대상자	직접 지배 대상	−을/를
	子曰: ES是故(공자가 말하되, 나는 이런 까닭에)			惡 (싫어한다)		夫佞者 (저 말 잘하는 놈을)		
	S가(/어) O를(/을) V하게 되다 → (나는) 저 말 잘하는 놈을 싫어한(/하게 된)다.							
원인–변화결과 −v₄[[CAUSE]− [BECOME]]	원인자	[−의지]의 원인자	−이/가 (은/는)	[+사역] [+결과]	V–v₄ V되게 하다 V게(케) 하다	대상자	직접 지배 대상	−을/를
	子曰:求也退,(공자가 말하길, 염구는 위축되기에) ES(내가)			[故]進 앞으로 나아가게 하다		之 그(염구)를(/가/로 하여금)		
	S가(/어) O를(/가/로 하여금) V되게(/케) 하다 → (그런 까닭에) 그(염구)를(/가/로 하여금) (고로) **앞으로 나아가게 했다.**							

결국, 'VO 구'는 사실상 'SVO 구'이다. 경제성 차원에서 뻔히 아는 주어 부분을 반복하고 싶지 않기에 발음하지 않았다.[42]

이상 사건의미와 'VO 구'에서 주의할 점을 주어, 술어, 목적어 차원에서 다시 정리해보자.

1) 주어(S)의 의미역

주어는 모두 생략되었지만, 발음되지 않을 뿐 모두 아래의 의미역을 가지는 주어를 환원시킬 수 있다.

    a. '활동' 사건의미의 주어: [+의지]의 〈행위자〉

    b. '변화결과' 사건의미의 주어: [-의지]의 〈대상자〉

    c. '원인-변화결과' 사건의미의 주어: [±의지]의 〈원인자〉

2) 술어 동사(V)의 의미특징

    a. '활동' 사건의미의 동사: [+의지]

    b. '변화결과' 사건의미의 동사: [-의지], [+변화결과]

    c. '원인-변화결과' 사건의미의 동사: [+사역], [+변화결과]

3) 목적어(O)의 의미역

    a. '활동' 사건의미의 목적어: [+의지] 술어 동사의 지배대상

    b. '변화결과' 사건의미의 목적어: [+심리], [+인지] 동사의 〈지배대상〉; '변화결과' 사건의미를 나타내는 비대격동사는 목적어를 가지지 못함

    c. '원인-변화결과' 사건의미의 목적어: [+사역]의 〈대상자〉/[+변화결과]의 〈경험자〉

---

42 생략된 주어는 말하는 이도 알고 듣는 이도 아는 내용이므로 의사소통에 전혀 지장이 없다. 오히려 발음하지 않아야 에너지도 절약할 뿐만 아니라 의사전달 속도도 빨라진다. 이처럼 경제성은 우리의 총명한 뇌가 제일 발 빠르게 추구하는 것이다. 인간의 종 특성을 보이는 언어에서 이런 일이 일어나는 것은 너무나 당연한 일이다.

#. 본문 수형도 보기 – 5.3.1 ① '立人'의 도출도

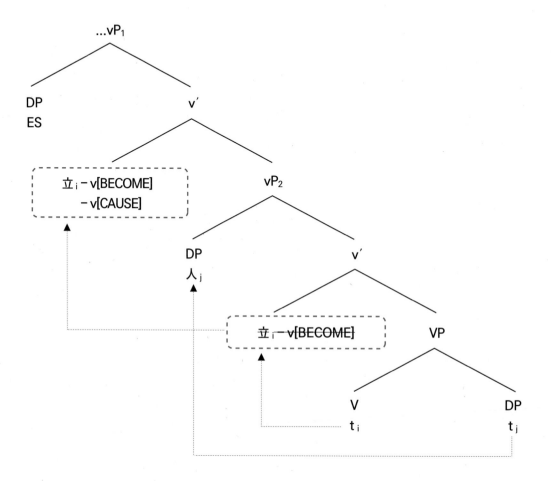

ES가 남들이 서게 되게 한다.

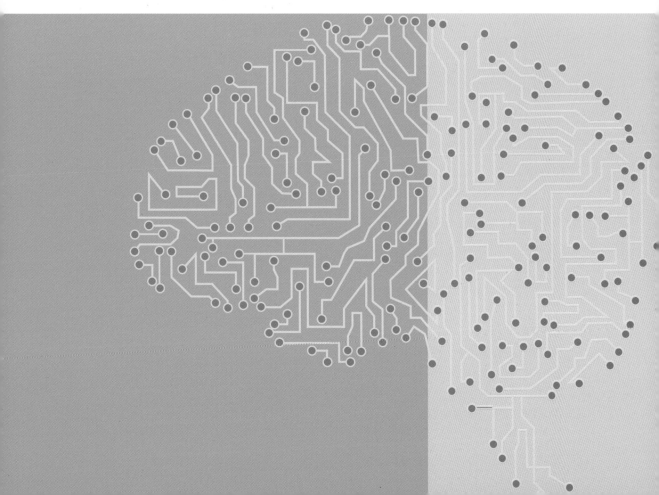

CHAPTER 06

사건의미와 '주(S)+술(V)' 문형

06 사건의미와 '주(S)+술(V)' 문형

6.1. 활동 표시구

기본 해석공식: [S는 V(을/를)[1] 하다] (S는 의지적 행위자)

6.1.1. 구 생성도

먼저 '술어(V)→목적어(O)→(부사어)→주어(S)→(화제)' 순으로 병합한다.

연번	앞맥락	주어 S	부가어	술어 V-v [DO]	목적어 EO	뒷맥락	출전
①[2]		顔淵, 季路		侍			公冶長 26
②[3]		民		免		而無恥	爲政3
③[4]		吾	嘗終日不	食		終夜不寢以 思, 無益,	衛靈公 31
④[5]		孔子		沐浴		而朝	憲問21
⑤[6]	葉公問孔子 於子路	子路	不	對			述而19
⑥[7]		樊遲		御			爲政5

---

1 목적어가 동사 내부에 존재함을 의미한다.

2 안연, 계로시(Yányuān, Jìlù shì)

3 민면이무치(mín miǎn ér wú chǐ; '恥', 부끄러움, 명사; '無', 없다, 동사)

4 오상종일불식, 종야불침이사, 무익(wú cháng zhōng rì bù shí, zhōng yè bù qǐn yǐ sī, wú yì; '嘗', 일찍이. 부사; '寢' 잠자다. 동사; '無' 없다, 동사)

6.1.2. 해석과 쓰기연습

'기본 해석공식'을 응용하여, 사건의미와 문맥에 맞게 잘 다듬어 표현해보자. 이제 도출의 역순, 즉 '(화제)→주어(S)→(부사어)→목적어(O)→술어(V)'로 해석한다.

한편, '구 생성도'의 원문과 아래 볼드체의 해석에 근거하여 문장의 주요성분을 다시 병합(해석의 역순)해 보자.

① **안연과 계로가 시중(을)들었다.**   SV →

② **백성들은 면(/피)하려고(를) 할 뿐,**   SV →

　　[부끄러움이 없게 된다].

③ **나는 (일찌기 종일토록) 먹지(를) 않고,**   SV →

　　[(나는)온 밤을 자지도 않고 사색하였으나, (나는/ 그것은)유익함이 없었다].

④ **공자는 목욕(을)하고,**   SV →

　　[조정에 나갔다].

⑤ [섭공이 자로에게 공자에 대해 물었으나,]

　　자로가 응대(를)하지 않았다.   SV →

⑥ **번지가 수레를 몰았다.**   SV →

---

5 공자목욕, 이조(Kŏngzĭ mùyù, ér cháo; '沐浴', '沐'은 '머리를 감다', '浴'은 '몸을 씻다'의 의미였는데, 두 글자가 합쳐져 하나의 단어 '목욕하다'가 되었다; '朝', 조정에 나가다. 하나의 동사가 하나의 절이다)

6 섭공문공자어자로, 자로부대(Yègōng wèn Kŏngzĭ yú Zĭlù, Zĭlù bú duì; '葉公', 春秋시기 楚나라 대부; '對', 대꾸하다, 응대하다, 동사)

7 번지어(Fán chí yù)

6.1.3. 구 생성의 배경

'활동' 사건의미를 나타내는 'SV 구'의 속을 도표로 보자.

표기	의미역	의미 특징	격	한국어 조사 첨가
S	행위자		주격	-이/가 (-은/는)
V-v		[+의지]; [+진행]		
EO	대상자		목적격	-을/를

사건의미를 구성하는 논항들의 의미역(theta-role)과 격(case) 그리고 동사의 의미특징 및 한국어 조사 첨가 양상 등이 보인다. 표의 내용은 뇌 속에서 해당 명제를 이해하고 생성하려 할 때 순식간에 활성화되는 것들이다.

1) 'S' 충당 요소

주어는 술어(V-v)에 대해 [+의지] 적 **〈행위자〉**로 해석된다. 또, **'주격'**을 할당받으므로, 한국어로 해석할 때 주격조사 **'-이/가(-은/는)'**를 첨가한다.

① -顔淵、季路(안연과 계로가(/는);
② -民(백성이/은);
③ -吾(나는/내가);
④ -孔子(공자가/는);
⑤ -子路(자로가/는)
⑥ -樊遲(번지가)

2) 'V-v' 충당 요소

술어는 모두 〈행위자〉의 [+의지]적 행위로 해석될 수 있어야 하며, 음성적 실현여부를 떠나 반드시 〈지배대상〉 목적어를 가져야 한다. 이는 활동[DO] 사건의미 표시의 필수조건이다. 그런데도 목적어를 가지지 않는 이유는 무엇일까? '해석과 쓰기연습'에서 보인 바와 같이 이들 술어가 모두 자동사로서도 기능할 수 있기 때문이다. 즉, 자체적으로 모종의 목적어성분을 포함하기 때문이다.

① -侍: 시중(을)들다-v;

② -免: 면하려고(를)하다-v;

③ -食: (음식을)먹다-v;

④ -沐浴: 목욕(을)하다-v;

⑤ -對: 응대(를)하다-v;

⑥ -御: 수레를 몰다-v.

위에서 보다시피, 이들 동사 위에서 작동하는 경동사 -v[DO]에 답이 있다. 동사가 지배대상을 목적어로 가지는 타동사면 더욱 좋겠지만, 그렇지 않더라도 '활동(DO)' 사건의미 구를 만드는 본질적인 힘은 경동사 -v[DO]에 있다는 것을 말한다.

3) 'O' 충당 요소

이 사건의미가 활동[DO] 이므로, 'EO'의 생략된 목적어를 환원하는 것은 어렵지 않다. 보이지 않는 목적어를 환원해 보자.[8]

---

8 해석할 때, 의미전달에 도움이 된다면 목적어를 환원하는 것도 좋다. 목적어뿐만 아니라 어떤 성분이든 눈에 보이지 않는 성분을 마치 보이듯 환원해 내고, 거기에 약간의 자기 생각을 개입시켜보는 것이 사고력을 키우는데 도움이 된다.

① -侍+(EO: **공자를** 시중들다);

② -免+(EO: **행정 명령어나 형법을** 면하다/피하다);

③ -食+(EO: **음식물을** 먹다);

④ -沐浴+(EO: ~~자신의 신체를~~ 목욕하다);

⑤ -對+(EO: **섭공을/에게** 응대하다);

⑥ -御+(EO: **수레를** 몰다)

예문에서 보듯, 모두 〈대상자〉 의미역을 설정할 수 있고, 한국어로 해석할 때 목적격조사 '-을/를'을 첨가할 수 있다.

#. 본문 수형도 보기 – 6.1.1 ② '民免'의 도출도

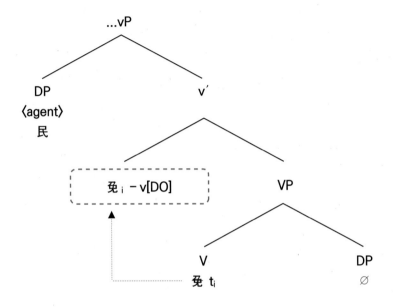

(의지적 행위자인) 백성들이 ∅[형벌이나 행정명령]을 피하다.

6.2. 상태 표시구

기본 해석공식: [S는 V(x)⁹다] (S는 묘사/진술 대상자)

6.2.1. 구 생성도¹⁰

먼저 '술어(V)→보어(C)→(부사어)→주어(S)→(화제)' 순으로 병합한다.

연번	주어 S	부사어	술어 V-v [BE]	보어 EC	뒷맥락	출전
①¹¹	君子	上	達		,小人下達	憲問23
②¹²	德	不	孤		,必有隣	里仁25
③¹³	父母		在		,不遠遊, 遊必有方	里仁19
④¹⁴	名	不	正		,則言不順	子路3
⑤¹⁵	席	不	正		,不坐	鄕黨12
⑥¹⁶	女		安		,則爲之	陽貨21

---

9 'x'는 '-이/하/쁘/프' 등등, 한국어에서의 다양한 '**형용사성 형태 변화소**'를 의미한다.

10 이 '상태[BE]' 사건의미 표시구는 'SVC' 문형에서 보어가 생략된 'SV 구'이다.

11 군자상달, 소인하달(Jūnzǐ shàng dá, xiǎorén xià dá; '上'과 '下'는 비록 부가어이지만 **대비초점이다.**)

12 덕불고, 필유인(dé bù gū, bìyǒu lín; '德' 덕 있는 사람; '隣' 이웃, 이웃 사람)

13 부모재, 불원유, 유필유방(fùmǔ zài, bù yuǎn yóu, yóu bì yǒu fāng; '方', 방향, 연락처)

14 명부정, 즉언불순(míng bú zhèng, zé yán bú shùn)

15 석부정, 부좌(xí bù zhèng, bù zuò)

16 여안, 즉위지(rǔ ān, zé wéi zhī; '女' 너, 2인칭 대명사; '爲之'는 DO 사건의미 구)

6.2.2. 해석과 쓰기연습

'기본 해석공식'을 응용하여, 사건의미와 문맥에 맞게 잘 다듬어 표현해보자. 이제 도출의 역순, 즉 '(화제)→주어(S)→(부사어)→보어(C)→술어(V)'로 해석한다.

한편, '구 생성도'의 원문과 아래 볼드체의 해석에 근거하여 문장의 주요성분을 다시 병합(해석의 역순)해 보자.

① **군자는 위로 통달한다.** SV →

　　[소인은 아래로 통달한다.]

② **덕이 있는 사람은 외롭지 않다.** SV →

　　[반드시 이웃이 있게 된다.]

③ **부모님이 (살아)계시다면,** SV →

　　[멀리 놀러나가지 말 것이며, 놀러나가면 반드시 가는 곳을 말해야 한다.]

④ **이름이 바르지 않으면,** SV →

　　[말이 순조롭지 않게 되고,]

⑤ **자리17가 바르지 않으면,** SV →

　　[앉지 않으셨다.]

⑥ **네가 편안하다면,** SV →

　　[(너는) 그것을 하라.]

---

17 '자리'는 구체적인 자리도 있고, 추상적인 자리도 있다. 그리고 우리 뇌에서는 이 두 개의 의미를 각기 다른 어휘부에 저장하는 것 같다. 즉, 우리 뇌에는 하나 이상의 어휘부(lexicon)가 있는 것 같다. 조장희 (https://www.youtube.com/watch?v=_8Mkb1hXzE8)의 fMRI 뇌 영상에 의하면 베르니케 영역에서 게 시윈드 영역으로 이어지는 쪽과 브로카스 영역 쪽에 각각 하나씩 있다. 이를 통해 앞의 어휘부에서 어떤 단어가 선택되면, 뒤의 어휘부는 그 의미를 증폭시켜 인지하고 수행하는 것 같다. 만약 그렇다면 어휘의미에 대한 우리 뇌의 의미 확대(/증폭) 메커니즘이 이해될 것도 같다. 우리 뇌가 '자리'의 의미를 구체적인데서 추상적인데까지 그 폭을 넓혀 이해하는 것도 그중의 하나 아닐까?

6.2.3. 구 생성의 배경

'상태[BE]' 사건의미를 나타내는 'SV 구'의 속을 도표로 보자.

표기	의미역	의미 특징	격	한국어 조사 첨가
S	대상자		주격	-이/가 (-은/는)
V-v		[+상태]/[+판단]/[+소유] [+존재]/[+비교]		
EC				

표의 내용은 뇌 속에서 해당 명제를 이해하고 생성하려 할 때 순식간에 활성화되는 것들이다.

1) 'S' 충당 요소

존재 혹은 묘사의 〈대상자〉로 해석된다. 한국어 주격조사 '-이/가(-은/는)' 등을 첨가한다.

① -君子(군자는);   ② -德(덕이 있는 사람은);

③ -父母(부모가);   ④ -名(이름이);

⑤ -席(자리가)   ⑥ -女(네가)

2) 'V-v' 충당 요소

술어 동사는 **[+상태]**, **[+존재]**, **[+소유]**, **[+판단]**, **[+비교]** 등의 의미특징을 가질 수 있으며, 이때는 모종의 '상태[BE]'로 해석된다.

① -達(통달하다);   ② -孤(외롭다);

③ -在(살아있다, 존재하다);   ④ -正(바르다);

⑤ -正(바르다/반듯하다)   ⑥ -安(편안하다)

3) 'EC' 충당 요소

처음부터 아예 설정하지 않는 것 같다.[18]

6.2.4. 더 생각하기

[예문 더 즐기기]

연번	주어 S	부가어	술어 V–v[BE]	목적어 EO	출전
ⓐ 19	人性	本	善		擊蒙要訣
ⓑ 20	逆天者		亡		孟子
ⓒ 21	順天者		存		孟子

ⓐ 사람의 성품은 본래 선하다.

ⓑ 하늘을(/에) 거스르는 자는 망한다.

ⓒ 하늘에(/을) 순응하는 자는 산다.

---

18 단. ①의 경우는 방향을 보충하는 성분이 술어의 앞에 위치한다.

19 인성본선(rén xìng běn shàn)

20 역천자망(nì tiān zhě wáng; 번역순서: 逆²天¹者³)

21 순천자존(shùn tiān zhě cún; 번역순서: 順²天¹者³)

6.3. 변화결과 표시구

기본 해석공식: [S는 V(x)게 되다] (S는 비의지적 변화 대상자/경험자)

6.3.1. 구 생성도

먼저 '술어(V)→목적어(O)→(부사어)→주어(S)→(화제)' 순으로 병합한다.

연번		앞맥락	주어 S	부가어	술어 V-v [BECOME]	목적어 EO	뒷맥락	출전
A	① 22	本立而	道		生			學而2
	② 23		天下之無道也		久		矣	八佾24
	③ 24	名不正,則	言	不	順		言不順, 則事不成	子路3
B	④ 25		仁者	不	憂		知者不惑, 勇者不懼	憲問28
	⑤ 26		求也		退		,故進之	先進22
	⑥ 27	四體不勤,	五穀	不	分			微子7

('변화결과' 사건의미 중, A는 비대격동사에 의한 것, B는 심리·인지동사에 의한 것임)

---

22 본립이도생(běn lì ér dào shēng)

23 천하지무도야구의(tiān xià zhī wú dào yě jiǔ yǐ; '之' 주어표시 조사; '也' 주어 표시 조사. 이 예는 고대중국어에서 '주술 구조'가 주어가 되는 좋은 예이다.)

24 명부정, 즉언불순, 언불순, 즉사불성(míng bú zhèng, zé yán bú shùn, yán bú shùn, zé shì bù chéng)

25 인자불우, 지자불혹, 용자불구(rénzhě bù yōu, zhìzhě bú huò, yǒngzhě bú jù; '知'는 '智'와 통한다. 4.2.4. 참조)

26 구야퇴, 고진지(Qiú yě tuì, gù jìn zhī; '也' 주어 표시 조사)

27 사체불근, 오곡불분(sì tǐ bù qín, wǔ gǔ bù fēn; '勤' '바지런하다'. 이는 '分' '분별하다'와 짝이 되는 비대격동사)

6.3.2. 해석과 쓰기연습

'기본 해석공식'을 응용하여, 사건의미와 문맥에 맞게 잘 다듬어 표현해보자. 이제 도출의 역순, 즉 '(화제)→주어(S)→(부사어)→목적어(O)→술어(V)'로 해석한다.

한편, '구 생성도'의 원문과 아래 볼드체의 해석에 근거하여 문장의 주요성분을 다시 병합(해석의 역순)해 보자.

A: 비대격동사의 경우

① [근본이 서면], **도가 생기게 된다. SV →**

② **천하가 도가 없어진 지가 오래되었도다. SV →**

③ [명분이 바르지 않으면,] **말이 순조롭게 되지 않으며, SV →**

[말이 순조롭지 않으면, **일이 이루어지지 않게 되며**,]

B: 심리·인지동사의 경우

④ **어진 사람은 근심하지 않게 된다. SV →**

[지혜로운 사람은 미혹되지 않으며, 용기 있는 사람은 두려워하지 않는다.]

⑤ **염구는 (자주) 위축되니[28], SV →**

[그래서 (그를/가/로 하여금) 나아가게 한 것이다.]

⑥ [사지가 바지런하지 않고,]

오곡이 분별되지 않다[29](/뭐가 뭔지 판단되지 않다). SV →

---

28 '(성격이 소심하여 자주) 위축되니/빼니' 등으로 번역해야 좋으며, 이는 비대격동사의 '변화결과' 사건의미로 해석한 것이다. 그러나 이 '退'를 [+의지]의 행위동사로 보면 '물러나다, 퇴각하다' 등이 된다. 이는 '염구'의 '의지적'인 행위를 말하는 것이다. 그러나 본문의 예는 그런 뜻이 아니다. 이처럼 어떤 사건의미로 파악하느냐에 따라 명제 전달에 있어 큰 차이를 가져온다. 조심할 것은 '염구'가 [-의지]라는 것이 아니라 '염구(S)'와 '위축되다(V)' 사이의 의미적 관계가 [-의지]라는 뜻이다. '심리'는 '저절로 그렇게 되어지는 것'이지 의지로 조절되는 것이 아니다.

29 여기서도 '오곡을 구분할 수 없다.'처럼 하면 활동 사건구조로 해석하는 것이니 주의해야 한다. 이는 공자를 비웃는 도사(道士)의 품평 내용이다.

6.3.3. 구 생성의 배경

'변화결과' 사건의미를 나타내는 'SV 구'의 속을 도표로 보자. 사건의미를 구성하는 논항들의 의미역과 격, 그리고 동사의 의미특징 및 한국어 조사 첨가 양상 등이 보인다.

표기	의미역	의미 특징	격	한국어 조사 첨가
S	대상자/경험자		주격	-이/가 -은/는
V-v		[-의지]; [+변화결과]: [+심리/인지]		
EO				

표의 내용은 뇌 속에서 해당 명제를 이해하고 생성하려 할 때 순식간에 활성화되는 것들이다.[30]

1) 'S' 충당 요소

모두 변화의 〈경험자〉 혹은 〈대상자〉로 해석되며, 한국어 주격조사 **'-이/가(-은/는)'** 등을 첨가한다.

① -道(도가);

② -天下之無道也(천하에 도가 없음이);

③ -言(말이);

④ -仁者(어진 사람이);

⑤ -求也(염구는);

⑥ -五穀(오곡이)

---

30 해당 구조 속에서 빈 곳(EO)이 있다면, 이는 맥락상 말하지 않아도 명백하거나, 아예 불필요한 요소이기 때문에 비워둔 것이다. 특히 '변화결과' 사건의미를 표시하는 구에서 심리나 인지동사의 목적어를 제외한 모든 목적어는 술어 동사의 앞으로 이동하여 주격을 받는다. 그러나 그 의미역이 〈행위자〉가 아니라 여전히 〈대상자〉 혹은 〈경험자〉임에 주의하자.

특히, 위의 구들은 비대격동사(unaccusative)[31]와 경동사에 의하여 변화결과 사건의미를 나타낸다. 비대격동사 뒤에 왔던 〈대상자〉 명사구는 술어가 목적격을 부여하지 못하므로 반드시 술어 앞 즉, 주어의 위치로 이동해야 한다. 따라서 술어성분과 이미 이 주어 간의 의미역 대응관계는 쉽게 감지된다. 이렇게 하여 만들어진 주어(S)는 모두 'V-v'에 대하여 [-의지]의 대상자 혹은 경험자이다. 따라서 이 주어를 〈행위자〉처럼 해석하면 해석도 안 될 뿐만 아니라, 되더라도 사건의미가 바뀌어 같은 의미가 아니다.

2) 'V-v' 충당 요소

예문에서, 이들은 모두 [+변화결과]를 나타내는 동사들로 해석된다.[32]

① -生(V-v)(생기게 되다);

② -久(V-v)(오래되다);

③ -順(V-v)(순조롭게 되다);

④ -憂(V-v)(근심하게 되다);

⑤ -退(V-v)(물러나다/위축되다);

⑥ -分(V-v)(구분되다/분별되다)

술어는 모두 [+변화결과]이며, ①-③은 비대격동사, ④-⑤는 심리동사, ⑥은 인지동사이다.

---

31 이는 '왕래발착(往來發着)'이나 '변화·발생, 출현·소멸' 등을 나타내는 동사로, 세계 여러 언어에서 보이는 일종의 공통적 속성으로 보인다.

32 '도식보기 A'의 동사들은 모두 대격(/목적격)을 주지 못하는 비대격동사들이다. 이처럼 '변화결과' 사건의미를 나타내는 동사는 **비대격동사류와 심리·인지동사류**의 두 부류로 나눌 수 있다. 둘 사이에, **전자는 대상자 목적어를 가지지 않지만 후자는 가지는 큰 차이**가 있다.

6.3.4. 더 생각하기

1) [같은 위치 다른 기능]: 문두 명사구

주어 차원에서 '활동' 사건의미의 주어가 생략되고 목적어가 문두로 이동한 경우와 '변화결과' 사건의미의 주어와 혼동하지 말자. 즉, 지배대상이 문두에 나오면 100% 화제이다. 예를 들어,

a. **非禮勿視**。顔淵1

b. **道生**。學而2

[화제와 비대격동사구문의 주어 도출 위치 비교]

	화제	주어	부가어	술어	목적어
a [33]	非禮ᵢ	ES	勿	視-v[DO]	EOᵢ
b [34]		道ᵢ		生-v[BECOME]	EOᵢ

a. 예의가 아닌 것을/은/에 대해, (너는) 보지 말라.[35]

b. 도가 생긴다.

즉, '화제+주어+술부'의 구조에서 주어가 생략되면, 위의 a처럼 표면적으로는 '변화결과' 사건의미를 표시하는 구조인 b와 같다. 그러나 두 문두 요소는 매우 이질적인 요소이다.

첫째, **의미역(theta-role)**이 분명히 다르다. 물론 둘 다 〈대상자〉으로 표현된다. 그러나 '활동' 사건의미인 a는 [+의지]적 행위자에 의한 **지배 대상자**이고, '변화결과' 사건의미인

---

33 비례물시

34 도생

35 이 구조에 대해 우리나라에서 출판된 절대 다수의 책들은 '예의가 아니면, 보지 말라.'로 해석한다. 이는 하나의 명제를 근거 없이 두 개로 만들어 해석하는 것으로, 언어구조를 무시한 엄청난 오역이다. 이에 대해서는 김종호(2017)을 참조하라.

b에서는 [+의지]적 행위자가 개입할 수 없는 **변화 대상자**이다. 이 차이는 바로 격 차이로 나타난다.

둘째, **격(case)** 차원에서 분명히 다르다. '변화결과' 사건의미를 표시하는 구에서 문두로 나온 변화 〈대상자〉는 반드시 주격(nominative)을 받는다.[36] 반면, '행위' 사건의미 표시구의 문두 지배 〈대상자〉는 절대로 주격을 받을 수 없다. 즉, '-은/는'의 화제보조사를 부가할 수 있을 뿐이다.[37]

2) [예문 더 즐기기]

'변화결과' 사건의미를 잘 드러내는 다음 예구를 보자.

연번	앞맥락	S	부사어	V–v [BECOME]	EO	출전
ⓐ 38	狡兎死,	良狗		烹		史記
ⓑ 39		近墨者		黑		四字小學
ⓒ 40		大同江水	何時	盡		東文選

ⓐ [교활한 토끼가 죽게 되면,] 좋은 (사냥)개가 삶아지게 된다.

ⓑ 검은 것에 가까이하는 자는 검어지게 된다.

ⓒ 대동강의 물은 어느 때에나 다 마르게 되는가?

---

36 '변화결과' 사건의미에서 문두로 이동한 한정명사구는 시제사의 지정어 위치(TP-Spec)에서 주격을 부여받는다. 따라서 '-은/는'을 부가하는 경우라도, 이것들은 주격조사로서의 '-은/는'이다.

37 화제는 정보 차원에서 '진술대상'을 말하며, 통사 차원에서는 부사어(AdvP) 혹은 부가어(AdjP)로 분류된다. 행위의 지배 대상자는 원래 동사 뒤에서 목적격(objective)을 받았다가 문두로 이동된 것이다. 설령 문두에서 '-은/는'이 부가 되더라도, 이는 주격을 받는 것이 아니라 화제보조사를 부가한 것뿐이다.

38 교토사, 양구팽(jiǎo tù sǐ, liáng gǒu pēng)

39 근묵자흑(jìn mò zhě hēi)

40 대동강수하시진(Dàtóngjiāng shuǐ hé shí jìn)

예문들을 통해 주의할 점은 무엇인가? 그것은 이 들 예구에서 주어와 술어(동작이나 행위) 사이에는 다음과 같은 관계가 설정된다는 점이다.

술어와 관련하여 [−의지]적 〈대상자〉/〈경험자〉 주어(S)	주어와 관련하여 [−의지]적 [+변화결과] 술어(V−v)
良狗	烹
近墨者	黑
大同江水	盡

한편, 한국어로 번역할 때는 동사에 '변화결과[BECOME]'를 나타내는 경동사 요소 '…게 되다'가 부가된다.

결국, '변화결과' 사건의미 구조의 큰 특징은 주어가 술어성분으로부터 〈대상자〉 혹은 〈경험자〉 의미역을 할당받는다는 점이다.

#. 본문 수형도 보기 - 6.3.1 ① '道生'의 도출도

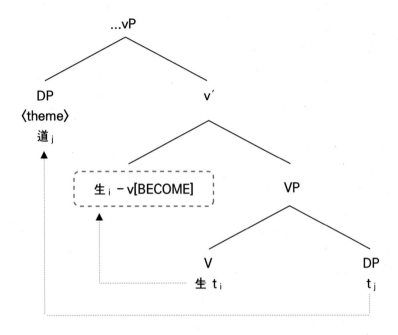

(변화의 대상자인) 도가 생기(게 되)다.

6.4. 원인-변화결과 표시구

기본 해석공식:

A: [S는 ('EO/es'를/가) V되게 하다] (S는 사태발생의 원인자)

B: [(ES는) s가(/로 하여금) V되게 하다] (s는 사역의 대상자 혹은 경험자)

6.4.1. 구 생성도41

먼저 '술어(V)→목적어(O)→(부사어)→주어(S)→(화제)' 순으로 병합한다.

연번		앞맥락	화제	주어 S/s	부가어	동사 V~v~v [BECOME] [CAUSE]	목적어 EO	s주어 es	뒷맥락	출전
A:	① 42		詩,	(詩)	可以	興			,可以觀	陽貨9
	② 43		關雎,	(關雎)		樂而不淫			哀而 不傷	八佾20
	③ 44	子曰:		君子		惠			而不費,	堯曰2
B:	④ 45	有酒食,		先生		饌			,曾是以 爲孝乎?	爲政8
	⑤ 46	何爲則		民		服			?	爲政19
	⑥ 47	葉公問政, 子曰:		近者		說			遠者來	子路16

---

41 ①-⑥ 모두 '원인-변화결과' 사건의미를 나타낸다. 그러나 논항의 출현 양상에 따라 둘로 나뉜다. ①-③은 〈원인자〉 논항은 명시적이나 〈대상자〉 혹은 〈경험자〉 논항이 생략되었다. 반면 ④-⑥은 〈원인자〉 논항은 비명시적이나 〈대상자〉 혹은 〈경험자〉 논항은 명시적이다. 즉, 엄격히 말해 ④-⑥은 〈원인자〉 주어가 문맥의 영향으로 삭제된 것이므로, 문두의 명사구는 전체 주어 'S'가 아니다.

42 시, 가이흥, 가이관(Shī, kěyǐ xīng, kěyǐ guān)

43 관저, 낙이불음, 애이불상(Guānjū, lè ér bù yín, āi ér bù shāng; '關雎'「시경(詩經)」「국풍(國風)」 6편중의 한 곡(曲); '關雎'는 네 개의 절 '@樂而ⓑ不淫, ⓒ哀而ⓓ不傷'에 대해 공통 화제 역할을 함(topic chain); '而' 둘 다 역접의 접속사)

44 자왈: 군자혜이불비(Zǐ yuē: Jūnzǐ huì ér bú fèi; '而' 역접의 접속사)

6.4.2. 해석과 쓰기연습

'기본 해석공식'을 응용하여, 사건의미와 문맥에 맞게 잘 다듬어 표현해보자.48 이제 도출의 역순, 즉 '(화제)→주어(S)→(부사어)→목적어(O)→술어(V)'으로 해석한다.

한편, '구 생성도'의 원문과 아래 볼드체의 해석에 근거하여 문장의 주요성분을 다시 병합(해석의 역순)해 보자.

A: [S는 (EO를) V되게 하다] (S는 사태발생의 원인자)

① 《詩》는 말이지, (그것은 너희들로 하여금) **흥을 돋게 할 수 있으며, SV →**
  [(시는,) (너희들어/로 하여금 세상 물정과 인심을) 살필 수 있게 하며],

② 〈關雎〉는 말이지, (그것은 우리로 하여금) **즐겁게 하나,** (그 것은 우리가/로 하여금)
  음탕하게 하지 않으며, SV →
  [(우리가/로 하여금) 슬프게 하나, (우리가/로 하여금) 상하게 하지 않는다].

③ [공자가 말했다:] 군자는 (백성어/로 하여금) **혜택을 보게 하나, SV →**
  [(군자는) 과소비하지 않으며,]

B: [(ES는) s가(/로 하여금) V되게 하다] (s는 사역의 대상자 혹은 경험자)

④ [술과 음식이 생기면],
  (젊은어가) **먼저 태어난 사람이(/으로 하여금) 먹게 한다면, SV →**
  [어찌 이것으로써 효를 하였다고 할 수 있겠는가?]

⑤ [어찌 해야,] (내가) **백성들이(/로 하여금) 복종하게 할 수 있습니까? SV →**

⑥ [섭공이 정치에 대해 물었다. 공자가 말하길:]
  (당신어) **가까이 있는 자가(/로 하여금) 기쁘게 하시오. SV →**
  (당신어) **멀리 있는 자가(/로 하여금) 오게 하시오.**

---

45 유주식, 선생찬, 증시이위효호(yǒu jiǔ shí, xiānsheng zhuàn, céng shì yǐ wéi xiào hū; '曾' 일찍이, 설마. 부사; '爲孝' 효를 행하다, DO 사건의미)

46 하위즉, 민복?(hé wéi zé mín fú)

47 섭공문정. 자왈: 근자열, 원자래(Yègōng wèn zhèng. Zǐ yuē: jìn zhě yuè, yuǎn zhě lái; '說' 기쁘게 되게 하다, 동사), 원자래

48 이미 3장에서 언급한 바 있듯이, 생략 부분은 '( )' 속에, 앞뒤 맥락은 '[ ]' 속에 각각 표시한다. 이하 기술법은 모두 같다.

6.4.3. 구 생성의 배경

'원인-변화결과' 사건의미를 나타내는 'SV 구의 속'을 도표로 보자.

[A형]

표기	의미역	의미 특징	격	한국어 조사 첨가
S	원인자		주격(S)	-이/가 (-은/는)
V-v₁-v₂		[+사동] [+변화결과]		
EO/es	대상자		목적격	-을/를
	경험자		주격(s)	-어/가 -으로 하여금

[B형]

표기	의미역	의미 특징	격	한국어 조사 첨가
ES	원인자			-어/가 (-은/는)
EV-v₁		[+사동]		
O/s	대상자		목적격	-을/를
	경험자		주격	-이/가 -으로 하여금
V-v₂		[+변화결과]		

　　A형은 〈대상자〉 혹은 〈경험자〉가 생략된 구조이고, B형은 〈원인자〉가 생략된 구조이다. 다소 복잡해 보이지만, 이런 내용은 뇌 속에서 해당 명제를 이해하고 생성하려 할 때 순식간에 활성화되는 것들이다. 인간은 이런 뇌 활동을 자기도 모르게 즐긴다. 천부적으로 언어능력을 타고난 존재이기 때문이다.

1) 'S' 충당 요소

주어는 사건 발생의 〈원인자〉로 해석되며, 한국어 주격조사 **'-이/가(-은/는)'** 등을 첨가한다. 이는 A형의 경우이다.

> ① -**詩**(시가/는);
> ② -**關睢**(관저가/는);
> ③ -**君子**(군자가/는);

특히 논어 본문에서 ①에 이어 4회나 반복되는 '《詩》(시)'는 '너희들(제자들)로 하여금' 각각 'V'하게 하는 〈원인자〉가 되며, 주격을 받았다가, 최종적으로 화제로 투사된다.[49]

그러나 B형을 보자.

> ④ -**先生**(먼저 태어난 이를/가/로 하여금);
> ⑤ -**民**(백성들을/이/로 하여금);
> ⑥ -**近者**(가까이에 있는 사람들을/이/로 하여금);

마치 주어처럼 보이는 이 요소들 뒤에 **'을/를/-이/가/으로 하여금'**을 붙이면 의미가 논리적으로 잘 들어온다. 그렇다. 바로 이들은 '원인-변화결과'의 사건의미의 후반부이다. 〈원인자〉를 나타내는 전반부는 대화체이므로, 에너지 절약 차원에서 생략되었다.[50] 따라서 이들은 〈대상자〉 혹은 〈경험자〉로 해석해야 옳다.

---

49 전문에서 '詩'가 들어갈 자리 'Ø': 子曰: "小子何莫學夫詩? 詩, Ø可以興, Ø可以觀, Ø可以群, Ø可以怨。Ø邇之事父, Ø遠之事君。Ø多識於鳥獸草木之名。"陽貨9

50 생략된 것은 〈원인자〉 주어인 '④-젊은이가(弟子), ⑤-내가(季康子), ⑥-당신은(葉公)' 등이다.

2) 술어: 'V-v-v' 충당 요소

A형과 B형을 막론하고, 이 술어 동사(V-v$_1$-v$_2$)는 명시적이든 비명시적이든 〈원인자〉에 의해 유발된 행위(사건)(으)로 해석된다. 또, 명시성 여부를 떠나 항상 〈지배대상〉 혹은 〈경험자〉 의미역의 보충어(/목적어/보어)를 가짐으로써 '원인-변화결과' 사건의미 표시 조건을 만족시킨다.

[A형]

① -興(EO를/가/로 하여금 흥하게 되게 하다);

② -樂而不淫(EO를/가/로 하여금 즐거우나 음탕하게 되지 않게 하다);

③ -惠(EO를/가/로 하여금 은혜롭게 되게 하다)

[B형]

④ -饌: s가(/로 하여금) 먹게 되게 하다;

⑤ -服: s가(/로 하여금) 서비스하게 되게 하다;

⑥ -說: s가(/로 하여금) 기쁘게 되게 하다

결과적으로 술어 동사는 모두 기능상 차이가 없다. 즉, 두(v[CAUSE]-v[BECOME]) 경동사에 의해 [+원인]과 [+변화결과]의 의미특징을 가진다. 모두 'V되게 하다'로 번역된다. 다만 B형의 경우 위에서 보이듯, 〈경험자〉 의미역을 선택하는 것이 더 자연스럽게 느껴진다.

3) 'EO' 충당 요소

이미 살펴본 바대로 ①-③은 〈경험자〉 혹은 〈대상자〉 의미역을 받는 목적어 자리가 비었다. 생략된 성분은,

① -小子(공자의 제자들);

② -일반인;

③ -백성

　반면, ④-⑥의 경우는 목적어 성분[51]인 〈경험자〉 혹은 〈대상자〉의미역의 논항이 마치 주어처럼 술어 앞에 위치한다. 사실 하위에 있는 자체 절의 주어이기는 하다. 그러나 이들보다 상위에 원인자(causer) 주어가 생략되어 있다.[52]

6.4.4. 더 생각하기

[보이지 않는 것을 보아내기-뇌의 전 영역을 활성화하기]

　문법(/통사)현상은 보이지 않는 뇌 속의 활동이다. 이것을 어떻게 보아내고 가장 간단한 모습으로 기술해낼 것인가? 언어학자의 몫이다. 부담일 수도 있고, 엄청난 재밋거리일 수도 있다. 보이지 않는 것을 보아내려면, 뇌가 잘 작동해야 할 것이다. 뇌 훈련에 무엇이 있을까? 전문가들의 추천 사항이다.

a. 운동

　우리의 뇌는 엄청난 양의 에너지와 피 그리고 산소를 태워 우리를 지탱해준다. 뇌 과학자인 정재승(2018:378)에 의하면, 성인의 뇌 용량은 1,400cc로, 대체적으로 우리 몸의 2% 정도이지만, 사용하는 에너지, 혈류량, 산소량은 23%를 넘는다는 것이다. 따라서 유산소 운동이 뇌에 좋으며, 그중 적당한 스피드로 걷기가 좋다 한다.

b. 독서

　자신의 전공이나 직업과 관련이 있어도 좋고 없어도 좋다. 오히려 획기적인 아이디어는 자신과 정 반대편의 관점을 가진 책을 독서하는 것도 좋다.

---

51 좀 더 정확히 말하면, 'O₁/S₂' 성분이다.

52 이미 언급한 대로, 이 경우는 주어인 '해석과 쓰기연습'에서 보인 것처럼 앞의 〈원인자〉 논항과 보이지 않는 '사역동사'가 모두 생략된 꼴이다.

c. 여행

자신과 관련이 있는 지역을 여행하고 체험하는 것도 좋고 아니어도 좋다. 오히려 획기적인 아이디어는 자신과 정 반대편의 관점을 주는 여행지에서 발견되기도 한다.

d. 전문가와의 대화

전문가의 분야가 자신과 관련이 있어도 좋고 없어도 좋다. 오히려 획기적인 아이디어는 자신과 정 반대편의 관점을 가지는 전문가를 통해 얻을 가능성이 크다.

6.5. 요약

이제 'SV 구'가 사건의미의 차이에 따라 각각 달리 해석되는 양상을 종합해 보자.

구의 종류와 특성 / 사건 의미	SV 구							
	S			V-v		EO		
	의미역	뜻과 기능	한국어 조사	의미 특징	[V-v]의 뜻	의미역	뜻과 기능	한국어 조사
활동 -v₁[DO]	행위자	[+의지] 의 행동주	-이/가 (은/는)	[+의지] [+진행]	V-v₁ V**하다**	태상자	직접 지배 태상	-을/를
	[葉公問孔子於子路,] 子路 자로가			[不]**對** 응대하지 (않)다		[葉公問孔子(섭공어 공자를 묻는 것에 대해)]		
	[S가 ~~O를~~ V하다] → **자로가** 섭공어 공자를 묻는 것을(/에 대해) **응대하지 않았다.**							
상태 -v₂[BE]	대상자	[-의지] 의 묘사 대상자	-이/가 (은/는)	[-의지] [+상태]	V-v₂ V(이)**다** V(하)**다**			
	名 명분이			[不]**正** 바르지 않다				
	[S가 V이(/하)다] → **명분이 바르지 않다.**							

사건 의미	구의 종류와 특성 SV 구							
	S			V–v		EO		
	의미역	뜻과 기능	한국어 조사	의미 특징	[V–v]의 뜻			
변화결과 –v₃[BECOME]	대상자	[-의지] 의 변화 대상자	-이/가 (은/는)	[-의지] [+변화결과]	V–v₃ V하게 **되다**			
	[本立而] 道 [근본이 서면] **도가**			生 생기게 되다				
	[S가(/이) <s>를(/을)</s> V하게 되다] → 도가 생기게 된다.							
원인-변화결과 –v₄[[CAUSE]- [BECOME]]	원인자	[-의지] 의 원인자	-이/가 (은/는)	[+사역] [+변화결과]	V–v₄ V(하게) **되게 하다**	대상자/ 경험자	θ/s	–을/를 –에/가
	詩 시는			[可以]興 신나게 할 수 있다		(小子: 너희들/제자들)		
	[S가(/를/로 하여금) V되게 하다] → 시는 (너희들어/로 하여금) 신나게 할 수 있다.							

이상 사건의미와 'SV 구'에서 주의할 점을 주어, 술어, 목적어 차원에서 다시 정리해보자.

1) 주어(S)의 의미역

    a. '활동' 사건의미의 주어: [+의지]의 〈행위자〉

    b. '상태' 사건의미의 주어: [-의지]의 〈대상자〉

    c. '변화결과' 사건의미의 주어: [-의지]의 〈대상자〉/〈경험자〉

    d. '원인-변화결과' 사건의미의 주어: [±의지]의 〈원인자〉

2) 술어 동사(V)의 의미특징

    a. '활동' 사건의미의 동사: [+의지]

    b. '상태' 사건의미의 동사: [-의지], [+상태]

    c. '변화결과' 사건의미의 동사: [-의지], [+변화결과]

    d. '원인-변화결과' 사건의미의 동사: [+사역], [+변화결과]

3) 목적어(EO)의 의미역

목적어는 모두 생략되거나 아예 설정되지 않는다. a와 d처럼 생략된 목적어는 환원시킬 수 있다. 그러나 b와 c의 경우는 목적어를 아예 설정하지 않는 경우이다.

    a. '활동' 사건의미의 목적어: ~~[+의지]~~ 술어 동사의 〈지배대상〉

    b. ~~'상태' 사건의미의 목적어~~

    c. ~~'변화결과' 사건의미의 목적어~~

    c. '원인-변화결과' 사건의미의 목적어: [+사역]의 〈대상자〉/[+변화결과]의 〈경험자〉

#. 본문 수형도 보기 – 6.4.1 ① '詩, 可以興'의 도출도

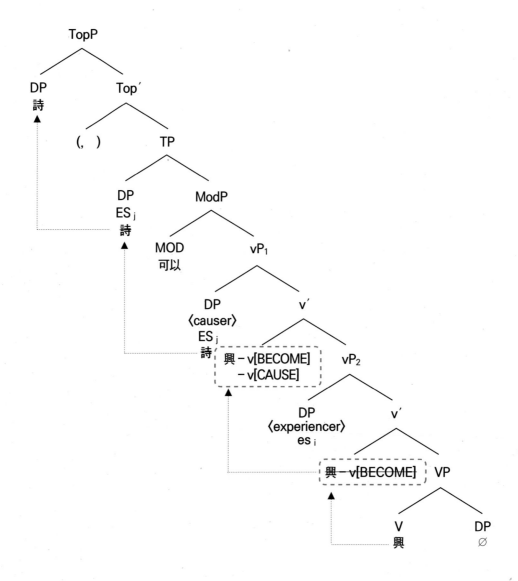

시(시경)는 말이지, (esi: 너희들로 하여금) 흥이 나게 (되게) 한다.

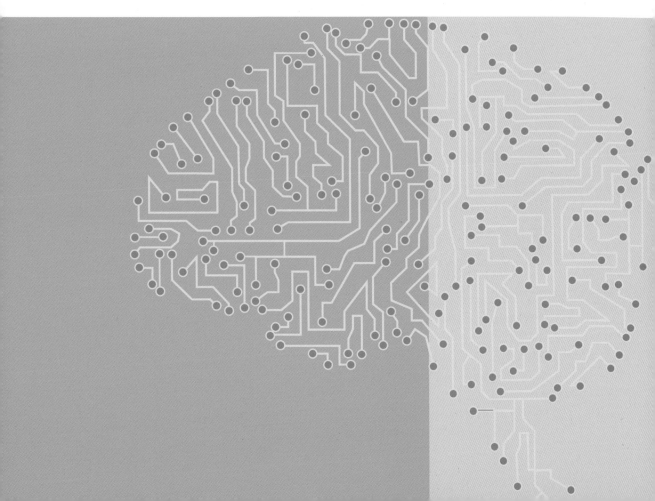

CHAPTER 07

사건의미와 '술어(V)' 문형

07 | 사건의미와 '술어(V)' 문형

7.1. 활동 표시구

기본 해석공식: **[ES는 (EO를) V하다]** (ES는 의지적 행위자)

7.1.1. 구 생성도

먼저 '술어(V)→목적어(O)→(부사어)→주어(S)→(화제)' 순으로 병합한다.

연번	앞맥락	화제	주어 ES	부가어	술어 V-v [DO]	목적어 EO	뒷맥락	출전
① 1					學		而時習之	學而1
② 2		非禮		勿	視		,非禮勿聽	顔淵1
③ 3					述		而不作	述而1
④ 4	擧一隅			不以三隅	反		,則不復也	述而8
⑤ 5		車馬衣輕裘		與朋友	共			公冶長 26
⑥ 6	成事不說, 遂事不諫,	既往		不	咎			八佾21

---

1 학이시습지(xué ér shí xí zhī)

2 비례물시, 비례물청(fēi lǐ wù shì fēi lǐ wù tīng)

3 술이부작(shù ér bú zuò)

4 거일우, 불이삼우반, 즉불복야(jǔ yī yú, bù yǐ sān yú fǎn, zé bú fù yě; '隅', 귀퉁이, 모서리, 부분. '復', 반복하다)

5 거마의경구, 여붕우공(chē mǎ yī qīng qiú, yǔ péng yǒu gòng; '輕', 후세인의 오기(誤記), 당나라 때의 석경초각본(石經初刻本)에는 이 글자가 없다 함. '裘', 가죽옷)

7.1.2. 해석과 쓰기연습

'기본 해석공식'을 응용하여, 사건의미와 문맥에 맞게 잘 다듬어 표현해보자. 이제 도출의 역순, 즉 '(화제)→목적어(O)→(부사어)→주어(S)→술어(V)'로 해석한다.

한편, '구 생성도'의 원문과 아래 볼드체의 해석에 근거하여 문장의 주요성분을 다시 병합(해석의 역순)해 보자.

① (크가 무엇인가를) **배우고,** V →

   [(크가) 때에 맞게 그것을 익힌다면,]

② 예의가 아닌 것에 대해서, (너는) **보지 말고,** V →

③ '[([나는 무엇인가를 지어내지는 않았다.] 나/공자는 무엇인가를) **기술할 뿐,** V →

④ [한 쪽 귀퉁이를 예로 들었는데],

   (그가 세 귀퉁이로) **반응하지 않으면,** V →

   [(~~나는 그것을~~) 반복하지 않는다.

⑤ (좋은 수레와 옷을 말이죠,)

   (저는) 친구와 **공유하겠습니다.** V →

⑥ [이루어진 일은(/에 대해서는) (너는) 말하지 마라.

   끝난 일은(/에 대해서는) (너는) 따지지 마라.]

   이미 지난 일은(/에 대해서는)[7] (너는) **책망하지 마라.** V →

---

6 성사불설, 수사불간, 기왕불구(chéng shì bù shuō, suì shì bú jiàn, jì wǎng bú jiù; '成事', '遂事'도 주어가 아니다. 모두 목적어 위치에서 주어 앞으로 이동한 화제이다.)

7 앞 맥락을 포함한 세 문장은 목적어가 화제가 되어 문두에 위치하는 전형적인 예이다.

7.1.3. 구 생성의 배경

'활동' 사건의미를 나타내는 '**V 구**'의 속을 도표로 보자.

표기	의미역	의미 특징	격	한국어 조사 첨가
ES	행위자		주격	-이/가 (-은/는)
V-v		[+의지]; [+진행]		
EO	대상자		목적격	-을/를

사건의미를 구성하는 논항들의 의미역(theta-role)과 격(case), 그리고 동사의 의미특징 및 한국어 조사 첨가 양상 등이 보인다.

표의 내용은 뇌 속에서 해당 명제를 이해하고 생성하려 할 때 순식간에 활성화되는 것들이다. 해당 성분이 발음되고 문자적으로 시각화되느냐의 여부와 상관없다. 또, 인종과 언어의 종류와도 상관이 없이 일어나는 뇌 활동으로, 뇌의 베르니케 영역, 게시윈드 영역, 브로카스 영역 등에서 연합하여 일어나는 일이라 하겠다. 따라서 해당 구조 속에서 빈 곳 (EMPTY: ES, EO, EC)이 있다면, 이는 맥락상 말하지 않아도 명백하거나, 아예 불필요한 요소이기 때문에 경제성을 따져 생략한 것이다. 특히, 활동 사건의미를 나타내는 구문에서 주어나 목적어가 발음되지 않더라도(/안 보이더라도) 해석에 지장이 없다면 과감하게 생략된다.

1) 'ES' 충당 요소

경제성 추구로 인해 모두 생략되었다. 그러나 언제든지 환원할 수 있으며, 이때 'V-v'에 대하여 〈행위자〉 의미역과 '주격'을 가진다. 따라서 한국어로 해석할 때 주격조사 '-이/가(-은/는)'를 첨가한다.

① -(군자가);   ② -(너는, 안연);

③ -(나는, 공자);   ④ -(제자들이);

⑤ -(저는, 자로);   ⑥ -(너는, 공자의 제자 재아)

2) 'V-v' 충당 요소

술어는 모두 〈행위자〉의 [+의지]적 행위로 해석될 수 있어야 하며, 음성적 실현여부를 떠나 반드시 〈지배대상〉 목적어를 가져야 한다. 이는 활동[DO] 사건의미 표시의 필수조건이다.[8] 특히 우리의 머릿속에서 형용사나 명사적으로 각인된 단어들을 조심해야 한다.

① -學(공부하다);   ② -視(보다);

③ -述(기술하다);   ④ -反(반응하다);

⑤ -共(공유하다);   ⑥ -咎(책망하다)

예문에서, 이들은 모두 **[+의지], [+진행]**의 의미 특징을 가짐으로써, **활동[DO] 사건의미**를 나타내는 술어가 될 수 있다.

---

8 예 중에 '활동' 사건의미를 나타내는 한국어 경동사로 '…하다/내다' 등이 쓰이고 있다.

3) 'EO' 충당 요소

술어 동사에 의한 〈지배대상〉이므로, 언제든지 환원할 수 있다.[9] 한국어로 해석할 때 목적격 조사 **'-을/를'**을 첨가한다. 술어동사와 연계하여 표시해보자.

① -學(+그것을 공부하다);

② -視(+예의가 아닌 것을 보다);

③ -述(+전통적인 옛 것을 기술하다);

④ -反(+스승이 가르쳐준 한 귀퉁이에 반응을 하다);

⑤ -共(+수레나 옷을 공유하다);

⑥ -咎(+이미 지난 일을 책망하다)

7.1.4. 더 생각하기

[문장의 필수 요소란?]

문장에서 빠질 수 없는 성분은 무엇일까? 다음 도표를 보자.

연번	문맥	주어 ES	술어 V-v [DO]	목적어 EO	문맥	출전
ⓐ10	與之粟九百,		**辭**		.	雍也5
ⓑ11	君子矜而 不爭,		**群**		而不黨	衛靈公22
ⓒ12			**學**		而不思	爲政15

---

9 문맥을 보면 어렵지 않게 환원할 수 있다. 특히 '도식보기' ②, ⑤, ⑥처럼 화제로 나타나거나, 맥락을 통해 표현되기도 한다.

10 여지속구백, 사(yǔ zhī sù jiǔ bǎi, cí)

11 군자긍이부쟁, 군이부당(Jūnzǐ jīn ér bù zhēng, qún ér bù dǎng)

12 학이불사(xué ér bù sī)

ⓐ [그에게 찧지 않은 곡식 900말을 주었으나,]

(크카) (크것을) **거절했다**.

ⓑ [군자는 긍지가 있으나 다투지는 않으며,] **모이지만**,

[패거리를 짓지는 않는다.]

ⓒ (크카) (무엇을) **배우나**,

[(그가) (그것에 대해) 사색하지 않는다면,]

문장에서 술어동사는 필수적이다. 따라서 설령 겉으로 보이지 않는 경우(/생략된 경우)라도 투명한 건축자재처럼 있다고 생각하자. 동사는 경동사를 적용시킬 근거이기 때문이다.[13]

---

13 동사 생략은 드물지만 본서의 'SC' 유형에서는 동사가 생략된다. 이에 대해서는 본서 9장에서 자세히 살펴본다. 한편, 현대중국어에서도 술어동사가 생략되는 예가 적지 않다. 이에 대해서는 졸저(2012[2007]:166)를 참고하라.

7.2. 상태 표시구

기본 해석공식: [ES는 V(x)다] (ES는 묘사/진술 대상자)

(x는 형용사성 형태 변화소)

7.2.1. 구 생성도

먼저 '술어(V)→(부사어)→주어(S)→(화제)' 순으로 병합한다.

연번	앞맥락	화제	주어 ES	부가어	술어 V-v [BE]	보어 EC	뒷맥락	출전
①14	學而時習之,			不亦	說		乎	學而1
②15	孟懿子問孝, 子曰:				生		,事之以禮	爲政5
③16	小人驕而			不	泰			子路26
④17	邦無道, 富且貴焉,				恥		也	泰伯13
⑤18	有君子之道四焉:	其行己也			恭			公冶長 16
		其事上也			敬			
		其養民也			惠			
		其使民也			義			

---

14 학이시습지, 불역열호(xué ér shí xí zhī bù yì yuè hū)

15 맹의자문효,자왈: 생, 사지이례(Mèngyìzǐ wèn xiào. Zǐ yuē: shēng, shì zhī yǐ lǐ; '孟懿子', 노나라의 대부; '生', 살다. 자동사: 5.2.1의 ③, 8.2.1의 ①, 11.1.1.1의 ③ 등과 비교할 것)

16 소인교이불태(xiǎorén jiāo ér bú tài)

17 방무도, 부차귀언, 치야(bāng wú dào, fù qiě guì yān, chǐ yě)

18 유군자지도사언: 기행기야공; 기사상야경; 기양민야혜; 기사민야의(yǒu Jūnzǐ zhī dào sì yān; qí xíng jǐ

7.2.2. 해석과 쓰기연습

'기본 해석공식'을 응용하여, 사건의미와 문맥에 맞게 잘 다듬어 표현해보자. 이제 도출의 역순, 즉 '(화제)→(부사어)→주어(S)→술어(V)'로 해석한다.

한편, '구 생성도'의 원문과 아래 볼드체의 해석에 근거하여 문장의 주요성분을 다시 병합(해석의 역순)해 보자.

① [(크카) (카차 있는 것을) 배우고 때에 맞게 그것을 익히면,]

(크카 또한) **기쁘지 않겠는가?** V →

② [(태부인) 맹의자가 효도에 대해 물었다. 공자가 말했다:]

(부모가) **생존하시면,** V →

[예의로서 섬기고],

③ [소인은 교만하나,]

(소인은) **진중하지 않다.** V →

④ [나라에 도가 없는데도 부하고 귀하다면],

(그 사람은/그 것은) **부끄럽다/부끄러운 것이다.** V →

⑤ [군자의 도 네 가지가 있다:]

(자기 몸을 움직일 때), (그는) **공손하며,** V →

(윗사람 섬길 때,) (크는) **공경스러우며,** V →

(백성을 기를 때,) (크는) **은혜로우며,** V →

(백성을 부릴 때,) (크는) **공의롭다.** V →

---

yě gōng; qí shì shàng yě jìng; qí yǎng mín yě huì; qí shǐ mín yě yì; 문장의 도출에서 '行己', '事上', '養民', '使民' 등은 모두 명사성 구로 연산된다)

7.2.3. 구 생성의 배경

'상태[BE]' 사건의미를 나타내는 'V 구'의 속을 도표로 보자.

표기	의미역	의미 특징	격	한국어 조사 첨가
ES	대상자		주격	-이/가 (-은/는)
V-v		[+상태]: [+판단]/[+소유] [+존재]/[+비교]		
EO				

이상의 결과는 해당 성분이 발음되고 문자적으로 시각화되느냐의 여부를 떠나, 우리 뇌 속에서 해당 명제를 이해하고 생성하려 할 때 순식간에 모두 활성화된 것들이다. 따라서 해당 구조 속에서 빈 곳(EMPTY: ES, EO, EC)이 있다면, 이는 맥락상 말하지 않아도 명백하거나, 아예 불필요한 요소이기 때문에 경제성을 따져 생략한 것이다.

1) 'ES' 충당 요소

'ES' 충당 요소는 비록 발음되지 않지만 모두 환원시킬 수 있다. 존재 혹은 묘사의 〈대상자〉로 해석된다. 한국어 주격조사 **'-이/가(-은/는)'** 등을 첨가한다.

① -(배우고자 하는 이는, 일반인);   ② -(부모가);

③ -(소인은);   ④ -(나라에 도가 없는데도 부귀한 자는);

⑤ -(군자는); (군자는);

   (군자는); (군자는)

2) 'V-v' 충당 요소

술어 동사는 **[+판단], [+존재], [+소유] 등의** 의미특징을 가지며, 모종의 '상태'로 해석된다.[19]

① -說(기쁘다);　　　　　　② -生(생존하다);

③ -泰(진중하다);　　　　　　④ -恥(부끄럽다);

⑤ -恭(공손하다); 敬(공경스럽다);

　　惠(은혜롭다); 義(의롭다)

3) 'EC' 충당 요소

설정하지 않아도 되기에 처음부터 아예 설정하지 않는 것 같다.

---

19 이미 3장에서도 언급한 바 있지만, 생각할 점 하나가 있다. 그것은 ①, ④와 같은 경우로, 심리동사가 술어로 쓰이나, '상태' 사건의미로 해석하는 것이 더 좋다고 여겨질 때의 문제이다. 이는 '변화결과' 사건의미로 해석하여 '①-기쁘게 되지 않겠는가!', '④-부끄럽게 된다.'로 해도 틀리다고 할 수 없다. 즉, 근접한 사건의미 간에 있어, 어떤 사건의미를 선택할 것인가는 전적으로 발화 당시 우리 뇌에서 판단할 문제이겠다. 특히 논어처럼 기록된 언어라면, 결국 문맥 속에서 파악해야 할 문제라고 본다.

7.2.4. 더 생각하기

⑤를 행위적으로, 즉 **'활동[DO]' 사건의미로 해석하고 싶다**면 다음과 같은 시도를 생각
해 볼 수 있다.

연번	앞맥락	화제	주어 ES	술어 V-v [DO]	목적어 EO	출전
⑤	有君子之道四焉:	其行己i也		恭	ti	公冶長16
		其事上j也		敬	tj	
		其養民k也		惠	tk	
		其使民l也		義	tl	

⑤ [군자의 도는 네 가지가 있다:]

    자기 몸을 움직일 때는 말이지, (군자는) **공손히** 해야 하며,

    윗사람 섬길 때는 말이지, (군자는) **공경스럽게** 해야 하며,

    백성을 기를 때는 말이지, (군자는) **은혜롭게** 해야 하며,

    백성을 부릴 때는 말이지, (군자는) **의롭게** 해야 한다.

즉, 앞부분을 화제화[20]하고, 주어가 들어갈 빈자리에 〈행위자〉 주어를 활성화한다. '활
동성'을 강조하는 해석이라면 시도할 수 있겠다. 이때 '也'는 화제표시 보조사 '-은/는'으
로 처리된다. 이들 구에 대해 **'어떤 해석을 선택할 것인가'**는 우리의 뇌의 상황판단에 따
라 **'어떤 경동사를 적용시킬 것인가'**에 달려있다.

---

20 여기의 화제 4개는 목적어 자리와 화제어에 각각 인덱스를 붙인 것에서 보듯, 모두 목적어 위치에서 올라간
   것으로 보아도 무방하겠다.

#. 본문 수형도 보기 - 7.1.1 ② '非禮, 勿視'의 도출도

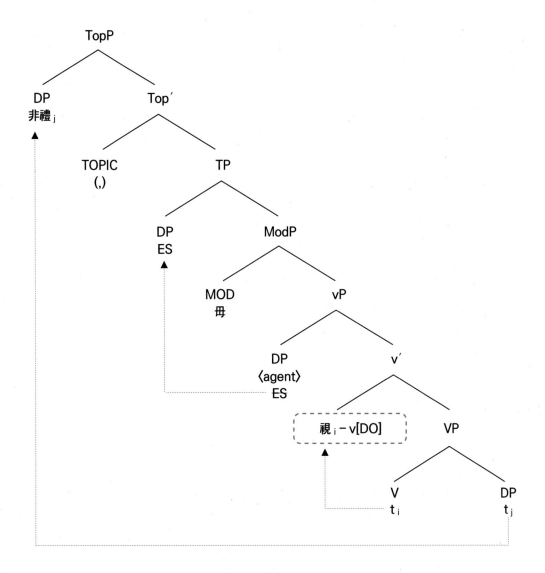

예의가 아닌 것에 대해서는 말이지, ES(너)는 (그것을) 보지도 말아라.

7.3. 변화결과 표시구

기본 해석공식: [ES는 V(x)게 되다] (ES는 비의지적 변화 대상자/경험자)

(x는 형용사성 형태 변화소)

7.3.1. 구 생성도

먼저 '술어(V)→목적어(O)→(부사어)→주어(S)→(화제)' 순으로 병합한다.

연번	앞맥락	화제	주어		술어 V-v [BECOME]	목적어 EO	뒷맥락	출전
			ES	부가어				
① 21	人不知,而			不	慍		,不亦君子乎	學而1
② 22		父母之年		不可不	知		也	里仁21
③ 23	思而不學,則				殆			爲政15
④ 24	唯女子與小人爲難養也,近之則			不	孫		遠之則怨	陽貨25
⑤ 25	質勝文則				野		文勝質則史	雍也18
⑥ 26	孔子曰:…,				困		而學之,又其次也	季氏9

---

21 인부지, 이불온, 불역군자호(rén bù zhī, ér bú yùn, bú yì Jūnzǐ hū)

22 부모지년불가부지야(fùmǔ zhī nián bù kě bù zhī yě; '父母之年' 부모의 나이, 심리동사의 목적어가 주어 앞으로 전치)

23 사이불학, 즉태(sī ér bù xué zé dài)

24 유여자여소인위난양야, 근지즉불손. 원지즉원(wéi nǚzǐ yǔ xiǎorén wéi nán yǎng yě, jìn zhī zé bú xùn, yuǎn zhī zé yuàn; '與' …와, 접속사; '近' 가까이하다, '遠' 멀리하다, 모두 동사로 기능한다.; '之' 그들, 여자와 어린아이', 지시대명사)

25 질승문즉야, 문승질즉사(zhì shèng wén zé yě, wén shèng zhì zé shǐ)

26 공자왈: …, 곤이학지, 우기차야(Kǒngzǐ yuē: kùn ér xué zhī, yòu qí cì yě)

7.3.2. 해석과 쓰기연습

'기본 해석공식'을 응용하여, 사건의미와 문맥에 맞게 잘 다듬어 표현해보자. 이제 도출의 역순, 즉 '(화제)→목적어(O)→(부사어)→주어(S)→술어(V)'로 해석한다.

한편, '구 생성도'의 원문과 아래 볼드체의 해석에 근거하여 문장의 주요성분을 다시 병합(해석의 역순)해 보자.

① [남들이 (자커를) 알아주지 않더라도/

사람들이 (자커 자신을) 알아주지 않는 것에 대하여,]

(그가) **화내지 않(케 된)는다면,** V →

[(그는) 또한 군자답지 않은가?]

② [부모의 연세는]

(자녀가) 반드시 **알아야 한다.** V →

③ [사색만 하고 배우지지 않으면,]

(그런 사람은) **위태롭게 된다.** V →

④ [여자와 어린아이들은 보살피(/다루)기가 어렵다]

[그들(/여자와 어린아이)을 가까이하면,]

(그들은) **공손하지 않게 되고,** V →

[그들(/여자와 어린아이)을 멀리 하면, (그들은) 원망하게 된다.]

⑤ [내용(/속)이 수식(/겉)보다 더하면,]

(그것은) **거칠게 된다.** V →

⑥ [공자가 말했다: …,]

(어떤 사람[27]이 배우지 않아 무식해서) **곤란하게 되어,** V →

[그가 그것을 배운다면, 그것은 또 그 다음 단계이다].

---

27 '불특정인, 일반인'을 지칭한다.

7.3.3. 구 생성의 배경

'변화결과' 사건의미를 나타내는 'V 구'의 속을 도표로 보자.

표기	의미역	의미 특징	격	한국어 조사 첨가
ES	**대상자/경험자**		주격	-이/가 -은/는
V-v		[-의지]; [+변화]: [+심리/인지]		
[EO]				

표의 내용은 뇌 속에서 해당 명제를 이해하고 생성하려 할 때 순식간에 활성화되는 것들이다. 해당 구조 속에서 빈 곳(EMPTY: ES, EO, EC)이 있다면, 이는 맥락상 말하지 않아도 명백하거나, 아예 불필요한 요소이기 때문에 비워둔 것이다.

1) 'ES' 충당 요소

경제성 추구로 인해 모두 비어 있다. 그러나 환원한다면, 모두 변화의 〈경험자〉 혹은 〈대상자〉로 해석되며, 한국어 주격조사 **'-이/가(-은/는)'**을 첨가한다.

① -(그가, 일반인);　　　　　② -(자녀가);

③ -(그는, 일반인);　　　　　④ -(그들은, 여자와 어린아이);

⑤ -(내용이 형식보다 센 것은);　⑥ -(그가, 일반인)

2) 'V-v' 충당 요소

예문에서, 이들은 대개 심리, 혹은 인지의 [+변화]를 나타내는 동사들이다.

① -慍: 화나(게 되)다;   ② -知: 알(게 되)다;

③ -殆: 위험하(게 되)다;   ④ -孫: 공손하(게 되)다;

⑤ -野: 거칠(게 되)다;   ⑥ -困: 곤란하(게 되)다

심리, 혹은 인지를 나타내는 동사들이 위주가 되지만, 그것보다 더 본질적인 요소는 '변화결과'를 수용하게 하는 경동사[BECOME]의 역할이라는 것을 명심하자.

3) 'EO' 충당 요소

'변화결과' 사건의미를 표시하는 'V 구'에서 생략된 목적어를 환원시키는 쉽지 않다. 아래와 같이 [+심리/인지]를 나타내는 술어의 목적어는 쉽게 환원할 수 있다.[28]

① -慍(화내다, 섭섭해 하다): 남들이 나를 알아주지 않는 것;

② -知(알다): 부모의 연세;

④ -孫(공손히 하다): 어른/지도자/위정자

이 '변화결과' 사건의미를 나타내는 비대격동사의 목적어를 가지지 않는 특수성 때문이다. 즉, 이들 동사 뒤에 왔던 성분들은 목적격을 받지 못하고, 주격을 받는 자리로 이동한다. 그런데 그 주어마저 문맥상 생략되었기 때문이다. 따라서 문맥을 통한 유추를 필요로 한다.

③ -殆: 생각만하고 공부하지 않는 사람 또는 그러한 행위;

⑤ -野: 내용이 형식보다 더한 것;

⑥ -困: 배우지 않아 어려움에 처한 경우

---

28 ①의 경우는 내용상 앞에 출현한 '人不知'이다. 따라서 이를 목적어 전치에 의한 화제로 처리해도 훌륭한 해석법이다. ② 역시 목적어 위치에서 이동한 화제 '父母之年'가 잘 드러난다.

7.4. 원인-변화결과 표시구

기본 해석공식: [ES는 ('o를/s가(/로 하여금)') V 되게 하다] (ES는 사태발생의 원인자)

7.4.1. 구 생성도

먼저 '술어(V)→목적어(O)→(부사어)→주어(S)→(화제)' 순으로 병합한다.

연번	앞맥락	주어 ES	부가어	술어 V−v₁−v₂ [BECOME] [CAUSE]	목적어 EO	s주 es	뒷맥락	출전
① 29	愛之,		能勿	勞			乎	憲問7
② 30	忠焉,		能勿	誨			乎	憲問7
③ 31	不憤		不	啓			,不悱不發	述而8
④ 32	就有道而			正			焉, 可謂好學也已	學而14
⑤ 33	有所不行, 知和而			和			,不以禮節之, 亦不可行也	學而12
⑥ 34	天下有道則			見			,無道則隱	泰伯13

---

29 애지능물노호(ài zhī néng wù láo hū)

30 충언능물회호(zhōng yān néng wù huì hū)

31 불분불계, 불비불발(bú fèn bù qǐ, bù fěi bù fā; '憤', 분발하다; '悱', 표현하지 못하다'; '不憤不啓'는 '不 憤'과 '不啓'의, '不悱不發'는 '不悱'와 '不發'로 이루어진 복문이다. 따라서 이들은 이중부정 구문이 아니다)

32 취유도이정언, 가위호학야이(jiù yǒu dào ér zhèng yān, kě wèi hào xué yě yǐ; '就' 나아가다; '有道' 도가 있는 사람)

33 유소불행, 지화이화, 불이예절지, 역불가행야(yǒu suǒ bù xing, zhī hé ér hé, bù yǐ lǐ jié zhī, yì bù kě xing yě; '所' 동사구를 명사구로 전환시키는 조사; '而' 순접표시 접속사; '以' 수단표시 전치사; '節' 절제하

7.4.2. 해석과 쓰기연습

'기본 해석공식'을 응용하여, 사건의미와 문맥에 맞게 잘 다듬어 표현해보자. 이제 도출의 역순, 즉 '(화제)→목적어(O)→(부사어)→주어(S)→술어(V)'로 해석한다.

한편, '구 생성도'의 원문과 아래 볼드체의 해석에 근거하여 문장의 주요성분을 다시 병합(해석의 역순)해 보자.

① [그를 사랑한다면,]

(당신은 그를/가/로 하여금) **수고롭게** (되게) **하지 않을 수 있겠는가?** V →

② [그에게 충성한다면,]

(당신은 그를/가/로 하여금) **깨우치게** (되게) **하지 않을 수 있겠는가?** V →

③ [(제자가) 분발하지 아니하면,]

(나(공자)는 그를/가/로 하여금) **계발되게 해주지 않는다.** V →

[(제자가) 말로 표현하지 못해 안타까워하지 아니하면,]

(나(공자)는 그를/가/로 하여금) **발휘되게 해주지 않는다.** V →

④ [(군자가) 도가 있는 사람에게 나가서]

(자신어/을) **바르게** (되게) **할 수 있다면,** V →

[(나는) (그가) 학문을 좋아한다고 말할 수 있겠다.]

⑤ [(너에게) 안 되는 것이 있으면, (너는) 조화를 알아내서,]

(너는) (그것을/어/으로 하여금) **조화롭게 되게 하라.** V →

[예의로써 그것을 절제하지 않으면, 역시 안 되느니라].

⑥ [세상에 도가 있으면], (너는) (네 자신을/어) **드러나게** (되게) **하고,** V →

[세상에 도가 없으면], (너는) (네 자신을/어) **숨겨지게** (되게) **하라.** V →

다, 동사)

34 천하유도즉현, 무도즉은(tiān xià yǒu dào zé xiàn, wú dào zé yǐn; '隱', '見'과 짝을 맞추어 '원인-변화결과' 사건의미를 나타내는 동사임)

7.4.3. 구 생성의 배경

'원인-변화결과' 사건의미를 나타내는 'V 구'의 속을 도표로 보자.

표기		의미역	의미 특징	격	한국어 조사 첨가
ES		원인자		주격	-이/가 -은/는
V-v₁-v₂			[+사동] [+변화결과]		V 되게 하다
EO	O	대상자			-을/를/
	S	경험자		주격/보충격	-이/가/로 하여금

표의 내용은 뇌 속에서 해당 명제를 이해하고 생성하려 할 때 순식간에 활성화되는 것들이다.

1) 'ES' 충당 요소

모두 생략되었지만 환원할 수 있다. 모두 사건 발생의 〈원인자〉로 해석되며, 한국어 주격조사 **'-이/가(-은/는)' 등을** 첨가한다. 주어의 환원은 아래 3) 목적어 생략성분 부분을 참조하라.

2) 'V-v1-v2' 충당 요소

이 술어 동사(**V-v₁-v₂**)는 〈원인자〉에 의해 유발된 **행위**(사건)(으)로 해석되며, 발음 여부를 떠나 항상 〈지배대상〉 혹은 〈경험자〉 의미역의 보충어(/목적어/보어)를 가짐으로써 '원인-변화결과' 사건의미 표시 조건을 만족시킨다.

① -勞(수고롭게 [되게] 하다);
② -誨(깨우치게 [되게] 하다);
③ -啓(계발되게 해주다);

④ -正(바르게 되게 하다);
⑤ -和(조화롭게 되게 하다);
⑥ -見(드러나게 되게 하다)

동사는 모두 두 경동사에 의해 [+원인]과 [+변화결과]의 의미특징을 가진다. 따라서 **'원인-변화결과 사건의미'**를 나타낼 수 있다.

3) 'EO' 충당 요소

생략된 목적어 성분은 모두 환원될 수 있다. 이는 '원인-변화결과' 사건의미에서 목적어 성분이므로, '변화결과'의 대상자 혹은 경험자이다. 따라서 한국어로 번역할 때 '을/를/이/가/(으)로 하여금' 다양한 조사가 부가된다.

다음 표를 통해 이 사건의미 구조에서 유추할 수 있는 환원과 삭제의 예를 보자.

[목적어와 주어 성분의 환원과 삭제]

연번	앞맥락	주어	부가어	술어	목적어
		ES		$V-v_1-v_2$ [BECOME] [CAUSE]	EO
①	愛之,	사랑하는 사람	能勿	勞	사랑받는 대상
②	忠焉,	신하	能勿	誨	군주
③	不憤	스승	不	啓	제자
④	就有道而	도 있는 사람에게 나아가는 사람		正	자가 자신
⑤	有所不行, 知和而	조화를 아는 사람		和	안 되는 일
⑥	天下有道則	자가 자신		見	자가 자신

표에서 보듯 술어(V-v1-v2) 35만 발음된다. 나머지 부분, 즉 위에서 한국어로 환원하여 보인 부분은 머릿속에만 존재한다. 그러나 이들 성분이 존재할 때만 완전한 '원인-변화결과' 사건의미를 구성한다. 따라서 머릿속의 연산(computation)을 위해 사실상 꼭 필요한 성분이 아닐 수 없다.

7.4.4. 더 생각하기

1) 왜 생략하나?

말하지 않아도 명백하거나, 아예 불필요한 요소이기 때문에 경제성, 에너지 효율성 등을 따져 생략한 것이다.36

2) 어디까지 생략하나?

다음 예를 보자. 이는 문맥에 근거해 보어만 남긴(/발음된) 예이다.

연번	앞맥락	주어 ES	술어 EV-v [BECOME]	목적어 EO	보어 C	뒷맥락	출전
ⓐ 37	後生可畏, 焉知38來者之不如今也				四十、五十	而無聞39焉40, 斯亦不足畏也已	子罕23

---

35 결국, 이 한마디의 술어동사가 명제, 그것도 비교적 복잡한 '원인-변화결과'의 사건의미를 나타내는 명제를 만들기 위해 생략한 것/발음되지 않는 것들이 많다. 문맥의 도움이 절실한 이유이다.

36 설령 생략되어 보이지 않는다 해도 문제없다. 우리 뇌에서는 '앞뒤 문맥'과 'EV-v[BECOME]', 'C' 등을 근거로, 신속하게 'ES'의 의미역을 인지하고, 틀림없는 해석을 해낸다. 우리 뇌의 언어시스템이 얼마나 경제적이고 신속하게 인지하고 이해하는지, 또 적절한 구조체를 도출시켜 발화를 통한 수행 처리를 해내는지 놀랍고 경이로울 따름이다.

37 후생가외, 언지래자지불여금야, 사십, 오십이무문언, 사역부족외야이(hòu shēng kě wèi, yān zhī lái zhě zhī bù rú jīn yě, sìshí wǔshí ér wú wén yān, sī yì bù zú wèi yě yǐ; '後生' 나중에 태어난 사람. 젊은이나 후배를 이른다.; '焉' 어찌(安), 부사; '來者' 올 사람, 후배를 이름; '今' 현재의 어른; '而' 역접표시 접속사)

38 알다, 동사로 '來者之不如今'의 비교구문을 목적어로 취한다.

39 명성, 즉 성취를 이른다.

ⓐ [후생은 가히 두렵다. 앞으로 올 사람이 지금 사람만 못하리라고 어찌 알겠는가.]

그러나 (~~어떤 사람이~~) (~~나이~~) 40, 50인데도,

[(~~성취한 바가 있다고~~) 들리는 바가 없으면, 이 역시 경외하기에 부족하다.]

도대체 어디까지 생략할 것인가? 고대중국어는 참 재미있는 언어이다!

#. 본문 수형도 보기 – 7.4.1 ③ '(不憤)不啓'의 도출도

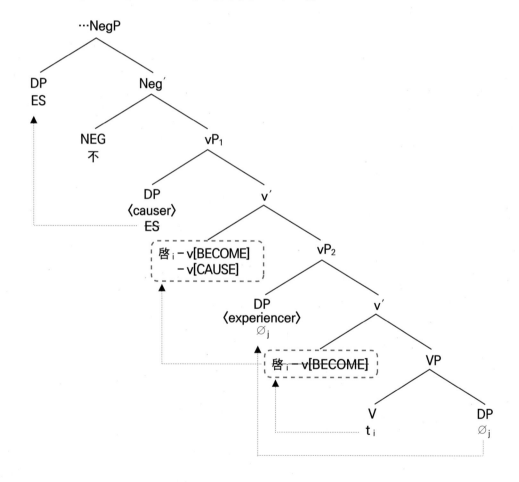

ES(공자)는 ∅ (분발하지 않는 자들)로 하여금 계발되게 해주지 않았다.

---

40 어기조사. '감탄'이나 '단정' 등의 어투를 나타낸다.

7.5. 요약

이제 'V 구'가 사건의미의 차이에 따라 각각 다르게 해석되는 양상을 종합해 보자. 우리 뇌에서 활성화되지 않는 부분은 경제성 차원에서 'A̶B̶C̶D̶'처럼 삭제한다. 삭제된 부분은 해당 성분이 없다는 뜻이 아니고 '있는데 발음(/활성화)하지 않았다'는 의미이다. 그러나 **'빈칸은 아예 없는 것'**으로, 머릿속에서 상정하지 않았다는 의미이다.[41]

구의 종류와 특성 사건의미	V 구							
	ES			V–v		EO		
	의미역	뜻과 기능	한국어 조사	의미 특징	[V–v]의 뜻	의미역	뜻과 기능	한국어 조사
활동 -v₁[DO]	행위자	[+의재]의 행동주	–아/가 (은/는)	[+의지] [+진행]	V–v₁ V**하다**	대상자	직접 지배 태상	–을/를
	ES (공자: 나̶)			述[而不作] **기술하다**		EO (사실/진실)		
	[S는 O̶를 V하다] → (나는) (사실을) **기술하였으나,** [(어떤 것을) 지어내지는 않았다.]							
상태 -v₂[BE]	대상자	[-의재]의 묘사 대상자	–아/가 (은/는)	[-의지] [+상태]	V–v₂ V**다** V(하)**다**			
	[質勝文則: 내용이 형식보다 세면] ES(그것은)			野 **거칠다**				
	[ES가 V이(/하)다] → (그것은) **거칠다.**							

---

[41] 이 'V 구'의 해석은 주어와 목적어 및 보어성분이 모두 활성화되지 않은 해석이다. 따라서 문맥 의존도가 제일 높으며, 우리 뇌의 상상력이 가장 활발히 작동하는 구조라 하겠다.

사건 의미 / 구의 종류와 특성	V 구							
	ES			V-v		EO		
	의미역	뜻과 기능	한국어 조사	의미 특징	[V-v]의 뜻	의미역	뜻과 기능	한국어 조사
변화결과 -v₃[BECOME]	대상자	[-의지]와 변화 대상자	-어/가 (은/는)	[-의지] [+변화결과]	V-v₃ V하게 되다	대상자	직접 지배 대상	-을/를
	[遠之則: 멀리 하면] ES는 (여자와 어린아이는)			怨 원망하다		EO를 (그를)		
	[ES가(/어) EO를(/을) V하게 되다] → ES는 EO를 원망하게 된다.							
원인-변화결과 -v₄[[CAUSE]-[BECOME]]	원인자	[-의지]의 원인자	-이/가 (은/는)	[+사역] [+변화결과]	V-v₄ V(하게) 되게 하다	대상자	직접 지배 대상	-을/를
	[忠焉,: 충성한다면,] ES (신하가)			[能勿]誨 [어찌] 깨우치게 하지 않을 수 있는가?		EO [乎] (그 군주를)		
	[ES가(/어) EO를(/가/로 하여금) V게 되게 하다] → ES가(/어) EO를(/가/로 하여금) 깨우치게 되게 하지 않겠는가?							

이상 사건의미와 'V 구'에서 주의할 점을 주어, 술어, 목적어 차원에서 다시 정리해보자.

1) 주어(S)의 의미역

주어는 생략되었지만 모두 환원할 수 있다. 이때 사건의미 별 의미역은 다음과 같다.

    a. '활동' 사건의미의 주어: [+의지]의 〈행위자〉

    b. '상태' 사건의미의 주어: [-의지]의 대상자

    c. '변화결과' 사건의미의 주어: [-의지]의 〈대상자〉/경험자

    d. '원인-변화결과' 사건의미의 주어: [±의지]의 〈원인자〉

2) 술어 동사(V)의 의미특징

    a. '활동' 사건의미의 동사: [+의지]

    b. '상태' 사건의미의 동사: [-의지], [+상태]

    c. '변화결과' 사건의미의 동사: [-의지], [+변화결과]

    d. '원인-변화결과' 사건의미의 동사: [+사역], [+변화결과]

3) 목적어(EO)의 의미역

목적어는 모두 생략되었지만, 모두 환원시킬 수 있다. 이때 사건의미 별 의미역은 다음과 같다.

    a. '활동' 사건의미의 목적어: [+의지] 술어 동사의 〈지배대상〉

    b. '상태' 사건의미의 목적어[42]:

    c. '변화결과' 사건의미의 목적어[43]: [+심리], [+인지] 동사의 〈지배대상〉

    d. '원인-변화결과' 사건의미의 목적어: [+사역]의 〈대상자〉, [+변화결과]의 〈경험자〉

이상에서 삭제된 내용은 실제 언어운용 가운데 활성화되지 않은 것(구조, 기능, 음이나 글자 등 포함)을 의미한다.

---

42 '상태' 사건의미를 나타내는 술어동사는 목적어를 아예 가지지 못한다.

43 '변화결과' 사건의미를 나타내는 술어동사 중 비대격동사는 목적어를 아예 가지지 못한다.

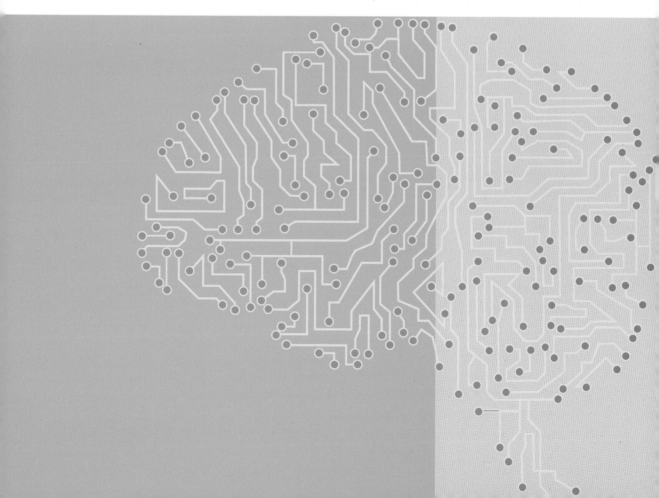

CHAPTER 08

사건의미와
'주(S)+술(V)+보(C)' 문형

08 | 사건의미와 '주(S)+술(V)+보(C)' 문형

이 문형부터 소위 '**보어(C)**'가 출현한다. 보어는 문장으로 하여금 화자가 원하는 의사전달의 정확성과 세밀성을 기하기 위한 멋진 장치이다. 보어는 술어와 간접적 관계를 가지며, **반드시 전치사구(PP)로 충당된다.**[1]

8.1. 활동 표시구

기본 해석공식: [S가 C에서(/게/대하여/로써) V하다] (S는 의지적 행위자)

8.1.1. 구 생성도

먼저 '술어(V)→보어(C)→(부사어)→주어(S)→(화제)' 순으로 병합한다.

연번	앞맥락	주어 S	부가어	술어 V-v [DO]	보어 C	뒷맥락	출전
①[2]		吾		語	女		陽貨8
②[3]		子		謂	子貢	曰:女與回也, 孰愈?	公冶長9
③[4]		君子	博	學	於文	,約之以禮	雍也27
④[5]	有	鄙夫		問	於我		子罕8
⑤[6]		子		食	於有喪者之側	,未嘗飽也	述而9
⑥[7]	孺悲欲見孔子,	孔子		辭	以疾		陽貨20

---

1 전치사가 비명시적인 경우도 당연히 전치사구로 본다. 따라서 보어를 한국어로 번역할 때 목적격 조사가 붙여서는 안 된다. 이는 본서에서 말하는 보어에 공통적으로 적용되는 원칙이다.

2 오어여(wúyǔnǚ; '吾' 나, 1인칭 대명사; '女' 너, 2인칭 대명사)

3 자위자공, 왈: 여여회야, 숙유?(Zǐ wèi Zǐgòng, yuē: nǚ yǔ Huí yě, shú yù; '女', 2인칭 대명사; '與', 더불

8.1.2. 해석과 쓰기연습

'기본 해석공식'을 응용하여, 사건의미와 문맥에 맞게 잘 다듬어 표현해보자. 이제 도출의 역순, 즉 '(화제)→주어(S)→(부사어)→보어(C)→술어(V)'로 해석한다.

한편, '구 생성도'의 원문과 아래 볼드체의 해석에 근거하여 문장의 주요성분을 다시 병합(해석의 역순)해 보자.

① **내가 너에게 말하겠다.**　SVC →

② **공자가 자공에게 일러,**　SVC →

　　[말하되(/가라사대): 너와 안회는 누가 더 뛰어나니?]

③ **군자는 문헌을(/으로부터) 널리 배우며,**　SVC →

　　[예의로써 자신을 단속하면,]

④ **필부**(/보잘 것 없는 사람이)**가 나에게 묻다.**　SVC →

⑤ **공자는 상을 당한 사람 옆에서 식사할 때,**　SVC →

　　[배부르게 먹지 않았다.]

⑥ [유비가 공자를 만나 보려했으나,]

　　(공자는) **병을 핑계로 거절하였다.**　SVC →

다, 비교하다, 동사)

4 군자박학어문, 약지이례(Jūnzǐ bó xué yú wén, yuē zhī yǐ lǐ; '以' 수단이나 근거를 표시하는 전치사)

5 유비부문어아(bǐ fū wèn yú wǒ; '鄙夫' 비천한 사내, 匹夫)

6 자식어유상자지측, 미상포야(Zǐ shí yú yǒu sāng zhě zhī cè, wèi cháng bǎo yě; '嘗', 일찍이, 부사; '飽', 배부르다)

7 유비욕견, 공자사이질(Rúbēi yù jiàn Kǒngzǐ, Kǒngzǐ cí yǐ jí; '孺悲欲見', 이 구절은 프롤로그에서 언급한 바 있다.)

8.1.3. 구 생성의 배경

'활동[DO]' 사건의미를 나타내는 'SVC 구'의 속을 도표로 보자.

표기	의미역	의미 특징	격	한국어 조사 첨가
S	행위자		주격	-이/가 (-은/는)
V-v		[+의지];[+진행]		
C	(각종) **간접 대상자** (각종) **장소**			-에게 -에서/로부터 -으로

사건의미를 구성하는 논항들의 의미역(theta-role)과 격(case) 그리고 술어 동사의 의미특징 및 한국어 조사 첨가 양상 등이 보인다. 표의 내용은 뇌 속에서 해당 명제를 이해하고 생성하려 할 때 순식간에 활성화되는 것들이다.[8]

1) 'S' 충당 요소

주어는 술어(V-v)에 대해 [+의지]적 **〈행위자〉**로 해석되어야 한다. 또, **'주격'**을 할당받으므로, 한국어로 해석할 때 주격조사 **'-이/가(-은/는)'**를 첨가한다.

① -吾(나, 증자가/는); ② -子(공자가/는);
③ -君子(군자가/는); ④ -鄙夫(필부가/는);
⑤ -子(공자가/는); ⑥ -孔子(공자가/는)

---

8 해당 성분이 발음되고 문자적으로 시각화되느냐의 여부와 상관없다. 또, 인종과 언어의 종류와도 상관이 없이 일어나는 뇌 활동이다. 따라서 해당 구조 속에서 빈 곳(EMPTY: EO)이 있다면, 이는 맥락상 말하지 않아도 명백하거나, 아예 불필요한 요소이기 때문에 비워둔 것이다.

2) 'V-v' 충당 요소

술어는 모두 〈행위자〉의 [+의지]적 행위로 해석될 수 있어야 한다. 'SVC 구'에서 보어가 출현하면 〈지배대상〉 목적어를 가지지 않는다. 따라서 동사는 보어와 선택 관계를 가질 수 있는 형태로 해석된다.

① -語(…에게 말하다);   ② -謂(…에게 말하다);
③ -學(…에 대해 배우다); ④ -問(…에게 묻다);
⑤ -食(…에서 먹다);   ⑥ -辭(…로 거절하다)

3) 'O' 충당 요소

'SVC 구'에서 목적어는 아예 설정의 대상이 아니다. 이러한 사실은 고대중국어에서 목적어와 보어의 출현이 상보적인 분포임을 말한다. 즉, 일반적으로 목적어가 나오면 보어가 안 나오고, 보어가 나오면 목적어가 안 나온다.

4) 'C' 충당 요소

보어(C)는 '전치사(preposition)+한정사구(DP)[9]'로 이루어지며, 이 때 핵(head)은 전치사이다. 따라서 보어 구성에 있어 전치사는 필수요소이다. 전치사가 비명시적인 경우(∅)[10]와 명시적인 경우로 나누어 살펴보자.

---

9 한정사구(DP)란 한정사(determiner)가 핵이 되고 명사구(NP)를 보충어로 병합(merge)하여 최대투사(maximal projection)한 구를 이르는 말이다. 본서는 '모든 명사구는 문장 구성에 있어 한정사구로 최대투사한다.'라는 가설(hypothesis)을 받아들인다. 쉽게 말해 '한정사구'란 명사성(+N) 단어의 최대투사체이자, 계층상 명사구(NP)보다 한 계층 더 높은 위치에서 도출되는 구이다. 평면적으로 전통문법서에서 말하는 '명사구'로 쓰는 것이 용어의 생경함을 덜어줄 수는 있겠다. 그러나 우리는 설명을 위한 설명을 제외하고는 기술 원칙상 생성문법의 용어를 따른다. 이하 동

10 우리는 무표(unmarked)와 유표(marked)의 기본 개념에 따라 전치사가 비명시적인 경우가 명시적인 경우보다 더 기본(default)일 것이라고 보며, 먼저 기술한다. 이하 동

술어 (V–v) [DO]	보어(C)			한국어 조사
	전치사	DP	DP의 의미역	
語	∅	女	간접 대상자 (beneficiary)	너에게 말하다
謂		子貢		자공에게 말하다
學	於	文	출발점(source)	문헌에서/에 대해 배우다
問		我	간접 대상자	나에게 묻다
食		有喪者之側	원점 장소(locative)	상을 당한 사람 옆에서 먹다
辭	以	疾	원인, 이유	병으로 거절하다

표에서 보듯 전치사가 비명시적인 경우는 보어로 쓰이는 논항은 비교적 단순하게 간접 대상자 의미역을 전달한다. 반면, 전치사가 명시적인 경우를 보자. 전치사는 자신의 목적어에 대해 다양한 의미역을 할당함으로써 '활동' 사건의미를 보충한다.

8.1.4. 더 생각하기

합음사: [諸 = 之 + 於]

고대 중국어에서 '諸'는 '之'와 '於'의 합음으로 이루어진 일종의 합성어이다. 따라서 목적어를 이미 내포하고 있고, 또 후속하는 보어를 가지기 위한 조건이 성숙된 단어이다. 논어의 예를 보면, 이때 보어는 그 의미역이 모두 〈출발점(source)〉 같다. 다음 표를 보자.

연번	앞맥락	주어 S	술어 V–v [DO]	목적어 EO	보어 C	뒷맥락	출전
ⓐ 11		君子	求		諸己	,	衛靈公21
ⓑ 12		小人	求		諸人		衛靈公21
ⓒ 13	曾子曰	吾	聞		諸夫子		子張18

ⓐ 군자는 자기에게서 (책임을) **구한다.**

ⓑ 소인은 남에게서 (책임을) **구한다.**

ⓒ 증자가 말했다: "**나는** (그것을) 선생님으로부터 **들었다.**"

위의 '諸'에 대해 예는 합음(合音)현상을 풀어 쓰면 다음과 같다.

ⓐ **求+之+於+己**

ⓑ **求+之+於+人**

ⓒ **聞+之+於+夫子**

이는 사실상 'SVOC 구'와 같다.14

---

11 군자구제기(Jūnzǐqiú zhū jǐ)

12 소인구제인(xiǎo rén qiú zhū rén)

13 증자왈: 오문제부자(Zēngzǐ yuē: wú wén zhū Fūzǐ)

14 본서 11.1.1의 'SVOC 구'를 참조하라.

8.2. 상태 표시구

기본 해석공식: [S는 C가(/와/에) V(x)다] (S는 비의지적 묘사/진술 대상자)

(x는 형태 변화소)

8.2.1. 구 생성도

먼저 '술어(V)→보어(C)→(부사어)→주어(S)→(화제)' 순으로 병합한다.

연번	앞맥락	주어 S	부가어	술어 V~ᵥ [BE]	보어 C	뒷맥락	출전
① 15		我		非	生而知之者		述而20
② 16	盖有不知而作之者,	我		無	是	也	述而28
③ 17	知之者不如好之者,	好之者	不	如	樂之者		雍也20
④ 18		富貴		在	天		顏淵5
⑤ 19	君子喻於義,	小人		喻	於利		里仁16
⑥ 20		季氏之		富	於周公	,而求也爲之聚斂而附益之	先進17
⑦ 21		千乘之國		攝	乎大國之間		先進26

---

15 아비생이지지(wǒ fēi shēng ér zhī zhī zhě; '非' 아니다, 동사; '生¹而³知²之⁴者⁴', 두 개의 관형어절을 가지는 '者'; '生', 5.2.1의 ③, ⑤, 11.1.1.1의 ③ 등과 비교할 것)

16 개유부지이작지자, 아무시야(gài yǒu bù zhī ér zuò zhī zhě, wǒ wú shì yě; '盖' 대개, 부사; '有'는 '不知而作之者'를 목적어로 취함; '而'는 역접의 접속사)

17 지지자불여호지자, 호지자불여낙지자(zhī zhī zhě bù rú hào zhī zhě, hào zhī zhě bù rú lè zhī zhě; '동자이음이의' 현상에 대해서는 4.2.4를 참고하라.)

18 부귀재천(fùguì zài tiān)

8.2.2. 해석과 쓰기연습

'기본 해석공식'을 응용하여, 사건의미와 문맥에 맞게 잘 다듬어 표현해보자. 이제 도출의 역순, 즉 '(화제)→주어(S)→(부사어)→보어(C)→술어(V)'로 해석한다.

한편, '구 생성도'의 원문과 아래 볼드체의 해석에 근거하여 문장의 주요성분을 다시 병합(해석의 역순)해 보자.

① **나는 태어나면서부터 (그것을) 아는 사람이 아니다. SVC →**

② [무릇 알지도 못하나 그것을 지어내는 사람이 있으나,][22]

   나는 이런 것이 없다. SVC →

③ 그것을 아는 사람은 그것을 좋아하는 사람만 못하다.[23]

   그것을 좋아하는 사람은 그것을 즐기는 사람만 못하다. SVC →

④ **부귀는 하늘에 있다. SVC →**

⑤ [군자는 의에 밝지만,] **소인은 이익에 밝다. SVC →**

⑥ **계씨는 주공보다도 더 부유했으나, SVC →**

   [염구는 그를 위해 가혹하게 세금을 걷어 그를 더 부유케 했다.]

⑦ **수레 일 천 대 규모의 국가가 큰 나라들 사이에 끼어 있다. SVC →**

---

19 군자유어의, 소인유어이(Jūnzǐ yù yú yì, xiǎo rén yù yú lì)

20 계씨지부어주공, 이구야위지취렴이부익지(Jìshì fù yú Zhōugōng, ér Qiú yě wèi zhī jù liǎn ér fù yì zhī; 앞의 '而'는 역접의 접속사; '也' 주어표시 조사; '之' 앞의 '季氏'를 가리킴; '聚斂', 거두다; 뒤의 '而'는 순접의 접속사; '附益', 붙여주다/더 이익이 되게 해주다.)

21 천승지국섭호대국지간(qiān shèng zhī guó shè hū dà guó zhī jiān)

22 해석 순서: 盖¹有⁸不³知²而⁴作⁶之⁵者⁷

23 해석 순서: 知²之¹者³不⁸如⁷好⁵之⁴者⁶

8.2.3. 구 생성의 배경

'상태[BE]' 사건의미를 나타내는 'SVC 구'의 속을 도표로 보자.

표기	의미역	의미 특징	격	한국어 조사 첨가
S	대상자	[-의지]	주격	-이/가 (-은/는)
V-v		[+상태];[+판단]/[+소유] [+존재]/[+비교]		
C	(각종 간접) 대상자/ (각종) 장소			이/가 -에(게/서/대해)

표의 내용은 뇌 속에서 해당 명제를 이해하고 생성하려 할 때 순식간에 활성화되는 것들이다.

1) 'S' 충당 요소

주어는 술어에 대해 [-의지]이다. 주로 존재 혹은 묘사의 〈대상자〉로 해석된다. 한국어 주격조사 '-이/가(-은/는)' 등을 첨가한다.

① -我(나는);　　　　　　　② -我(나는);
③ -好之者[24](그것을 좋아하는 사람이/은);　④ -富貴(부귀가/는);
⑤ -小人(소인이/은);　　　　⑥ -季氏之(계씨가/는);
⑦ -千乘之國(일 천 대의 수레가 있는 국가가)

2) 'V-v' 충당 요소

술어 동사는 [+상태], [+존재], [+소유] 등의 의미특징을 가진다.

---

24 이는 복잡해보이지만, 역시 'SVO' 구조이다. 다른 예를 보자. "**爲政以德**S譬如V北辰居其所而衆星共之O. 爲政 1" 덕으로 정치하는 것은 북극성이 자기 자리에서 위치하면, 뭇별들이 그것을 에워싸고 예의를 표시하는 것과 같다.

① -非(아니다); ② -無(없다);

③ -如(같다); ④ -在(존재하다);

⑤ -喩(밝다); ⑥ -富(부유하다);

⑦ -攝(끼어있다)

3) 'C' 충당 요소

보어(C)는 '전치사+한정사구'로 이루어지며, 이 때 핵은 전치사이다. 따라서 보어 구성에 있어 전치사는 필수요소이다. 전치사가 비명시적인 경우(∅)와 명시적인 경우로 나누어 살펴보자.

술어 (V-v) [BE]	보어(C)			한국어 조사
	전치사	DP	DP의 의미역	
非		生而知之者	판단 대상	생이지지자가 아니다
無		是	소유 대상	이것이 없다
如	∅	樂之者	비교 대상	그것을 즐기는 자와 같다
在		天25	장소	하늘에 있다
喩		利	관여 대상	이익에 대하여 밝다
富	於	周公	비교 대상	주공보다/에 비해 부유하다
攝	乎	大國之間	장소	큰 나라 사이에 끼어 있다

표에서 보듯, 보어(C)를 구성하는 한정사구는 전치사가 명시적이던 비명시적이던 간에 그로부터 다양한 의미역을 할당받으며 해당구의 필요한 보어 성분으로 기능한다.

---

25 전치사가 비명시적인 경우, 한국어로 해석할 때는 '-이/가(-은/는)'의 소위 보어격조사가 부가되는 특징이 있다. 단, '天(하늘에)'처럼 장소 명사구가 보어가 될 때에는 역시 장소표시 조사 '-에/데' 등이 부가된다.

8.2.4. 더 생각하기

1) ① 子爲誰?(그대는 누구시오?): 왜 의문대명사 목적어가 도치되지 않는가?

- 이 '誰'는 의문대명사이므로 만약 목적어라면 도치되어야 하나 안 그렇다.[26] 왜 그럴까?
- '誰'는 의문대명사임은 틀림없는 사실이므로, 이제 '목적어가 아닐 경우'를 상정해야 이 어순이 존립하는 까닭을 설명할 수 있다.

- 만약 '誰'가 목적어라면, 활동[DO] 사건의미 구조이고, 이때 동사 '爲'는 [+의지]의 동작 동사일 것이고, 만약 그렇다면 문장의 의미는 '그대는 누구를 어떻게 할 것이요?'라는 의미가 생성되어야 할 것이다.
- 그러나 보아하니 이 문장의 의미는 '그대는 누구시오?'이며, 이때 사건의미는 '상태[BE]'이다.
- '상태'의 사건의미를 나타내는 술어 동사는 보충어로서 〈대상자〉 논항을 가지지 못한다. 따라서 이 '誰'는 목적어가 아니다. 즉, 이 '誰'는 행위의 〈대상자〉가 아니다.

그러므로 '의문문의 의문대명사 목적어는 술어 앞으로 이동한다.'는 규칙을 지키지 않아야만 '상태[BE]' 사건의미를 나타낼 수 있다. 결국, '誰'는 '상태[BE]' 사건의미를 나타내는 문장에 쓰인 의문대명사이므로 술어 앞으로 이동할 필요가 없다.

위 내용을 통해 다음과 같이 가설을 세울 수 있다.

> **[가설]: 고재중국어에서 사건의미를 나타내는 기제는 목적어 이동규칙보다 상위에서 작동한다.**

---

26 대명사 목적어의 술어 앞 이동에 관한 것, 즉 'SOV 구' 관련 문제는 본서 4.3.4의 내용을 참조하라.

2) 예문 더 즐기기(1): 일반 구문

연번	주어 S	술어 V-v [BE]	보어 C	뒷맥락	출전
ⓐ 27	舜之	居	深山之中		孟子
ⓑ 28	生我者	爲	父母		啟蒙篇
ⓒ 29	勤	爲	無價之寶		明心寶鑑
ⓓ 30	良藥	苦	於口	,利於病	說苑

ⓐ 순임금은 깊은 산 속에서 산다.

ⓑ 나를 낳은 사람은 부모이다.

ⓒ 부지런함은 값을 따질 수 없는 보물이 된다.

ⓓ 좋은 약은 입에 쓰나, [병에는 도움이 된다.]31

---

27 순지거심산중(shùn zhī jū shēn shān zhī zhōng; '舜' 순임금; '之' 주어표시 조사)

28 생아자위부모(shēng wǒ zhě wéi fùmǔ; '生' 낳다, 타동사: 5.2.1의 ③, 8.2.1의 ①, 8.3.1의 ③, 11.1.1.1
의 ③ 등의 '生'과 비교)

29 근위무가지보(qín wéi wú jià zhī bǎo; '勤' 명사성으로 해석해야 한다.)

30 양약고어구, 이어병(liáng yào kǔ yú kǒu, lì yú bìng)

31 '좋은 약은 입에 쓰다'는 상태[BE] 사건의미이고, 후반부 '병에는 도움이 된다.'는 변화결과[BECOME]의 사
건의미를 표시한다.

2) 예문 더 즐기기(2): 비교문

연번	앞맥락	주어 S	부가어	술어 V-v [BE]	보어 C	뒷맥락	출전
ⓐ 32	人固有死,	或		重	於泰山	,或輕於鴻毛	文選
ⓑ 33		治官	莫	若	平	,臨財, 莫若廉	明心寶鑑
ⓒ 34		養心	莫	善	於寡欲		孟子
ⓓ 35		入道	莫	善	於窮理	,窮理莫善乎讀書	擊蒙要訣

ⓐ 사람은 진실로 죽음이 있는데,

   어떤 사람은 태산보다 더 중하고,

   어떤 사람은 기러기 털보다 더 가볍다.

ⓑ 벼슬아치를 다스리는 것은 공평만한 것이 없고,

   재물에 임해서는 청렴만한 것이 없다.

ⓒ 마음을 수양하는 것은 욕망하는 것이 적은 것보다 더 좋은 것은 없다.

ⓓ 도에 들어가는 것은 궁리함보다 더 좋은 것은 없고,

   궁리함은 독서함보다 더 좋은 것은 없다.

위 예 ⓑ-ⓓ의 부가어 부분에서 보듯, 비교문에서는 대개 부정부사가 온다. 이는 '…만 한 것'보다 '…만 못한 것'에 민감하다는 것이다. 인간의 뇌는 부정표현에 매우 민감한 것 같다.

---

32 인고유사, 혹중어태산, 혹경어홍모(rén gù yǒu sǐ, huò zhòng yú tàishān, huò qīng yú hóngmáo; '於' 두 경우 모두 비교대상 표시 조사)

33 치관막약평. 임재막약렴(zhì guān mò ruò píng, lín cái mò ruò lián; '平' 공평함, 앞에 '…와/과'의 비교표시 전치사가 생략됨)

34 양심막선어과욕(yǎng xīn mò shàn yú guǎ yù; '於' 비교대상 표시 조사)

35 입도막선어궁리. 궁리막선어독서(rù dào mò shàn yú qióng lǐ, qióng lǐ mò shàn hū dú shū; '於' 비교대상 표시 조사; '乎' 비교대상 표시 조사)

#. 본문 수형도 보기 – 8.2.1 ① '我非生而知之者'의 도출도

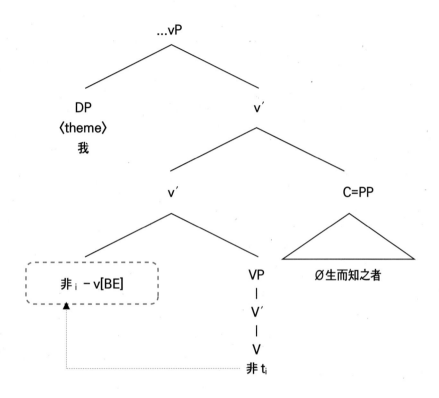

나는 태어나면서부터 (그것을) 아는 사람이 아니다.

('Ø'는 비명시적인 보격조사 혹은 전치사가 있음을 의미한다.)

8.3. 변화결과 표시구

기본 해석공식: [S는 C가(/에서/로/까지) V(x)게 되다] (S는 비의지적 변화결과 대상자)

(x는 형태 변화소)

8.3.1. 구 생성도

먼저 '술어(V)→보어(C)→(부사어)→주어(S)→(화제)' 순으로 병합한다.

연번	앞맥락	주어 S	술어 V-v [BECOME]	보어 C	뒷맥락	출전
① 36		民德	歸	厚	矣	學而9
② 37	刑罰不中,則	民	無	所措手足		子路3
③ 38		子	生	三年		陽貨21
④ 39		予	死	於道路	乎?	子罕12
⑤ 40		八佾41	舞	於庭	,是可忍也,孰不可忍也	八佾1
⑥ 42		君子之	至	於斯	也	八佾24
⑦ 43		民	到	於今	稱之.	季氏12

---

36 민덕귀후의(mín dé guī hòu yǐ)

37 형벌부중, 즉민무소착수족(xíngfá bú zhòng, zé mín wú suǒ cuò shǒuzú; '中' 적합하다, 동사성; '所' 동사구에 대한 명사화 조사)

38 자생삼년(zǐ shēng sān nián; '生'은 '낳다'는 '활동' 사건의미를 나타내지만, 본문처럼 '태어나다'의 의미는 '변화결과'의 사건의미를 나타내는데, 시간보어가 있으므로 '태어난 후의 시간량'을 나타냄에 주의하자. 4.1.4의 예문 더 즐기기의 ⓐ를 참고하라. 또, 5.2.1의 ③, 8.2.1의 ①, 11.1.1.1의 ③ 등의 '生'과 비교하라.)

39 여사어도로호(yǔ sǐ yú dàolù hū)

40 팔일무어정(Bāyì wǔ yú tíng; '舞' 춤이 추어지다. '八佾'이 목적어 위치에서 주격을 받는 위치로 이동한 모

8.3.2. 해석과 쓰기연습

'기본 해석공식'을 응용하여, 사건의미와 문맥에 맞게 잘 다듬어 표현해보자. 이제 도출의 역순, 즉 '(화제)→주어(S)→(부사어)→보어(C)→술어(V)'로 해석한다.

한편, '구 생성도'의 원문과 아래 볼드체의 해석에 근거하여 문장의 주요성분을 다시 병합(해석의 역순)해 보자.

① **백성들의 덕은 두터운 데로 돌아가게 될 것이다.** SVC →

② [형벌이 부적절하면,]

    백성들은 손발을 놓을 곳이 없게 된다. SVC →

③ **자녀가 태어나서 3년이 되다.**

    SVC →

④ **내(공자)가 길에서 죽게 될까!** SVC →

⑤ **팔일무가 정원에서 추어지는데**[44],

    SVC →

    [이것이 용납되어진다면,]

    [무엇이 용납되어지지 않겠는가].

⑥ **군자가**[45] **여기에 이르(/오)게 되다.**

    SVC →

⑦ **백성들은 지금에 이르기까지,** SVC →

    [그것을 칭송한다.]

    습에서 비대격동사로 해석되어야 좋다. 즉 '변화결과' 사건의미로 해석되어야 문맥에 어울린다.

41 일(佾) 춤, 악대의 항렬. '1일'은 8명으로 구성됨. '8일'은 주례(周禮)에 의거한 천자(天子) 전용의 악무대열이라 함.

42 군자지지어사야(Jūnzǐ zhī zhì yú sī yě; '之' 주격표시 조사. '-이/가(-은/는)')

43 민도어금칭지(mín dào yú jīn chēng zhī)

44 이하의 두 구절도 'SVC 구'가 '변화결과' 사건의미를 표시하는 좋은 예이다.

45 본문에서 주격조사의 용법으로 '之'를 썼다.

8.3.3. 구 생성의 배경

'변화결과[BECOME]' 사건의미를 나타내는 'SVC 구'의 속을 도표로 보자.

표기	의미역	의미 특징	격	한국어 조사 첨가
S	**대상자/경험자**		주격	-이/가 (-은/는)
V-v		[-의지]; [+변화]: [+심리/인지]		
C	(각종) **간접 대상자** (각종) **장소** **수단/방법/이유**			-이/가/-로, -에(게/서/대해)/

표의 내용은 뇌 속에서 해당 명제를 이해하고 생성하려 할 때 순식간에 활성화되는 것들이다.

1) 'S' 충당 요소

모두 변화의 〈경험자〉 혹은 〈대상자〉로 해석되며, 한국어 주격조사 **'-이/가(-은/는)'** 등을 첨가한다.

① -民德(민덕이);　　　　② -民(백성이);
③ -子(그대/당신이);　　　④ -予(내/공자가);
⑤ -八佾(팔일무가);　　　⑥ -君子之(군자가);
⑦ -民(백성들이);

2) 'V-v' 충당 요소

예문에서, 이들은 모두 [+변화]를 나타내는 동사들로 해석된다.[46]

---

46 예의 동사들은 모두 대격(/목적격)을 주지 못하는 비대격동사들이다. '변화결과' 사건의미를 나타내는 동사는 **비대격동사류와 심리·인지동사류**의 두 부류로 나눌 수 있다. 둘 사이에, **전자는 대상자 목적어를 가지지**

① -歸(되돌아가게 되다);　　　② -無(없게 되다);

③ -生(태어나다);　　　　　　④ -死(죽게 되다);

⑤ -舞(춤추어지게 되다);　　　⑥ -至(도달하다);

⑦ -到(도달하다);

3) 'C' 충당 요소

보어(C)는 '전치사+한정사구'로 이루어지며, 이 때 핵은 전치사이다. 따라서 보어 구성에 있어 전치사는 필수요소이다. 전치사가 비명시적인 경우(∅)와 명시적인 경우로 나누어 살펴보자(예문 더 즐기기의 보어도 표에 포함함).

술어 (V-v) [BECOME]	보어(C)			한국어 조사
	전치사	DP	DP의 의미역	
歸	∅	厚	도착점 (goal)	두터움에/으로 돌아가다
無		所措手足	존재 장소	손발 놓을 곳이 없게 되다
加		少	증감 대상	줄어듬이 없다
		多		많아짐이 없다
生		三年	경과 시간 (duration)	태어나 3년이 되다
死	於	道路	**원점 장소** (locative)	길에서 죽게 되다
舞		庭		마당에서 춤추어지다
出		東方	출발점/근원 (source)	동쪽에서 나온다
生		淸廉		청렴에서 생기다
始		足下		발아래로부터 시작되다
至		斯	도착점	여기까지/에/로 이르다
到		今		지금까지 이르다
至		八十		80세까지 이르다

않지만 후자는 가지는 큰 차이가 있다.

표에서 보듯 비명시적이든 명시적이든 전치사는 자신의 목적어인 DP에 대해 다양한 의미역을 할당함으로써 '변화결과' 사건의미를 보충한다. 특히 전치사가 비명시적인 경우는 모종의 변화결과 대상, 즉 〈경험자〉를 의미하는 경우가 많고, 전치사가 명시적인 경우는 '변화'의 다양한 〈장소〉가 보충됨을 알 수 있다.

한편, 전치사가 비명시적인 경우의 명사구를 일괄하여 목적어로 처리하는 사람들도 적지 않다.47 우리는 이에 동의하지 않는다. 이들 명사구들에 대한 한국어 격조사 부가 양상을 보라. 일률적으로 **목적격**(objective)을 받지 못한다. 또, 그것들이 보이는 다양한 **의미역**(theta-role)을 보라. 소위 지배 〈대상자〉로 쓰자고 붙인 것이 아니다. 단지 동사 뒤에 출현하였다는 이유만으로 목적어로 처리하는 것은 기계주의적인 관점이다. 그러한 관점은 문장의 정확한 해석에 도움이 안 된다. 또, 체계적인 사고의 배양에 도움이 되지 않는다.

8.3.4. 더 생각하기

1) [生]

③의 '子生三年(자녀가 태어나서 3년이 되다)'는 짧은 구문이지만 해석이 쉽지 않다. '生'이 소위 비대격동사이기 때문이다. 현대 중국어의 다음을 고려하면 좋다.

a. 他離開了三年了。(그는 떠난 지 3년이 되었다.)
b. 他來了30分鐘了。(그는 온 지 30분 되었다.)

즉 비대격동사 뒤의 시간량은 행위의 지속량이 아니라 행위가 완료되고 난 후의 시간량이다.

---

47 그렇다면 목적어의 종류가 술어와 결합하여 나타내는 의미만큼 많아진다. 이런 관점에서 10여개의 목적어를 설정하고도, 한 가지를 더 분류하면 마치 무엇인가 대단한 것을 발견한양 기뻐하는 사람도 있다. 의미적인 차이에 근거하여 많이 분류한다는 것은 백사장의 모래알을 움켜쥐고 분류하는 것과 비슷하다. 이런 분석법은 학술적으로나 교육적으로나 큰 성취를 기대하기 어렵다.

2) 예문 더 즐기기

보어의 용법에 주의하여 다음 예를 더 보자.

연번	앞문맥	주어		부가어	술어	보어	출전
		S			V-v [BECOME]	C	
ⓐ 48		日			出	於東方	啓蒙篇
ⓑ 49		福			生	於淸儉	明心寶鑑
ⓒ 50	隣國之民不加少,	寡人之民		不	加	多	孟子
ⓓ 51		三歲之習			至	於八十	耳談續纂
ⓔ 52		千里行			始	於足下	道德經

ⓐ 태양은 동쪽에서 뜬다.

ⓑ 복은 청렴에서 난(나게 된)다.

ⓒ [이웃 나라의 백성들이 적어지지 않고,]
　내 나라 백성들이 많아지지도 않는다.

ⓓ 세 살 버릇이 여든까지 간(/가게 된)다.

ⓔ 천릿길도 발밑에서부터 시작된다.

---

48 일출어동방(rì chū yú dōng fāng)

49 복생어청검(fú shēng yú qīng jiǎn; ‘生’, 생기다, 비대격동사: 5.2.1의 ③, 8.2.1의 ①, 8.3.1의 ③, 11.1.1.1의 ③ 등의 ‘生’과 비교하라.)

50 인국지민불가소, 과인지민불가다(lín guó zhī mín bù jiā shǎo, guǎ rén zhī mín bù jiā duō; ‘加’ 더하다/되다)

51 삼세지습지어팔십(sān suì zhī xí zhì yú bāshí)

52 천리행시어족하(qiān lǐ xíng shǐ yú zú xià)

주어성분은 모두 동사와의 관계 속에서 보면 모두 〈대상자〉 의미역을 가진다. 모두 목적어 자리에서 출발하였으나 목적격을 할당받지 못함으로 동사 앞으로 이동하여 주격을 받았다. 목적격을 받지 못하는 이유는 무엇일까? 두 성분 간의 결합(/병합)을 생각해보면 사실 간단하다. 이들은 동작의 지배대상(/처리대상)이 아니라 변화의 대상이기 때문이다.[53]

---

[53] 주어는 '행위자'라는 고정관념을 가질 필요가 없다. 문제는 어떤 한정명사구(DP)가 주격(nominative)을 부여받느냐의 여부가 관건이다. 이는 의미역 차원의 문제가 아니라 격(case) 차원의 문제이다. 〈행위자〉뿐만 아니라 〈원인자〉, 각종 〈대상자〉도 화자의 의도에 따라 얼마든지 주격을 받으며 주어가 된다. 특히 변화의 〈대상자〉가 주격을 받게 하는 동사를 '비대격동사(unaccusative)'라고 한다.

8.4. 요약

이제 'SVC 구'가 '사건의미의 차이'에 따라 각각 달리 해석되는 양상을 종합해 보자.

구의 종류와 특성 / 사건의미	SVC 구						
	S			V-v		C	
	의미역	뜻과 기능	한국어 조사	의미 특징	[V-v]의 뜻	의미역	한국어 조사
활동 -v₁[DO]	행위자	[+의지] 행동주	-이/가 (은/는)	[+의지] [+진행]	V-v₁ V하다	전치사 비명시 [간접]〈대상자〉	-에게
						전치사 명시 [출발]〈장소〉 〈이유〉 [간접]〈대상자〉	-에서 -에게(로) -와/과 등
	吾			語		女	

a-1. [S가 C에서(/게/대하여/로/로써) V하다]
　→ 내가 너에게 말하마.

	孔子			辭		以疾	

a-2. [S가 C에서(/게/대하여/로/로써) V하다]
　→ 공자가 병으로써 거절하다.

구의 종류와 특성 / 사건의미	SVC 구							
	S			V-v		C		
	의미역	뜻과 기능	한국어 조사	의미 특징	[V-v]의 뜻		의미역	한국어 조사
상태 -v₂[BE]	대상자	[-의지] 묘사 대상자	-이/가 (은/는)	[-의지] [+상태]	V-v₂ V다 V(하)다	전치사 비명시	[판단]/[존재]/ [소유] 〈대상자〉	-이/가 -에게(로)
						전치사 명시	〈장소〉 [비교]〈대상〉 [존재]〈장소〉	-에서 -에게(로) -와/과 등
	我			非		生而知之者		

b-1. **[S는 C(가/와/에) V(x)다]**
→ 나는 태어나면서부터 그것을 아는 사람이 아니다.

	季氏之	富	於周公

b-2. **[S는 C(가/와/에) V(x)다]**
→ 계씨는 주공보다 더 부유했다.

구의 종류와 특성 / 사건 의미	SVC 구						
	S			V–v		C	
	의미역	뜻과 기능	한국어 조사	의미 특징	[V–v] 의 뜻	의미역	한국어 조사
변화결과 -v₃[BECOME]	대상자	[-의지] 변화 대상자	-이/가 (은/는)	[-의지] [+변화결과]	V–v₃ V하게 되다	전치사 비명시 [결과] [증감] [시간] 〈대상자〉 〈장소〉	-이/가 -에게(로)
						전치사 명시 [출발점] [도착점] [원점] 〈장소〉	-에서 -에게(로) -까지/에/ 으로 등
	民德		歸		厚[矣]		

c-1. **[S는 C(가/와/에서) V(x)게 되다]**
  → 백성들의 덕은 두터운 데로 돌아가게 될 것이다.

	予		死		於道路[乎]?		

c-2. **[S는 C(가/와/에서) V(x)게 되다]**
  → 내(공자)가 (설마) 길에서 죽게 될까?

원인–변화결과 -v₄[[CAUSE]– [BECOME]]							

이상 사건의미와 'SVC 구'에서 주의할 점은 무엇인가? 그것은 주로 보어(C) 성분의 운용에서 보이는 차이이다.[54]

1) 주어(S)의 의미역

a. '활동' 사건의미의 주어: **[+의지]의 〈행위자〉**

b. '상태' 사건의미의 주어: **묘사의 〈대상자〉**

c. '변화결과' 사건의미의 주어:

（ⅰ） 비대격동사의 **변화 〈대상자〉**

（ⅱ） [+심리], [+인지] 동사의 **심리/인지 〈경험자〉**

d. '원인-변화결과' 사건의미의 주어: **변화결과의 〈원인자〉**

2) 술어 동사(V)의 의미특징

a. '활동' 사건의미의 동사: [+의지], [+진행]

b. '상태' 사건의미의 동사: [+상태], [+존재], [+판단], [+소유], [+비교]

c. '변화결과' 사건의미의 동사:

（ⅰ） [+변화결과][55]

（ⅱ） [+심리], [+인지]

d. '원인-변화결과' 사건의미의 동사: [+사역], [+변화결과]

---

54 주어와 목적어의 운용은 다른 구조에서의 경우와 같다. 그러므로 해석에 차이를 발생시키는 성분에 대해 집중하자.

55 비대격동사의 의미특징을 말함

3) 목적어(O)의 의미역

'SVC 구'에서는 아예 설정하지 않는다.

~~a. '활동' 사건의미~~

~~b. '상태' 사건의미~~

~~c. '변화결과' 사건의미~~

~~d. '원인-변화결과' 사건의미~~

4) 보어(C)의 의미역 [56]

a. '활동' 사건의미의 보어:

[+의지], [+진행] 동사의 간접 〈대상자〉; 〈장소〉; 〈도구/방식〉

b. '상태' 사건의미의 보어:

[+상태], [+존재], [+판단], [+소유], [+비교] 동사의 간접 〈대상자〉; 〈장소〉

c. '변화결과' 사건의미의 보어:

(ⅰ) [+변화결과] 동사의 간접 〈대상자〉; 〈장소〉

(ⅱ) ~~[+심리], [+인지] 동사의 보어~~[57]

d. '원인-변화결과' 사건의미의 보어:

[+사역], [+변화결과] 동사의 관여 〈대상자〉

---

56 보어를 구성하는 명사성 성분(DP/NP)는 동사로부터 의미역을 할당받는 것이 아니다. 전치사로부터 자신의 의미역을 받는다. 전치사도 동사와 마찬가지로 자기 자신이 눈에 보이든 안 보이든(/명시적이든 비명시적이든) 상관없이 자신의 보충어인 명사성 성분에 대해 문맥상황에 가장 적절한 1개의 의미역을 할당하는 것을 원칙으로 한다.

57 'VC 구'에서는 아예 설정하지 않는 것으로 보인다.

\#. 본문 수형도 보기 – 8.3.1 ⑤ '八佾舞於庭'의 도출도

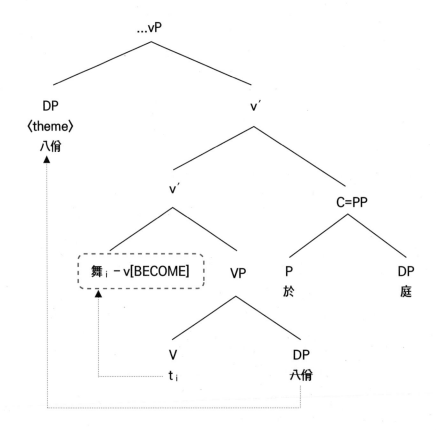

八佾의 춤이 (당신의) 집 뜰에서 추어진다.

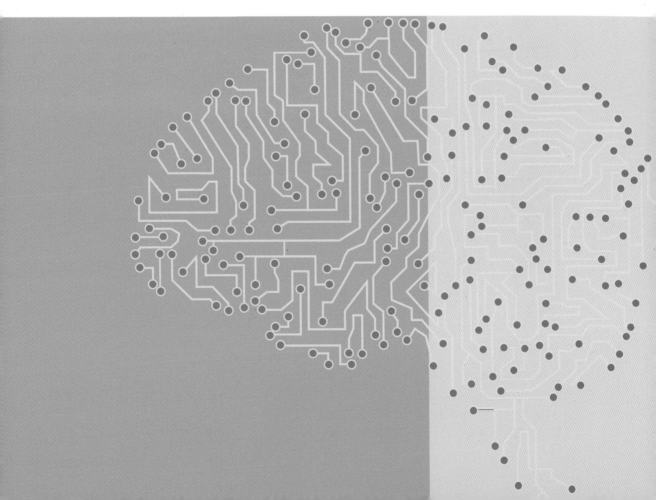

CHAPTER 09

사건의미와 '술(V)+보(C)' 문형

09 | 사건의미와 '술(V)+보(C)' 문형

기본 해석공식: [ES가 C에게(/서/대하여/로/로써) V하다] (ES는 의지적 행위자)

9.1. 활동 표시구

9.1.1. 구 생성도

먼저 '술어(V)→보어(C)→(부사어)→주어(S)→(화제)' 순으로 병합한다.

연번	앞맥락	화제	주어 ES	부가어	술어 V-v [DO]	보어 C	뒷맥락	출전
①¹	子聞之,				謂	門弟子	曰	子罕2
②²				以能	問	於不能	,以多問於寡	泰伯5
③³	當仁,			不	讓	於師		衛靈公36
④⁴	子曰:				志	於道		述而6
					據	於德		
					依	於仁		
					游	於藝		
⑤⁵		己所 不欲		勿	施	於人		衛靈公24
⑥⁶	子曰:				攻	乎異端	,斯害也已	爲政16

---

1 자문지, 위문제자왈(Zǐwén zhī, wèi mén dìzǐ yuē)

2 이능문어불능, 이다문어과(yǐ néng wèn yú bù néng, yǐ duō wèn yú guǎ; '不能'와 '寡'는 전치사 '於'에게 간접 대상자 의미역을 받아, '사람'으로 해석된다.)

3 당인, 불양어사(dāng rén, bú ràng yú shī; '讓'은 동사, 사역 경동사가 아님)

9.1.2. 해석과 쓰기연습

'기본 해석공식'을 응용하여, 사건의미와 문맥에 맞게 잘 다듬어 표현해보자. 이제 도출의 역순, 즉 '(화제)→주어(S)→(부사어)→보어(C)→술어(V)'로 해석한다.

한편, '구 생성도'의 원문과 아래 볼드체의 해석에 근거하여 문장의 주요성분을 다시 병합(해석의 역순)해 보자.

① [공자께서 이것을 듣고,]

    (공자께서) **문하의 제자들에게 일러,** VC →

    [가라사대:]

② (안화는) 능력이 있는 자로서 **능력이 없는 자에게 물었고,** VC →

    (학식이) **많이 있는 자로서 없는 자에 묻고,**

③ [인을 행함에 있어서는,]

    (너희는) **스승에게라도** (그것을) **양보하지 마라.** VC →

④ [공자께서 말씀하셨다:]

    (너희는) **도에 뜻을 두고,** VC →

    덕에 근거하고, VC →

    인에 의거하고, VC →

    예술에서 노닐어라. VC →

⑤ (자기가 원하지 않는 것은)

    (너는) **남에게** (그것을) **시행하지 마라.** VC →

⑥ (너희가) **이단을 전공(/공부)하는 것,** VC →

    [이것은 해가 될 뿐이다.]

---

4 자왈: 지어도; 거어덕; 의어인; 유어례(Zǐ yuē: zhì yú dào; jù yú dé; yī yú rén; yóu yú yì)

5 기소불욕물시어인(jǐ suǒ bú yù wù shī yú rén)

6 자왈: 공호이단, 사해야이(Zǐ yuē: gōng hū yìduān, sī hài yě yǐ; '斯', 이것, 지시대명사)

9.1.3. 구 생성의 배경

'활동' 사건의미를 표시하는 'VC 구'의 속을 도표로 보자.

표기	의미역	의미 특징	격	한국어 조사 첨가
ES	행위자		주격	-이/가 (-은/는)
V-v		[+의지]; [+진행]		
C	(각종) **간접 대상자** (각종) **장소** **수단/방법/이유**			-에(게/서/대해)/ -로

표의 내용은 뇌 속에서 해당 명제를 이해하고 생성하려 할 때 순식간에 활성화되는 것들이다.[7]

1) 'ES' 충당 요소

경제성 추구로 인해 모두 비어 있다. 그러나 언제든지 환원할 수 있으며, 이때 'V-v'에 대하여 〈행위자〉 의미역과 '**주격**'을 가진다. 따라서 한국어로 해석할 때 주격조사 '-**이/가** (-은/는)' 등을 첨가한다.

    ① -(공자가);   ② -(昔者吾友, 옛날 내 친구, 안회를 지칭함);

    ③ -(일반인, 청자);   ④ -(일반인, 청자);

    ⑤ -(子貢, 공자의 제자); ⑥ -(일반인, 청자)

---

7 해당 성분이 발음되고 문자적으로 시각화되느냐의 여부와 상관없다. 또, 인종과 언어의 종류와도 상관이 없이 일어나는 뇌 활동이다. 따라서 해당 구조 속에서 빈 곳(EMPTY: ES, EO, EC)이 있다면, 이는 맥락상 말하지 않아도 명백하거나, 아예 불필요한 요소이기 때문에 경제성을 따져 생략한 것이다.

2) 'V-v' 충당 요소

술어는 모두 〈행위자〉의 [+의지]적 행위로 해석될 수 있어야 하며, 음성적 실현여부를 떠나 반드시 〈지배대상〉 목적어를 가져야 한다. 이는 활동[DO] 사건의미 표시의 필수조건이다.[8]

① -謂(이르다/말하다);   ② -問(묻다);

③ -讓(양보하다);   ④ -志(뜻을 두다); 據(근거하다); 依(의거하다); 游(노닐다);

⑤ -施(베풀다/…을 하다);   ⑥ -攻(연구하다)

3) 'C' 충당 요소

보어(C)는 '전치사+한정사구'로 이루어지며, 이 때 핵은 전치사이다. 따라서 보어 구성에 있어 전치사는 그 명시성 여부와 상관없이 필수요소이다. 전치사가 비명시적인 경우(∅)와 명시적인 경우로 나누어 살펴보자.

술어 (V-v) [DO]	보어(C)			한국어 조사
	전치사	DP	DP의 의미역	
謂	∅[9]	門弟子	간접 대상자	문하의 제자에게 말하다
問		不能		무능한 자에게 묻다
讓		師		스승께 양보하다
施	於	人		다른 사람에게 시행하다
志		道	원점 장소	도/예술에서 노닐다
游		藝		
據		德	근거 대상	덕/인에 의거하다
依		仁		
攻	乎	異端	관여 대상	이단에 대해(/을) 공부하다

---

8 아래 예 중에 활동 사건의미를 나타내는 한국어 경동사로 '…하다/내다' 등이 쓰이고 있다.

표에서 보듯 비명시적이든 명시적이든 전치사는 자신의 보충어에 대해 다양한 의미역을 할당함으로써 '활동' 사건의미를 보충한다.[10]

9.1.4. 더 생각하기

[예문 더 즐기기]: '재료'인가 '도구'인가?

연번	ES	V-v [DO]	C	출전
ⓐ [11]		敎	以詩書	小學
ⓑ [12]		敎	以禮樂	小學

ⓐ '시'와 '서'를 가르치다./'시'와 '서'로써 가르치다.

ⓑ '예'와 '악'을 가르치다./'예'와 '악'으로써 가르치다.

예에서 보듯, 전치사 '以'는 자신의 보충어에게 〈재료〉, 〈도구〉, 〈방식〉 등등의 의미역을 할당할 수 있다. 위의 ⓐ, ⓑ는 어떤 의미역으로 보는 것이 가장 좋은가? 의미역은 동시에 두 개를 가질 수는 없다. 이는 기본 원칙이다. 자신의 머릿속에서 가장 적절한 것 하나만 선택해야 한다.[13]

---

9 안 보이므로 '없다.'는 뜻이 아니다. 여기에도 보이지 않는 전치사 [TO]가 작동한다.

10 각 예문에서, 'C'를 구성하는 한정사구는 전치사가 명시적이던 비명시적이던 간에 그로부터 모종의 의미역, 예를 들어 〈간접 대상자〉, 〈장소〉, 〈근거〉, 〈관여 대상자〉 등의 당양한 의미역을 할당받는다.

11 교이시서(jiào yǐ shī shū)

12 교이예악(jiào yǐ lǐ yuè)

13 물론 우리의 뇌는 동사, 전치사, 경동사 등의 단어를 사용하되, 시차, 장소, 상황, 문맥 등 모든 것을 고려하여 가장 적절한 의미역(theta-role)을 할당할 것이다.

#. 본문 수형도 보기 - 9.1.1 ⑤ '己所不欲勿施於人'의 도출도

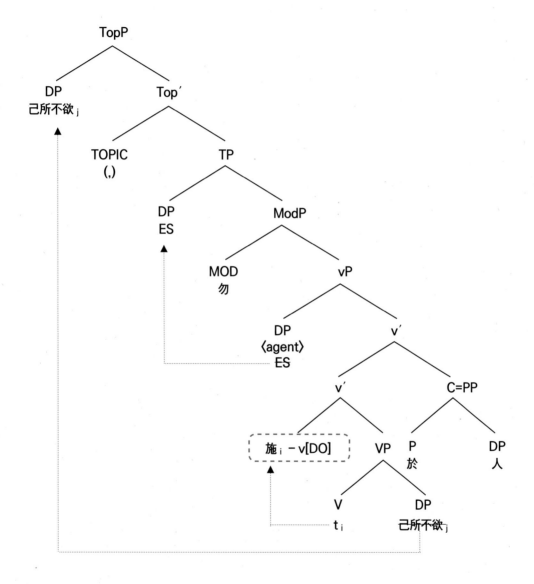

자기가 원치 않는 일은, (너는) (그 일을) 남에게 행하지 마라.

(수형도에서 TOPIC, MOD은 각각 화제 핵과 양태사 핵을 의미한다.)

9.2. 상태 표시구

기본 해석공식: **[ES는 C가(/와/에서/보다) V(x)다]** (S는 묘사/진술 대상자)

(x는 형태 변화소)

9.2.1. 구 생성도

먼저 '술어(V)→보어(C)→(부사어)→주어(S)→(화제)' 순으로 병합한다.

연번	앞맥락	주어 ES	부가어	술어 V-v [BE]	보어 C	뒷맥락	출전
① 14			盖	有	不知而作之者		爲政17
② 15	吾嘗終日不食,終夜不寢,以思,無益,		不	如	學	也	衛靈公31
③ 16	子曰:可也		未	若	貧而樂,富而好禮者	也	學而15
④ 17	子絶四:毋意,毋必,			毋	固	,毋我	子罕4
⑤ 18	今夫顓臾,固而			近	於費		季氏1
⑥ 19	民之於仁也,			甚	於水火		衛靈公35

---

14 개유부지이작지자(gài yǒu bù zhī ér zuò zhī zhě; '而' 역접표시 접속사)

15 오상종일불식, 종야불침, 이사, 무익. 불여학야(wú cháng zhōng rì bù shí, zhōng yè bù qǐn, yǐ sī, wú yì. bù rú xué yě)

16 자왈: 가야. 미약빈락, 부이호례자(Zǐ yuē: kě yě. wèi ruò pín ér lè, fù ér hào lǐ zhě yě; '而' 역접표시 접속사)

17 자절사: 무의, 무필, 무고, 물아(Zǐ jué sì: wú yì, wú bì, wú gù, wú wǒ; '毋' 없다, 동사)

18 금부전유, 고이근어비(jīn fū Zhuānyú, gù ér jìn yú Bì; '而' 순접표시 접속사)

19 민지어인야, 심어수화(mín zhī yú rén yě, shèn yú shuǐ huǒ)

9.2.2. 해석과 쓰기연습

'기본 해석공식'을 응용하여, 사건의미와 문맥에 맞게 잘 다듬어 표현해보자. 이제 도출의 역순, 즉 '(화제)→주어(S)→(부사어)→보어(C)→술어(V)'로 해석한다.

한편, '구 생성도'의 원문과 아래 볼드체의 해석에 근거하여 문장의 주요성분을 다시 병합(해석의 역순)해 보자.

① (세상에는) **알지 못하나 그것을 지어내는 사람이 있다.**   VC →

② [나는 일찍이 종일 먹지도 않고, 밤새 자지도 않고 사색했으나, 무익했다.]

　　(그것은) **배우는 것만 못했다.**   VC →

③ [공자가 말했다: 괜찮으나,]

　　(그것은) **가난하나 즐거워하고 부유하나 예의를 좋아하는 것만 못하니라.**

　　VC →

④ [공자는 네 가지를 끊었다:

　　(그는) 꼭 그래야 한다는 것이 없었고,

　　(그는) 반드시 그래야 한다는 것이 없었고,]

　　(그는) **고집스러움이 없었고,**   VC →

　　[(그는) 사적인 것이 없었다.]

⑤ [오늘날 전유(의 성)는, (그의 성은) 견고하고]

　　(그의 성은) **비읍과 가깝다.**   VC →

⑥ [백성들이 인으로 가는 일이 말이야,]

　　(그것은) **물과 불보다 더 급하다.**   VC →

9.2.3. 구 생성의 배경

'상태' 사건의미를 나타내는 'VC 구'의 속을 도표로 보자.

표기	의미역	의미 특징	격	한국어 조사 첨가
ES	**대상자**		주격	-이/가 (-은/는)
V-v		**[+상태];[+판단]/[+소유] [+존재]/[+비교]**		
C	(각종) **간접 대상자** (각종) **장소** **수단/방법/이유**			-이/가/ -과/보다 20 -에(게/서/대해)

표의 내용은 뇌 속에서 해당 명제를 이해하고 생성하려 할 때 순식간에 활성화되는 것들이다.

1) 'ES' 충당 요소

생략된 것들은 모두 환원할 수 있으며, 존재 혹은 묘사의 〈대상자〉로 해석된다. 한국어 주격조사 **'-이/가(-은/는)'** 등을 첨가한다.

① -(세상에는 21);   ② -(그것은, 사색하는 것(思)을 말함 22);

③ -(그것은, 자공이 말한 내용 23);   ④ -(공자는);

⑤ -(그 것(나라)은, 顓臾를 지칭함);   ⑥ -(그것은, '民之於仁也' 내용 24)

---

20 고대중국어에서 비교문은 상태[BE] 사건의미로 위주로 표현되는데, 이는 인간의 보편적인 사고이겠다.

21 주어를 말하기가 어렵다. 마치 영어의 허사(expletive) 'There'를 넣어 격을 할당하는 것과 상황이 유사하다. 부사어 '盖'가 일정 부분 이 역할을 보조하는 것 같다.

22 해석할 때는 마치 영어의 허사 'It'를 넣어 격을 할당하는 것과 유사하다. 예 ①과 ②의 이 내용은 고대중국어 허사 연구대상으로서의 가치가 높다 하겠다.

23 앞 절에서 제자 자공의 질의한 내용 "貧而無諂, 富而無驕, 何如？"에서 "貧而無諂, 富而無驕(가난하나 아첨하지 않고, 부유하나 교만하지 않음)"을 가리킨다.

24 이는 사실상 절 주어에 해당한다. 예를 들면 "天下之無道也S久V矣. 八佾24"나 "爲政以德S譬如V北辰居其所而

2) 'V-v' 충당 요소

술어 동사는 자체적으로도 [+존재], [+비교], [+소유], [+판단] 등의 의미특징을 가지고 있지만, 본질적으로는 경동사 -v[BE]와 결합하여 모종의 '상태' 사건의미로 해석된다.

① -有(…이 있다);   ② -如(…와 같다);

③ -若(…와 같다);   ④ -毋(…이 없다);

⑤ -近(…에/와 가깝다);   ⑥ -甚(…보다 심하다)

특히, 본문의 예에서는 부정어로 잘 알려진 '毋'가 동사로 쓰이고 있다.[25]

3) 'C' 충당 요소

보어(C)는 '전치사+한정사구'로 이루어지며, 이 때 핵은 전치사이다. 따라서 보어 구성에 있어 전치사는 필수요소이다. 전치사가 비명시적인 경우(∅)와 명시적인 경우로 나누어 살펴보자.

衆星共之O. 爲政1" 등의 절 주어(S)와 유사하다. 이때의 절 주어를 주어로 처리할 수도 있지만, '⑥ 民之於仁也,'처럼 뒤에 ','를 붙이는 것에 주의하자. 이는 이 성분을 화제로 이해한다는 표시이다.

25 뿐만 아니라 고대중국어에서 '非', '莫', '無' 등도 동사와 부정사의 두 기능이 있을 뿐만 아니라, 더 나아가 상위계층(TP의 바로 아래 혹은 위, 즉 동사의 바로 앞이나 경동사구의 바로 앞이 아니라 주어를 전후로 한 높은 위치)에서 '…하지 마라(don't)'라는 금지의 양태(modality)를 표시할 수도 있다. 따라서 이들 단어의 뜻이 [+부정]의 뜻(/자질)이 있다는 것과, 이들이 문장의 각 위치에서 어떤 기능을 한다는 것은 본질적으로는 별개의 문제이다. 즉, 자질(feature)의 '의미'와 '기능'이라는 서로 다른 범주의 이야기이므로 혼동하지 말자.

술어 (V-v) [BE]	보어(C)			한국어 조사
	전치사	DP	DP의 의미역	
有	Ø	不知而作之者	존재 대상	알지 못하나 지어내는 자가 있다
毋		固		고집스러움이 없다
如		學	비교 대상	배움과/만 같다/하다
若		貧而樂,富而好禮者		가난하나 즐거워하고 부유하나 예의를 좋아함만/과 같다
近	於	費	장소, 출발점	비읍에서/으로부터 가깝다
甚26		水火	비교 대상	물과 불보다 심하다

표에서 보듯 비명시적이든 명시적이든 전치사는 자신의 목적어에 대해 다양한 의미역을 준다. 이로써 '상태' 사건의미를 보충한다. 전치사가 비명시적인 경우의 예가 풍부하다. 특히 동사 '有', '無/毋', '不如'27에서 보듯 존재나 비교대상을 가지는 경우가 많다. 한편, '상태' 사건의미를 보충하는 성분들 가운데 '不知而作之者', '學', '貧而樂, 富而好禮者' 등은 절(clause)이므로, 그 속성이 동사구이다. 이들이 각각 핵 동사 '有', '如', '若'의 보어(C)로 쓰이는 것이다.28

---

26 '甚'처럼 형용사성 술어는 흔히 '형용사성 술어+於+비교대상'의 구조로 '비교대상보다 더 [형용사]하다'의 의미를 나타낸다. 예) 紅於二月花(진달래보다 더 붉다), 富於周公(周公보다 더 부유하다)

27 '如'는 이 당시부터 이미 부정의 형태인 '不如'로 굳어지기 시작한 것 같다.

28 이들 동사구가 동사의 보어로 병합되기 위해서는 명사화와 한정사구(DP)로의 투사 등이 전제되어야 한다. 중국어는 한국어처럼 어형변화를 수반하지 않으므로, 보이지 않는 문법현상이 있음을 인정해야 한다.

\#. 본문 수형도 보기 – 9.2.1 ④ '(子絶四:毋意,毋必,) 毋固(,毋我).'의 도출도

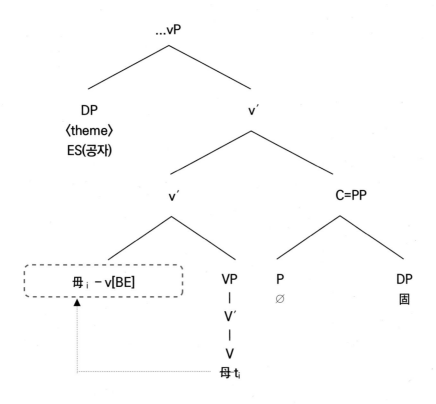

ES(공자)는 고집이 없으셨다.

9.3. 변화결과 표시구

기본 해석공식: [ES는 C가(/에서/로써) V(x)게 되다] (ES는 비의지적 변화 대상자/경험자)

(x는 형태 변화소)

9.3.1. 구 생성도

먼저 '술어(V)→보어(C)→(부사어)→주어(S)→(화제)' 순으로 병합한다.

연번	앞맥락	주어 ES	부가어	술어 V-v [BECOME]	보어 C	뒷맥락	출전
① 29	溫故而知新,		可以	爲	師	矣	爲政11
② 30	齊之以刑, 民免而			無	恥		爲政3
③ 31	志士仁人 無求生以害仁,			有	殺身以成仁		衛靈公9
④ 32	子生三年,		然後	免	於父母之懷		陽貨21
⑤ 33	且予與其死於 臣之手也		無寧34	死	於二三子之手	乎	子罕12
⑥ 35	子曰:興於《詩》,			立	於禮	,成於樂	泰伯8

---

29 온고이지신, 가이위사의(wēn gù ér zhī xīn, kě yǐ wéi shī yǐ; '而' 순접표시 접속사)

30 제지이형, 민면이무치(qí zhī yǐ xíng, mín miǎn ér wú chǐ; '齊' 가지런히 하다. 다스리다; '以' 수단이나 방식을 표시하는 전치사; '而' 역접표시 접속사)

31 지사인인무구생이해인, 유살신이성인(zhì shì rén rén wú qiú shēng yǐ hài rén, yǒu shā shēn yǐ chéng rén; '以' 순접을 표시하는 접속사 혹은 수단이나 방식을 표시하는 전치사; '[無5[求2生1以害4仁-3]]'; '無'와 '有'는 동사로서 짝을 맞추어 절 목적어를 가진다.)

32 자생삼년, 연후면어부모지회(zǐ shēng sān nián, rán hòu miǎn yú fùmǔ zhī huái; '生'은 비대격동사, 따라서 '태어나고 3년이 지나다'로 해석 됨)

33 차여여기사어신지수야, 무녕사어이삼자지수호!(qiě yǔ yǔ qí sǐ yú chén zhī shǒu yě, wú nìng sǐ yú èr

9.3.2. 해석과 쓰기연습

'기본 해석공식'을 응용하여, 사건의미와 문맥에 맞게 잘 다듬어 표현해보자. 이제 도출의 역순, 즉 '(화제)→주어(S)→(부사어)→보어(C)→술어(V)'로 해석한다.

한편, '구 생성도'의 원문과 아래 볼드체의 해석에 근거하여 문장의 주요성분을 다시 병합(해석의 역순)해 보자.

① [그 이치를 궁구하여 새 것을 알 수 있다면,]

(그는) **스승이 될 수 있다.** VC →

② [형벌로써 다스리면, 백성들은 피하려할 뿐,]

(백성들은) **창피함이 없게 된다.** VC →

④ [지사나 어진 이는 목숨을 구하려고 인을 해치는 것이 없고,]

(그들은) **몸을 희생해서 인을 이루는 것이 있게 된다.** VC →

⑤ [자녀는 태어나서 3년이 지나야,]

(비로소) (그들은) **부모의 가슴에서 면하게 된다.** VC →

⑥ [내가 가신들의 손에서 죽(어 장사지내)느니,]

(내가) **차라리 여러 학생들의 손에서 죽(어 장사지내)는 것이 낫지 않겠는가?** VC →

⑦ [(사람의 수양은) 《시경》에서(/을 배움으로부터) 흥하게 되고,]

(사람의 수양은) **예로써(/를 배움으로써) 서게 되고,** VC →

[(사람의 수양은) 음악에서(/을 배움으로써) 이루어진다.]

---

sān zǐ zhī shǒu hū; '予' 나, 1인칭 대명사)

34 與其A(也)無寧B: 'A하느니 차라리 B하겠다.'의 선택 표시 구조이다. 예의 A와 B가 모두 절 형식이다)

35 자왈: 흥어시, 입어예, 성어악(Zǐ yuē: xīng yú shī, lì yú lǐ, chéng yú yuè)

9.3.3. 구 생성의 배경

'변화결과' 사건의미를 나타내는 'VC 구'의 속을 도표로 보자.

표기	의미역	의미 특징	격	한국어 조사 첨가
ES	대상자/경험자		주격	-어/가 (-은/는)
V-v		[-의지]; [+변화결과]: [+심리/인지]		
C	(각종) 간접 대상자 (각종) 장소 수단/방법/이유			-이/가/ -에(게/서/대해)/ -로

표의 내용은 뇌 속에서 해당 명제를 이해하고 생성하려 할 때 순식간에 활성화되는 것들이다.

1) 'S' 충당 요소

경제성 추구로 인해 'ES', 즉 모두 비어 있다. 그러나 모두 환원될 수 있다.

① -(온고지신하는 이는)　　　　② -民(백성이/은);

③ -志士仁人(뜻있는 선비와 어진 사람은);　　④ -子(자녀가/는);

⑤ -予(나는: 공자);　　　　　　⑥ -(군자는);

이들은 변화의 〈경험자〉 혹은 〈대상자〉로 해석된다. 이때 한국어 주격조사 '-이/가(-은/는)' 등을 첨가한다.

2) 'V-v' 충당 요소

예문에서, 이들은 모두 [+변화결과]를 나타내는 동사들로 해석된다.36

① -爲(…이 되다)　　　　　② -無(…이 없게 되다);

③ -有(…이 있게 되다);　　④ -免(면하게 되다, 피하게 되다);

⑤ -死(죽다, 죽게 되다);　　⑥ -立(서게 되다);

3) 'O' 충당 요소

이 구조는 목적어 성분을 아예 선택하지 않는다.

4) 'C' 충당 요소

보어(C)는 '전치사+한정사구'로 이루어지며, 이 때 핵은 전치사이다. 따라서 보어 구성에 있어 전치사는 필수요소이다. 전치사가 비명시적인 경우(∅)와 명시적인 경우로 나누어 살펴보자.

---

36 예의 동사들은 모두 대격(/목적격)을 주지 못하는 비대격동사들이다. '변화결과' 사건의미를 나타내는 동사는 **비대격동사류**와 **심리·인지동사류**의 두 부류로 나눌 수 있다. 둘 사이에, **전자는 대상자 목적어를 가지지 않지만 후자는 가지는 큰 차이**가 있다.

술어 (V-v) [BECOME]	보어(C)			한국어 조사
	전치사	DP	DP의 미역	
無	Ø	恥	존재 대상	부끄러움이 없다
有		殺身以成仁		몸을 희생하여 인을 이룸이 있다
爲		師	결과 대상	스승이 되다
免	於	父母之懷	출발점/근원	부모의 가슴 으로부터(/에서) 면하다
興		《詩》		시경으로부터(/에서) 흥한다
死		二三子之手	원점 장소	여러분들의 손에서 죽다
立		禮	수단/방법	예으로써 선다
成		樂		음악으로써 이룬다

　　표에서 보듯 비명시적이든 명시적이든 전치사는 자신의 보충어인 한정사구(DP)에 대해 다양한 의미역을 할당함으로써 '변화결과' 사건의미를 보충한다. 특히 泰伯8의 예⑤를 주목하자. 모두 같은 구조이므로 '비슷하게 번역되는 것 같지만, 전치사로부터 받는 의미역의 차이와 술어동사의 의미 차이 등으로 인해 다른 해석이 나올 수 있다.

#. 본문 수형도 보기 – 9.3.1 ④ '(子生三年,) 然後免於父母之懷.'의 도출도

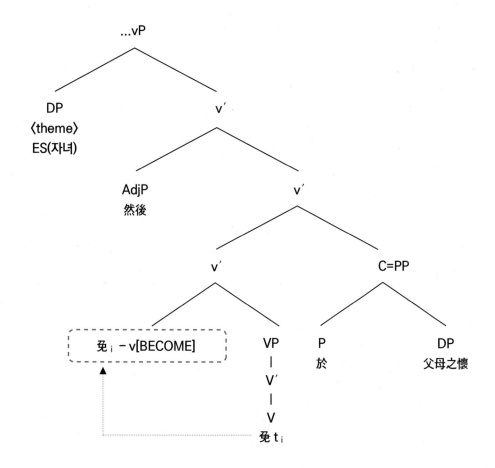

ES(자녀)는 그런 후에 부모의 품에서 떠날 수 있게 된다.

9.4. 원인-변화결과 표시구

기본 해석공식: **[ES는 C에 대해 V되게 하다]** (ES는 사태발생의 원인자)

9.4.1. 구 생성도

먼저 '술어(V)→보어(C)→(부사어)→주어(S)→(화제)' 순으로 병합한다.

연번	앞맥락	화제	주어 ES	부가어	술어 V‐v‐v [BECOME] [CAUSE]	보어 C	출전
① 37	子曰:小子38何莫學夫詩39？詩,可以興,可以觀,可以群,可以怨.邇之事父,遠之事君.	(詩),		多	識	於鳥獸草木之名	陽貨9

---

37 자왈: 소자하막학부시? 시, 가이흥, 가이관, 가이군, 가이원. 이지사부, 원지사군. **다식어조수초목지명**(duō shí yú niǎo shòu cǎo mù zhī míng; 『詩經』의 여러 기능에 대해 가장 잘 설명하는 논어 구절로 유명하다.)

38 너희(들), 제자들을 지칭함

39 『詩經』을 지칭함

9.4.2. 해석과 쓰기연습

'기본 해석공식'을 응용하여, 사건의미와 문맥에 맞게 잘 다듬어 표현해보자. 이제 도출의 역순, 즉 '(화제)→주어(S)→(부사어)→보어(C)→술어(V)'로 해석한다.

한편, '구 생성도'의 원문과 아래 볼드체의 해석에 근거하여 문장의 주요성분을 다시 병합(해석의 역순)해 보자.

① [너희들은 어째서 『시경』을 배우지 않는가? 『시경』은 (너희들어/로 하여금) 흥을 일으킬 수 있고, (『시경』은 너희들로 하여금) (세상 돌아가는 것을) 볼 수 있게 하며, (『시경』은 너희들로 하여금) 무리를 지을 수 있게 하며, (『시경』은 너희들로 하여금) (불의한 세상 사람들에 대해) 원망할 수 있게 한다. (또,) (『시경』은 너희들로 하여금) 가까이로는 부모를 섬길 수 있게 하며, (『시경』은 너희들로 하여금) 멀리로는 군주를 섬길 수 있게 한다. (또,)]

(『시경』은 너희들로 하여금)

날짐승, 들짐승, 초목 등의 이름에 대하여(/을) 많이 알게 (되게) 한다.

VC →

9.4.3. 구 생성의 배경

'원인-변화결과' 사건의미를 나타내는 'VC 구'의 속을 도표로 보자.

표기	의미역	의미 특징	격	한국어 조사 첨가
ES	원인자		주격	-이/가 (-은/는)
V-v₁-v₂		[+사동] [+변화결과]		
C	간접 대상자			-에(게/서/대해)

표의 내용은 뇌 속에서 해당 명제를 이해하고 생성하려 할 때 순식간에 활성화되는 것들이다.

이 구절은 陽貨9의 마지막 구절이다.[40] 앞에 일정한 문맥이 있기 때문에 생략되어 보이지 않는 요소가 많다. 그러나 생략되어 보이지 않는다 해도, 우리 머릿속 뇌에서는 'ES'와 'EO'에 대해 여전히 동일한 의미역을 가지는 논항들로 인지함으로써, 위와 같은 해석을 가능하게 한다.[41]

1) 'ES' 충당 요소

생략된 주어 'ES'를 환원할 수 있다.

그것은 바로 생략되고 전체 어구의 문두로 이동하여 화제화(topicalization)된 《詩》이다. 이는 'V-v[CAUSE]'로부터 〈원인자〉 의미역을 할당받으며, 향후 주격[42]을 가질 수 있다. 또, 한국어로 번역될 때 주격조사 '-이/가(-은/는)'를 첨가한다.

---

40 용례가 하나밖에 보이지 않지만, 문법적으로 생각할 점이 많은 문형(sentence type)이다.

41 인간 뇌의 언어시스템이 얼마나 경제적이고 신속하게 인지하고 이해하며, 구조체를 도출시켜 발화를 통해 수행하는지 놀랍고 경이로울 따름이다.

42 생성문법에서는 시제사(tense)로부터 TP-Spec자리에서 주격(nominative)을 받는 것으로 설명한다.

2) 'V-v₁-v₂' 충당 요소

이 술어 동사(V-v₁-v₂)는 〈원인자〉에 의해 유발된 행위(사건)(으)로 해석되며, 발음 여부를 떠나 항상 〈지배대상〉 혹은 〈경험자〉 의미역의 보충어(/목적어/보어)를 가짐으로써 '원인-변화결과' 사건의미 표시 조건을 만족시킨다.

> 識: 알게 되(v₁)게 하다(v₂)

동사는 모두 두 경동사에 의해 [+원인]과 [+변화결과]의 의미특징을 가진다. 따라서 **'원인[CAUSE]-변화결과[BECOME]'** 사건의미를 나타낼 수 있다.

3) 'EO' 충당 요소

발음되지는 않지만 환원하면, 앞에서 제시된 '小子(공자의 제자들)'이다.
그 의미역은 〈경험자〉이다.

4) 'C' 충당 요소

전치사 '於'는 자신의 보충어에게 '…에 대하여'의 의미, 즉 관여 〈대상자〉 의미역을 준다.

> 於鳥獸草木之名(날짐승과 들짐승, 풀과 나무의 이름을/에 대해서)

9.5. 요약

'VC 구'가 **사건의미의 차이**에 따라 각각 달리 해석되는 양상을 종합해 보자.

구의 종류와 특성 / 사건의미	VC 구						
	ES			V–v		C	
	의미역	뜻과 기능	한국어 조사	의미 특징	[V–v]의 뜻	의미역	한국어 조사
활동 –v₁[DO]	행위자	[+의재와 행동주	–어/가 (은/는)	[+의지] [+진행]	V–v₁ V하다	전치사 비명시 / 간접 〈대상자〉	–이/가 –에게(로)
						전치사 명시 / [원점][근거]〈장소〉	–에서 –에게(로)
	[子聞之,] ES			謂		門弟子	

a-1. **[(ES가) C에서(/게/대하여/로/로써) V하다]**
   → ES(공자)가 제자들에게 말하셨다.

	[子曰:] ES			[博]學		於文	

a-2. ES가 C를 V하다
   → ES(보편주어)가 문헌을 널리 배우다.

구의 종류와 특성 / 사건의미	VC 구						
	ES			V-v		C	
	의미역	뜻과 기능	한국어 조사	의미 특징	[V-v]의 뜻	의미역	한국어 조사
상태 -v₂[BE]	태상자	[-의지]의 묘사 태상자	-아/가 (은/는)	[-의지] [+상태]	V-v₂ V다 V(하)다	전치사 비명시 [존재] [비교] [공동] 〈대상자〉	-이/가 -와/과 등
						전치사 명시적 [출발점] 〈장소〉 [비교] 〈대상자〉	-에서/로 부터 -와/과 등
	ES		[盖]有			不知而作之者	

b-1. [ES는 C가(/와/에서/보다) V(x)다]
→ ES(사람 중에)는 알지도 못하면서 지어내는 자들이 있다.

[今夫顓臾,固而] ES			近			於費	

b-2. [ES는 C가(/와/에서/보다) V(x)다]
→ ES(전유)는 비읍에서 가깝다.

구의 종류와 특성 / 사건의미	VC 구						
	ES			V–v		C	
	의미역	뜻과 기능	한국어 조사	의미 특징	[V–v]의 뜻	의미역		한국어 조사
변화결과 –v₃[BECOME]	대상자	[–의지] 의 변화 대상자	–어/가 (은/는)	[–의지] [+변화 결과]	V–v₃ V하게 **되다**	전치사 비명시	[존재] 〈대상자〉	–이/가 –에게(로)
						전치사 명시	[원점] [출발점] 〈장소〉 〈수단/방법〉	–에서 –에게(로) –써 등

변화결과 –v₃[BECOME]	[齊之以刑,民免而] ES			無		恥	

c-1. **[ES는 C가(/와/에서/보다) V(x)게 되다]**
  → ES(백성들은)는 창피함이 없게 된다.

	[子生三年,] ES			[然後]免		於父母之懷	

c-2. **[ES는 C가(/와/에서/보다) V(x)게 되다]**
  → ES(자녀)는 부모의 가슴에서 면하게 된다.

구의 종류와 특성 / 사건의미	VC 구							
	ES			V-v		C		
	의미역	뜻과 기능	한국어 조사	의미 특징	[V-v]의 뜻		의미역	한국어 조사
원인-변화결과 -v₄[[CAUSE]-[BECOME]]	원인자	[-의자]와 원인자	-아/가 (은/는)	[+사역] [+변화결과]	V-v₄ V(하게) **되게 하다** V게(케) **하다**	전치사 비명시	태상자	-아/가 -에게(로)
						전치사 명시적	간접 대상자	-에 대해 -에서
	[(詩),] ES			[多]識		於鳥獸草木之名		

[ES는 C에 대해 V게 되게 하다]

→ ES(서경)은 (여러분들로 하여금) 조수초목의 이름을(/에 대하여) [많이] 알게 (되게) 한다.

이상 사건의미와 'SVC 구'에서 주의할 점을 주어, 술어, 목적어, 보어 차원에서 다시 정리해보자.

1) 주어(S)의 의미역

'VC 구'에서는 활성화되지 않는다. 그러나 아래의 의미역으로 즉시 환원이 가능하다.

- a. '활동' 사건의미의 주어: **[+의지]의 〈행위자〉**
- b. '상태' 사건의미의 주어: **묘사의 〈대상자〉**
- c. '변화결과' 사건의미의 주어:
  - (i) 비대격동사의 **변화 〈대상자〉**
  - (ii) [+심리], [+인지] 동사의 **심리/인지 〈경험자〉**
- d. '원인-변화결과' 사건의미의 주어: **변화결과의 〈원인자〉**

2) 술어 동사(V)의 의미특징

- a. '활동' 사건의미의 동사: [+의지], [+진행]
- b. '상태' 사건의미의 동사: [+상태], [+존재], [+판단], [+소유], [+비교]
- c. '변화결과' 사건의미의 동사:
  - (i) [+변화결과][43]
  - (ii) [+심리], [+인지]
- d. '원인-변화결과' 사건의미의 동사: [+사역], [+변화결과]

---

43 비대격동사의 의미특징이다.

3) 목적어(O)의 의미역

'VC 구'에서는 아예 설정하지 않는다.

    a. ~~'활동' 사건의마~~

    b. ~~'상태' 사건의마~~

    c. ~~'변화결과' 사건의마~~

    d. ~~'원인-변화결과' 사건의마~~

4) 보어(C)의 의미역

    a. '활동' 사건의미의 보어:

      [+의지], [+진행] 동사의 간접 〈대상자〉; 〈장소〉; 〈도구/방식〉

    b. '상태' 사건의미의 보어:

      [+존재], [+판단], [+소유], [+비교]의 〈대상자〉; 〈장소〉

    c. '변화결과' 사건의미의 보어:

      (i) [+변화결과]의 〈대상자〉; 〈장소〉

      (ii) ~~[+심리], [+인지]~~

    d. '원인-변화결과' 사건의미의 보어:

      [+사역], [+변화결과]의 관여 〈대상자〉

#. 본문 수형도 보기 – 9.3.1 ① '(温故而知新,) 可以爲師矣.'의 도출도

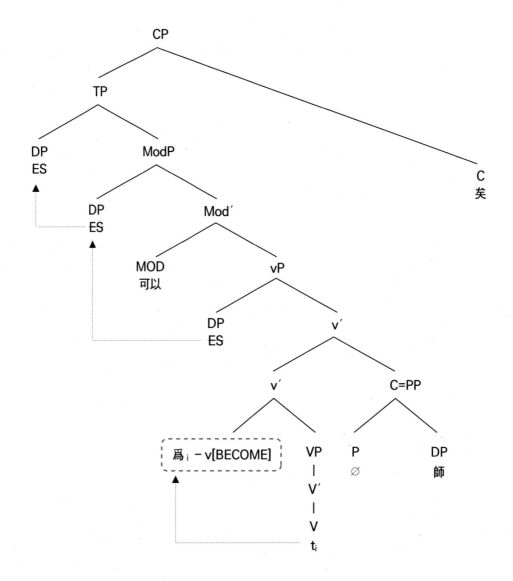

ES(온고지신하는 사람)는 스승이 될 수 있다.

'C 矣'와 'C=PP'의 'C'는 각각 다른 의미이다. 전자는 보문사(complementizer)의 경우이고, 후자는 보어(complement)의 경우이다.

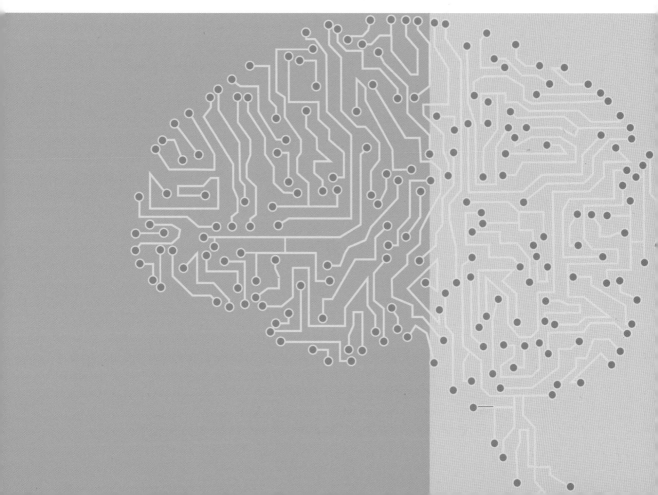

CHAPTER 10

사건의미와 '주(S)+보(C)' 문형

10 | 사건의미와 '주(S)+보(C)' 문형

10.1. 상태 표시구

기본 해석공식: **[S는 C이(/와/과 같/가 있)다]** (S는 묘사/진술의 대상자)

10.1.1. 구 생성도

먼저 '술어(EV)→보어(C)→(부사어)→주어(S)→(화제)' 순으로 병합한다.

연번	앞맥락	화제	주어 S	술어 EV-v [BE]	보어 C	뒷맥락	출전
①¹			政者		正	也	顔淵17
②²	富與貴,是人 之所欲也.	貧與賤,	是		人之所惡	也	里仁5
③³		知之爲知之, 不知爲不知,	是		知	也	爲政17
④⁴		四海之内	皆		兄弟	也	顔淵5
⑤⁵	君子之德風,		小人之德		草		爲政3
⑥⁶			益者		三友	,損者 三友	季氏4
⑦⁷			言語		宰我、子貢	.	先進3

---

1 정자정야(zhèng zhě zhèng yě; '也' 바로 앞의 명사구 '正(올바름/올바르게 하는 것)'과 결합하여 술부를 구성한다. 한국어의 'DP+이다'의 '-이다'와 의미적으로나 기능적으로 매우 유사하다. 즉, 이 '也'가 나름대로 '상태[BE]' 사건의미를 나타내는 기능이 있다고 보아야겠다.

2 부여귀, 시인지소욕야. 빈여천, 시인지소오야(fù yǔ guì, shì rén zhī suǒ yù yě. pín yǔ jiàn, shì rén zhī suǒ wù yě; '之' 관형어 표시 조사로 보는 것보다 주격표시 조사로 해석하는 것이 좋다.)

10.1.2. 해석과 쓰기연습

'기본 해석공식'을 응용하여, 사건의미와 문맥에 맞게 잘 다듬어 표현해보자. 이제 도출의 역순, 즉 '(화제)→주어(S)→(부사어)→보어(C)→술어(EV)'로 해석한다.

한편, '구 생성도'의 원문과 아래 볼드체의 해석에 근거하여 문장의 주요성분을 다시 병합(해석의 역순)해 보자.

① **정치라는 것은 바른 것(正)이다.** SC →

② [빈과 천,] **이것은 사람들이 싫어하는 것이다.** SC →

③ [그것을 알면 그것을 안다고 하고, 그것을 모르면 모른다고 하는 것,][8]

　　이것이 지혜이다. SC →

④ **온 세상 사람들은 모두가 형제이다.** SC →

⑤ [군자의 덕은 바람 같고,[9]]

　　소인 덕은 풀 같다. SC →

⑥ **이익이 되는 것은 세 종류의 친구가 있고,** SC →

　　[손해가 되는 것도 세 종류의 친구이다.]

⑦ **언어는(/말은) 재아와 자공이 있다.** SC →

　　(/말은 재아와 자공이 제일이다).

---

3 지지위지지, 부지위부지, 시지야(zhī zhī wéi zhī zhī, bù zhī wéi bù zhī, shì zhì yě; '之' 그것, 지시대명사가 목적어로 충당됨)

4 사해지내개형제야(sì hǎi zhī nèi, jiē xiōng dì yě; '皆' 모두가. 대명사로서의 용법으로 처리함. 11.1.4의 '더 생각하기'를 보라.)

5 군자지덕풍, 소인지덕초(Jūnzǐ zhī dé fēng, xiǎo rén zhī dé cǎo; '之' 관형어 표시 조사)

6 익자삼우, 손자삼우(yì zhě sān yǒu, sǔn zhě sān yǒu)

7 언어재아, 자공(yányǔ Zǎiwǒ, Zǐgòng)

8 해석순서: 知²之¹爲⁵知⁴之³, 不²知¹爲⁵不⁴知³

9 ⑦의 '風(바람처럼 감화력이 있다)'과 '草(풀처럼 바람의 감화력을 받으면 눕는다)'의 두 구절은 '군자(/위정자)의 덕'과 '소인(/백성)의 덕'에 대한 유명한 자연 비유이다.

10.1.3. 구 생성의 배경

'상태(BE)' 사건의미를 나타내는 'SC 구'의 속을 도표로 보자.

표기	의미역	의미 특징	격	한국어 조사 첨가
S	대상자		주격	-이/가 (-은/는)
EV-v		[+상태]; [+판단]/[+소유] [+존재]/[+비교]		
C	(각종) 간접 대상자			-이/가 -와/과

표의 내용은 뇌 속에서 해당 명제를 이해하고 생성하려 할 때 순식간에 활성화되는 것들이다.[10]

1) 'S' 충당 요소

존재 혹은 묘사의 〈대상자〉로 해석된다. 한국어 주격조사 '-이/가(-은/는)' 등을 첨가한다.

① -政者(정치라는 것은);　② -是(이것은);

③ -是(이것은);　④ -皆(모두가);[11]

⑤ -君子之德(군자의 덕은);　⑥ -益者(이익이 되는 것은);

⑦ -言語(언어는/말하는 것은/연설은)

이 요소들은 모두 'V-v'로부터 〈대상자〉 혹은 〈경험자〉 의미역을 할당받는다. 또, 향후 '주격'을 부여받음으로, 한국어로 해석할 때 주격조사 '-이/가(-은/는)'를 첨가한다.

---

10 해당 성분이 발음되고 문자적으로 시각화되느냐의 여부와 상관없다. 또, 인종과 언어의 종류와도 상관이 없이 일어나는 뇌 활동이다. 한편, 해당 구조 속에서 빈 곳 'EV'은 맥락상 말하지 않아도 명백하기 때문에 경제적 효율성을 따져 생략한 것이다.

11 이것을 부사어로 처리하는 것에 대해 역시 가능할 수도 있겠기에 가부를 언급하지 않는다.

2) 'EV-v' 충당 요소

술어는 모두 생략되었으나 환원될 수 있다. 술어 동사는 **[+상태], [+존재], [+소유], [+비교]** 등의 의미특징을 가지며, 모종의 '상태'로 해석된다. 따라서 대부분 '爲', '有', '如' 등으로 유추된다.

① -[爲(이다/되다)]; ② -[爲(이다/되다)];

③ -[爲(이다/되다)]; ④ -[爲(이다/되다)];

⑤ -[如(같다)]; ⑥ -[有(있다)];

⑦ -[有(있다)]

본서는 이들이 다만 음성적으로만 실현되지 않을 뿐, 구조 속에서는 작동한다고 본다.[12]

3) 'C' 충당 요소

보어(C)는 '전치사+한정사구'로 이루어지며, 이 때 핵은 전치사이다. 따라서 보어 구성에 있어 전치사는 필수요소이다. 그런데 'SC 구'를 이루는 보어(C)는 전치사가 모두 비명시적인 경우(∅)이다. 그렇다면 이들은 보어인가 목적어인가? 분명한 것은 이들이 한국어로 해석될 때, 일률적으로 목적격을 할당받지 못한다는 사실이다. 다음 표를 보자.

---

12 따라서 이들은 반드시 문장을 구성하는 각종 연산에 참여할 것이다.

술어 (V–v) [BE]	보어(C)			한국어 조사
	전치사	DP	DP의 의미역	
EV (爲) (有) (如)	∅	正	판단 대상	올바름**이다**
			동질 대상	올바름**과 같다**
		人之所惡	판단 대상	사람들이 싫어하는 것**이다**
		知		지혜**이다**
		兄弟	판단 대상	형제**이다**
			비유/비교 대상	형제**와 같다**
		草	비유/비교 대상	풀**과 같다**
		三友	소유 대상	세 종류의 친구**가 있다**
		宰我, 子貢	존재 대상	재아와 자공**이 있다**
			판단 대상	재아와 자공**이다**

후속하는 성분들이 명사성인데도 목적격을 전혀 받지 못한다.[13] 그 이유는 두 가지의 가능성이 있다.

첫째는 이들 동사가 자동사의 속성이 매우 강하여 후속하는 명사성 성분에게 격을 주지 못하는 경우이다.

둘째는 이들 명사구가 먼저 다른 성분, 예를 들어 모종의 전치사와 결합하여 격을 받음으로써 본동사가 격을 줄 수 없는 경우이다.

여태까지 살펴본 바에 의하면 후자일 가능성이 매우 높다. 즉, 동사와 직접적인 선택 관계를 가지는 것이 아니라 먼저 보이지 않는(/발음되지 않는 모종의 전치사와 결합(/병합)된 후에 다시 생략된 동사와 결합(/병합)하는 것 같다.

---

13 본서에서 이들을 목적어가 아니라 보어로 보는 이유이다. 어떤 사람들은 이들을 목적어라 한다. 그러나 목적어는 어떤 성분이 목적격을 가질 때 부르는 이름이다. 즉, 목적격이란 〈대상자〉 의미역을 가지는 명사구에게 동사가 부여하는 것으로, 한국어로 해석할 때 반드시 '–을/를'이 부가될 수 있어야 한다.

10.1.4. 더 생각하기

1) [화제와 총괄 지시의 비밀]

도식보기의 ②-④처럼 '화제(topic)'를 제시하고, 지시 대명사 '是', '其', '斯', '皆' 등으로 묶어내는 화법이 논어의 여러 곳에서 보인다(단, 표에서 각주 16, 17에 해당하는 경우는 후속하는 술어 동사가 인간의 행위를 나타내는 '謂'이다. 따라서 생략된 행위자 주어 ES로 달리 표시한다.). 이는 지시대명사의 '총괄 지시' 기능을 이용한 화제화이다.[14]

연번		화제(Topic)	주어(S)	술부(VP)	출전
是	ⓐ 15	八佾舞於庭,	是	可忍也, 孰不可忍也	八佾1
	ⓑ 16	今之孝者, 是	ES	謂能養	里仁5
其	ⓐ 17	中庸之爲德也,	其	至矣乎	雍也29
	ⓑ 18	周之德, 其	ES	可謂至德也已矣	泰伯20
斯	ⓐ 19	攻乎異端,	斯	害也已	爲政16
	ⓑ 20	得見君子者,	斯	可矣	述而26
皆	ⓐ 21	至於犬馬,	皆	能有養	爲政7
	ⓑ 22	從我於陳、蔡者,	皆	不及門也	先進2

---

14 이러한 사실은 중국어가 '화제 돌출언어(topic prominent language)'라는 학계의 공인이 현대중국어에만 적용되는 것이 아님을 잘 알게 한다. 화제에 대해서는 김종호(2011, 2017, 2018) 등을 참고

15 팔일무어정, 시가인야, 숙불가인야(Bāyì wǔ yú tíng, shì kě rěn yě, shú bù kě rěn yě)

16 금지효자, 시위능양(jīn zhī xiàozhě, shì wèi néng yǎng)

17 중용지위덕야, 기지의호(Zhōngyōng zhī wéi dé yě, qí zhì yǐ hū)

18 주지덕, 기가위지덕야이의(Zhōu zhī dé, qí kě wèi zhì dé yě yǐ yǐ)

19 공호이단, 사해야이(gōng hū yìduān, sī hài yě yǐ)

20 득견군자자, 사가의(dé jiàn Jūnzǐ zhě, sī kě yǐ)

21 지어견마, 개능유양(zhì yú quǎn mǎ, jiē néng yǒu yǎng)

22 종아진·채자, 개불급문야(cóng wǒ yú Chén·Cài zhě, jiē bù jí mén yě)

(1) [是]

　　ⓐ (천자에게나 가능한) 팔일무가 (당신의 집) 정원에서 추어지는 것, 이것이 용인된
　　　다면, (더 이상) 무엇이 용인되지 않겠는가?

　　ⓑ 지금의 효라는 것은 말이지, 그것에 대해 (사람들은) 봉양할 수 있다는 것을 말할
　　　뿐이다.

(2) [其]

　　ⓐ 중용은 덕이 되는데 말이지, 그것은 지극한 것이야.

　　ⓑ 주나라의 덕은 말이야, 그것은, (우리가) 지극한 덕이라고 말할 수 있을 거야.

(3) [斯]

　　ⓐ 이단을 공부하는 것, 이것은 해가 된다.

　　ⓑ 군자를 만나볼 수 있다는 것, 이것은 가능하다.

(4) [皆]

　　ⓐ 개나 말도 말이지, 모두가 (자신들의 어미를) 봉양할 줄 안다.

　　ⓑ 진나라, 채나라에서부터 나를 따랐던 사람들은 말이지, 모두가 (내) 문하에 들지
　　　못하였구나.

위의 표에서 '是ⓑ'와 '其ⓑ'의 경우는 구문의 본동사가 인간의 행위를 나타내는 '謂(말
하다)'이므로, 행위자 주어가 생략된 것(ES)이다. 따라서 이때의 '是'와 '其'는 주어가 아니
라 두 번째 화제이다.

2) [주어와 동사가 생략된 형태]

상태[BE] 사건의미를 표시하는 다음 예를 더 보자.[23]

연번	앞맥락	주어 ES	술어 EV-v [BE]	보어 C	뒷맥락	출전
ⓐ 24	樊遲問仁.子曰:	ES	EV	愛人	.	顔淵22
ⓑ 25	(樊遲)問知.子曰:	ES	EV	知人	.	顔淵22
ⓒ 26	我非生而知之者, 好古,	ES	EV	敏以求之者	也	述而20

ⓐ [번지가 인에 대해 물었다. 공자가 말했다:]

그것은 **남을 사랑하는 것**이다.

ⓑ [번지가 지혜에 대해 물었다. 공자가 말했다:]

그것은 **사람을 아는 것**이다.

ⓒ [나는 태어나면서부터 그것을 아는 사람이 아니다.

(나는) 옛것을 좋아하고,]

(나는) **부지런히 그것을 추구한 사람**이다.

생략된 술어(EV)는 '**-이다**'이며, 이에 해당하는 고대중국어는 '爲'이다.

---

23 'SC 구'와 유사하지만, 주어까지 생략된 구문이다. '그것은 …이다'와 같은 말을 추가하여 해석해야 좋다. 예부터 '讀書百遍義自見(오래 드러다 보면 뜻이 저절로 떠오른다)'는 말이 있다. 그러나 요즘 같은 시대에는 수정이 필요할 것 같다. 그 성실성이나 집중력을 폄훼하려는 것이 아니라, 안 보이는 것은 백번 아니라 천번만 번 들여다봐도 안 보인다. 현미경이나 fMRI 같은 장비를 이용하던가, 사고의 전환이 더 중할 때가 있다.

24 번지문인. 자왈: 애인(Fánchí wèn rén. Zǐ yuē: ài rén)

25 (번지)문지. 자왈: 지인(wèn zhì. Zǐ yuē: zhī rén)

26 아비생이지지자, 호고, 민이구지자야(wǒ fēi shēng ér zhī zhī zhě, hào gǔ, mǐn yǐ qiú zhī zhě yě)

3) [예구 더 즐기기]

연번	주어 S	부가어	술어 EV-v [BE]	보어 C	뒷맥락	출전
ⓐ 27	君者			舟	也,	荀子
ⓑ 28	庶人者			水	也	荀子
ⓒ 29	吾	乃		子之匹		三國史記
ⓓ 30	兄弟			同氣之人		童蒙先習

ⓐ 군주라는 것은 배와 같고,

ⓑ 백성이라는 것은 물과 같다.

ⓒ 나는 이제 그대의 짝이다.

ⓓ 형제는 같은 기운을 가진 사람이다.

생략된 술어(EV)는 쉽게 유추된다. ⓐ와 ⓑ에서 생략된 것은 '-같다'의 비유의미이고, 이에 해당하는 고대중국어는 '如'이다. ⓒ와 ⓓ에서 생략된 것은 '-이다'이며, 이에 해당하는 고대중국어는 '爲'이다.

---

27 군자주야(jūn zhě zhōu yě)

28 서인자수야(shù rén zhě shuǐ yě; '庶人' 일반인, 백성)

29 오내자지필(wú nǎi zǐ zhī pǐ; '匹' 배필, 짝)

30 형제동기지인(xiōng dì tóng qì zhī rén; '同氣' 같은 기운)

#. 본문 수형도 보기 – 10.1.1 ② '富與貴,是人之所欲也.'의 도출도

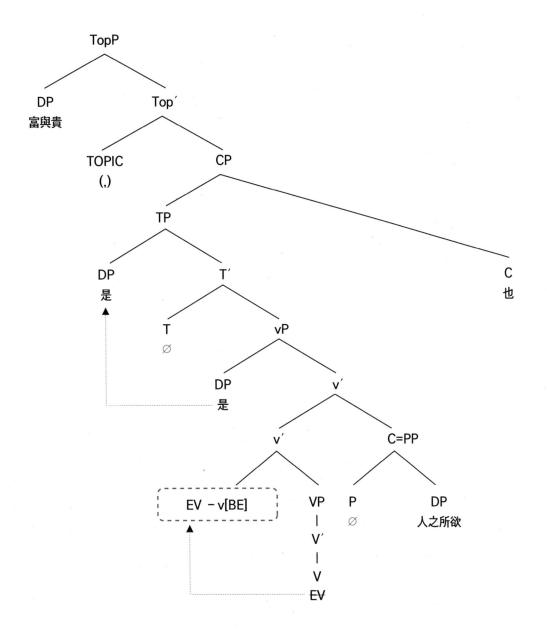

부와 귀, 이것은 사람들이 원하는 것이다.

10.2. 변화결과 표시구

기본 해석공식: [S는 C가(/이) (EV)되다] (S는 비의지적 변화결과 대상자)

10.2.1. 구 생성도

먼저 '술어(EV)→보어(C)→(부사어)→주어(S)→(화제)' 순으로 병합한다.

연번	화제	주어 S	부가어	술어 EV-v [BECOME]	보어 C	뒷맥락	출전
① 31		年			四十	而見惡32焉	陽貨26
② 33		言	必		信		子路20
③ 34		行	必		果		子路20
④ 35	既36欲其生, 又欲其死,	是			惑	也	顔淵10

---

31 연사십, a. 이견악언/b. 이현오언(nián sìshí, ér 'jiàn/xiàn' 'wù/è' yān; 두 가지 독음법을 제시하는 까닭에 대해서는 아래 각주를 참조하라)

32 'ES見V惡O'에 대해 a. '남들이(S) (그의) 악함을(O) 보다(V)' 혹은 b. '그가(S) 미워함 받을 짓을(O) 드러내다(V)'로 해석할 수도 있겠다. 표면적으로는 '빈 주어(ES)' 자리에 들어가는 것이 이 내용을 결정하는 것 같지만, 사실은 동사와 결합하는 경동사가 칼자루를 쥔다. 'a. 활동[DO]'인지, 아니면 'b. 변화결과 [BECOME]'인지에 따른 차이다. 만약 a이면 빈 주어는 '사람들'로 결정되고, b이면 '나이 40인 그 사람'으로 결정된다. '年四十(나이가 사십이다)'라는 절이 먼저 출현하였으므로, 아마도 후자일 가능성이 높아 보인다. 그러나 누가 알랴! 결국, 우리 뇌가 인식하는 문맥이나 언어 환경에 따라 결정될 일이겠다.

33 언필신(yán bì xìn)

34 행필과(xíng bì guǒ)

35 기욕기생, 우욕기사, 시혹야(jì yù qí shēng, yòu yù qí sǐ, shì huò yě)

36 '既…又'는 '---하기도 하고, 또 …하기도 하다'의 뜻을 나타내는 구조로, 현대중국어에서도 여전히 쓰인다.

10.2.2. 해석과 쓰기연습

'기본 해석공식'을 응용하여, 사건의미와 문맥에 맞게 잘 다듬어 표현해보자. 이제 도출의 역순, 즉 '(화제)→주어(S)→(부사어)→보어(C)→술어(EV)'로 해석한다.

한편, '구 생성도'의 원문과 아래 볼드체의 해석에 근거하여 문장의 주요성분을 다시 병합(해석의 역순)해 보자.

① **나이가 40이 되었으나,**

　　SC →

　　[(남들이 그의) 악함(/나쁜 것)을 보게 된다면,]

② **말은** (반드시) **믿음이 있게 되어야 하고,**

　　SC →

③ **행동은** (반드시) **믿음이 있게 되어야 한다.**

　　SC →

④ [그가 살기를 바라고 또 그가 죽기를 바라는,]

　　이것이 미혹된 것이다.[37]

　　SC →

---

37 이 경우 한국어 번역에서 경동사의 위치가 재미있다. '이것이 미혹된[BECOME] 것이다[BE].' 즉, '변화결과'보다 '상태'가 상위(/밖/외곽)에 온다. 뇌 속에서 '상태'가 인지적으로 더 크거나 넓은 개념인가보다.

10.2.3. 구 생성의 배경

'변화결과[BECOME]' 사건의미를 나타내는 'SC 구'의 속을 도표로 보자.

표기	의미역	의미 특징	격	한국어 조사 첨가
S	대상자/경험자		주격	-이/가 (-은/는)
EV-v		[-의지]; [+변화결과]; [+심리/인지]		
C	(각종) 간접 대상자			-이/가

표의 내용은 뇌 속에서 해당 명제를 이해하고 생성하려 할 때 순식간에 활성화되는 것들이다.

1) 'S' 충당 요소

모두 변화의 〈경험자〉 혹은 〈대상자〉로 해석되며, 한국어 주격조사 '-이/가(-은/는)' 등을 첨가한다.

① -年(나이가);　　　　　② -言(말이)

③ -行(행동거지가);　　　④ -是(이것이)

2) 'EV-v' 충당 요소

예문에서, 이들은 동사들은 발음되지는 않았지만, '-이다(爲-v)', '-되다(爲-v), -이 있게 되다(有-v)' 등의 의미로 환원할 수 있으며, 모두 [+변화결과]를 나타내는 동사들로 해석된다.

① -EV(爲-v);　　　　　② -EV(有-v)

③ -EV(有-v);　　　　　④ -EV(爲-v)

이 구조의 가장 큰 특징은 술어 동사가 생략된다는 점이다. 이는 맥락상 말하지 않아도 명백하기 때문에 경제적 효율성을 따져 생략한 것이라 하겠다.

3) 'C' 충당 요소

보어(C)는 '전치사+한정사구'로 이루어지며, 이 때 핵은 전치사이다. 따라서 보어 구성에 있어 전치사는 필수요소이다. 그런데 'SC 구'를 이루는 보어(C)는 전치사가 모두 비명시적인 경우(∅)이다. 이 구조에서 보어로 충당되는 한정사구(DP)는 '변화결과'의 대상자이다. 명시적이지는 않지만, 이들을 술어 동사(EV)와 연계시켜 표시하면 다음과 같다.

술어 (EV-v) [BE]	보어(C)			한국어 조사
	전치사	DP	DP의 의미역	
(爲)/ (有)/ (如)/	∅	四十	변화결과 대상자	40세가 되다
		信		믿음이 있게 되다
		果		과단성이 있게 되다
		惑		유혹이 되다

예문에서 보듯, '보어(C)'는 '전치사(∅)+한정사구(DP)'로 구성된다. 이때 비명시적이지만 전치사는 자신의 보충어 'DP'에게 모종의 변화결과 대상자 의미역을 할당한다. 따라서 역시 비명시적인 술어 '-v(이 되다/이 있게 되다)'와 'DP'는 간접관계일 뿐이다.

10.2.4. 더 생각하기

다음은 'SC 구'보다 문장성분이 하나 더, 즉 '주어'까지 생략된 경우이다.[38]

연번	앞맥락	주어 ES	술어 EV-v [BECOME]	보어 C	뒷맥락	출전
ⓐ 39	後生可畏40, 焉41知42來者之不 如今43也			四十、五十	而44無聞45焉46, 亦不足畏也已	子罕23

ⓐ [후생은 가히 두렵다. 앞으로 올 사람이 지금 사람만 못하리라고 어찌 알겠는가.]

(어떤 사람이) (나이가) **40, 50이 되었는데도,**

[(크게) (좋은 소문이) 들리는 바가 없으면 역시 경외하기에 부족하다.]

---

38 도대체 어디까지 생략할 것인가? 고대중국어는 참 재미있는 언어이다!!

39 후생가외, 언지래자지불여금야. 사십, 오십이무문언, 역부족외야이(sìshí, wǔshí ér wú wén yān, sī yì bù zú wèi yě yǐ)

40 '젊은이나 후배가 경외스럽다(後生可畏).'의 4자어 출전

41 어찌(安), 부사

42 동사 '知'의 목적어는 '來者之不如今(올 사람이 지금 사람만 못하다)'이다.

43 현재의 어른(成人)

44 역접표시 접속사

45 명성, 즉 성취

46 어기조사. 강조나 긍정의 어투 표시

10.3. 요약

　'SC 구'가 **사건의미의 차이**에 따라 각각 다르게 해석되는 양상을 종합해 보자. 'SC 구'에서는 '활동' 사건의미와 '원인-변화결과' 사건의미는 설정되지 않는다. 또 활성화되는 '상태' 사건의미와 '변화결과' 사건의미 구에서도 목적어가 아예 설정이 안 되는 문형이다. 이는 술어가 활성화되지 않기 때문에 일어나는 단순화이겠다.[47]

구의 종류와 특성 〃 사건의미	SC 구							
	S			EV-v		EO	C	
	의미역	뜻과 기능	한국어 조사	의미 특징	[V-v]의 뜻		의미역	한국어 조사
상태 -v₂[BE]	대상자	묘사 대상자	-이/가 (은/는)	[+상태] [+판단] [+존재]	V-v₂ V다 V(하)다		[존재] [판단] [비유] 〈대상자〉	-이/가 등
	S는			아다 (/와 같다)			C이다 (/와 같다)	
	君子之德			EV-v			風	

[S는 C이(/와/과 같/있)다] (S는 묘사/진술 대상자)
→ 군자의 덕은 바람이다(/같다).

---

47 이런 의미에서 이 문형에서 '술어 동사가 활성화되지 않는다'는 것은 무슨 의미일까? 이 문형이 주는 통사적 의미에 대해 생각해볼 점이 많다.

구의 종류와 특성 ＼ 사건의미	SC 구					EO		C	
	S			EV-v					
	의미역	뜻과 기능	한국어 조사	의미 특징	[V-v]의 뜻			의미역	한국어 조사
변화결과 -v₃[BECOME]	대상자	변화 대상자	-이/가 (은/는)	[+변화결과]	V-v₃ V̶되̶다̶ V-v₁-v₃ V̶하̶게̶ 되다			[변화] 〈대상자〉	-이/가 등
	S는			있게(/와 같게) 되다				C가 있게(/와 같게) 되다	
	言			[必] EV-v				信	

[S는 C가(/이) (EV)되다] (S는 비의지적 변화 대상자/경험자)
→ 말은 반드시 믿음이 있게 **되어야** 한다.

이상 'SC 구'에 적용되는 각 사건의미 구에서 주의할 점을 다시 정리해보자. 아래의 생략 표시에서 보듯 이 문형에서는 상태[BE]와 변화결과[BECOME] 사건의미가 활성화되는 특징이 있다.

1) 주어(S)의 의미역

    a. ~~'활동' 사건의미의 주어: [+의지]의 〈행위자〉~~

    b. **'상태' 사건의미의 주어: 상태동사의 묘사 〈대상자〉**

    c. **'변화결과' 사건의미의 주어:**

        (i) **비대격동사의 변화 〈대상자〉**

        (ii) ~~[+심리], [+인지] 동사의 심리/인지 〈경험자〉~~

    d. ~~'원인-변화결과' 사건의미의 주어: 변화결과의 〈원인자〉~~

2) 술어 동사(V)의 의미특징

    a. ~~'활동' 사건의미의 동사: [+의지], [+진행]~~

    b. **'상태' 사건의미의 동사:** [+상태], [+존재], [+판단], [+소유], [+비교]

    c. **'변화결과' 사건의미의 동사:**

        (i) [+변화결과]

        (ii) ~~[+심리], [+인지]~~

    d. ~~'원인-변화결과' 사건의미의 동사: [+사역], [+변화결과]~~

3) 목적어(O)의 의미역

   'SC 구'에서는 아예 설정하지 않는다.

4) 보어(C)의 의미역

    a. '활동' 사건의미: [+의지], [+진행] 동사의 간접 〈대상자〉; 〈장소〉; 〈도구/방식〉

    b. **'상태' 사건의미:**

        [+존재], [+판단], [+소유], [+비교]의 〈대상자〉: 'C이다'

    c. **'변화결과' 사건의미:**

        (i) [+변화결과]의 〈대상자〉: 'C가(/이/로) 되다'

        (ii) [+심리], [+인지]

    d. '원인-변화결과' 사건의미: [+사역], [+변화결과]의 관여 〈대상자〉

사건의미와
'(주[S])+술(V)+목(O)+보(C)' 문형

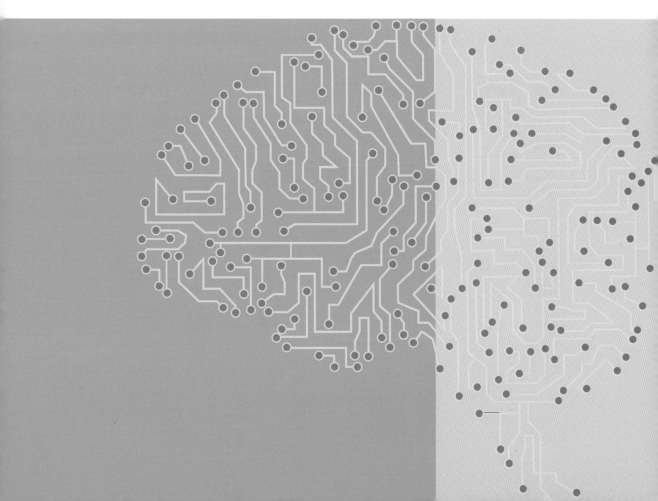

11 | 사건의미와 '(주[S])+술(V)+목(O)+보(C)' 문형

11.1. 활동 표시구

활동 사건의미를 표시하는 'SVOC' 관련 구, 즉 SVOC, VOC, VCO 등에 대해 알아보자. 이 경우 주어 생략 현상도 있고, 목적어와 보어의 위치가 바뀌는 어순도 있다.1

11.1.1. SVOC 구

기본 해석공식: [S는 C에게(/으로/와/라고) O를(/에 대해) V하다] (S는 의지적 행위자)

11.1.1.1. 구 생성도

먼저 '술어(V)→목적어(O)→보어(C)→(부사어)→주어(S)→(화제)' 순으로 병합한다.

연번	앞맥락	주어 S	부가어	술어 V-v [DO]	목적어 O	보어 C	뒷맥락	출전
①2		葉公		問	孔子	於子路		述而19
②3		齊景公		問	政	於孔子		顔淵11
③4		天		生	德	於予		述而23
④5		臣		事	君	以忠		八佾19
⑤6	子夏曰: …	吾	必	謂	之	學	矣	學而7
⑥7	子曰:	回也		視	予	猶父	也	先進11

---

1 목적어와 보어의 위치가 바뀌는 어순의 경우, 유형 하나를 더 만들 수도 있지만 여기서는 '전환적(switch)'인 것으로 처리한다. 이 문장 유형은 보기에는 모든 문장성분을 다 갖추었지만 실상은 특수구문이라 할 수 있겠다.

2 섭공문공자어자로(Yègōng wèn Kǒngzǐ yú Zǐlù)

11.1.1.2. 해석과 쓰기연습

'기본 해석공식'을 응용하여, 사건의미와 문맥에 맞게 잘 다듬어 표현해보자. 이제 도출의 역순, 즉 '(화제)→주어(S)→(부사어)→보어(C)→목적어(O)→술어(V)'로 해석한다.

한편, '구 생성도'의 원문과 아래 볼드체의 해석에 근거하여 문장의 주요성분을 다시 병합(해석의 역순)해 보자.

① **섭공이 자로에게 공자를(/에 대해) 물었다.**   SVOC →

② **제경공이 공자에게 정치를(/에 대해) 물었다.**   SVOC →

③ **하늘이 나에게 덕을 낳았다(/주었다).**   SVOC →

④ **신하는 충성으로써 군주를 섬긴다.**   SVOC →

⑤ [자하가 말했다: …]

　 나는 반드시 그를 <u>학자(/학문이 있는 자)</u>라고 말하리라.   SVOC →

⑥ [공자가 말했다:]

　 안회는 말이지 나를 아비로 보았다.   SVOC →

---

3 제경공문정어공자(Qíjǐnggōng wèn zhèng yú Kǒngzǐ; '齊景公' 春秋시대 제나라의 12번째 군왕, 재위 BC547-490)

4 천생덕어여(tiān shēng dé yú yǔ; '生', 낳아주다, 수여동사: 5.2.1의 ③, 8.2.1의 ①, 8.3.1의 ③, 8.3.4의 ⓑ, 11.1.1.1의 ③ 등에서 출현한 '生'을 참조하라. 요약하면, '生'은 '살다'의 자동사, '낳다'의 대격동사, '태어나다'의 비대격동사, '낳아주다'의 수여동사 등의 용법이 있다.)

5 신사군이충(chén shì jūn yǐ zhōng)

6 자하왈: 오필위지학의(Zǐxià yuē: wú bì wèi zhī xué yǐ)

7 자왈: 회야시여유부야(Zǐ yuē: Huí yě shì yǔ yóu fù yě; '也' -은/는, 주어표시 조사; '猶' 마치 …로, 전치사/동사)

11.1.1.3. 구 생성의 배경

'활동' 사건의미를 나타내는 '(S)VOC 구'의 속을 도표로 보자.

표기	의미역	의미 특징	격	한국어 조사 첨가
S	행위자		주격	-이/가 (-은/는)
V-v		[+의지];[+진행]		
O	대상자		목적격	-을/를
C	(각종) **간접 대상자** (각종) **장소** **수단/방법/이유**			-이/가/라고 -에서/게/로 -로/로써

표의 내용은 뇌 속에서 해당 명제를 이해하고 생성하려 할 때 순식간에 활성화되는 것들이다. 해당 성분이 발음되고 문자적으로 시각화되느냐의 여부와 상관없다. 또, 인종과 언어의 종류와도 상관없이 일어나는 뇌 활동이라 하겠다.

1) 'S' 충당 요소

주어는 술어(V-v)에 대해 [+의지]적 〈**행위자**〉로 해석되어야 한다. 또, '**주격**'을 할당받으므로, 한국어로 해석할 때 주격조사 '**-이/가(-은/는)**'를 첨가한다.

① -葉公(섭공이); ② -齊景公(제경공이);

③ -天(하늘이); ④ -臣(신하는);

⑤ -吾(나는); ⑥ -回也(안회는)

2) 'V-v' 충당 요소

'활동[DO]' 사건의미 구에서 술어는 모두 〈행위자〉의 [+의지]적 행위로 해석될 수 있어야 하며, 음성적 실현여부를 떠나 반드시 〈지배대상〉 목적어를 가져야 한다. 특히 우리의 머릿속에서 형용사나 명사적으로 각인된 단어들을 조심해야 한다.

① -問(묻다);　　　　　　　② -問(묻다);

③ -生(낳아 주다);　　　　　④ -事(섬기다);

⑤ -謂(이르다/말하다);　　　⑥ -視(보다, 여기다)

이 구조에서는 특히 [+주다]의 의미특징을 가짐으로 인해 보어 논항을 하나 더 가지는 특징이 있다. 이는 VCO, VOC, SOVC 등의 구조에서 동사가 보이는 공통적인 특징이다.

3) 'O' 충당 요소

술어 동사에 의한 직접 〈지배대상〉이다. 한국어로 해석할 때 목적격 조사 '-을/를'을 첨가할 수 있어야 한다.[8] 술어 동사와 연계시켜 보이면 다음과 같다.

① -問+孔子(공자를 묻다);　　　② -問+政(정치를 묻다);

③ -生+德(덕을 낳아 주다);　　　④ -事+君(군주를 섬기다);

⑤ -謂+之(그를 이르다/말하다);　⑥ -視+予(나를 여기다)

---

8 'O'성분이 단순한 명사이든 긴 명사구이든 심지어 동사구이더라도 이 조건을 만족시켜야 하는데, 이때의 목적어는 술어와 보어 사이에 끼어 짧다 하겠다.

4) 'C' 충당 요소

보어(C)를 구성하는 핵은 전치사이다. 따라서 전치사는 보어를 구성하는 필수요소이다. 전치사가 비명시적인 경우(∅)와 명시적으로 출현하는 경우로 나누어 살펴보자.

술어 (V-v) [DO]	보어(C)			한국어 조사
	전치사	DP	DP의 의미역	
謂	∅	學	인정/자격 대상	학자라고 말하다
問	於	子路	간접 지배대상	자로/공자에게 묻다
		孔子		
生		予	수익자	나에게 낳아주다
事	以	忠	수단/방식	충성으로써 섬기다
視	猶 9	父	인정/자격 대상	아비로(/라고) 여기다

11.1.1.4. 더 생각하기

[4형식 문형일까요?]

영어문법을 공부할 때, 많이 듣는 말 중에 소위 '문장 5형식'이 있다. 이중 4형식이 비교적 복잡한 'S+V+IO+DO' 구조이다. 우리가 여기서 보는 논어 구조는 영어의 간접목적어와 직접목적어가 뒤바뀐 구조이다. 다음 표를 보자.

---

9 음 'yóu', 기본적으로 동사 '같다(如同)'의 뜻이지만, 목어휘의 의미항목이 꽤 난삽하다. 『漢語大詞典』5 pp93-94 에서는 명사로 시작해서 총 17개의 의미항목을 제시하지만, 전치사로서의 항목은 보이지 않는다. 그러나 본문에서 보듯 위의 예는 '…라고/로서'로 영어 전치사 'AS'와 유사하다.

주어 (S)	술어 (V-v) [DO]	직접 목적어[DO]	간접 목적어(IO)			한국어 조사
			보어(C)			
			전치사	DP	DP의 의미역	
葉公	問	孔子	於	子路	간접 지배대상	[자로/공자] 에게
齊景公		政		孔子		
天	生	德		予	수익자	나에게

위의 예에서 소위 간접 목적어는 목적격을 받지 못한다. 이들이 동사로부터 직접적으로 격을 받지 못하는 까닭은 무엇인가? 그것은 이들 앞에 **보이지 않으나,** 이미 전치사 '[TO /-에게]'가 존재하기 때문이다.

#. 본문 수형도 보기 – 11.1.1 ① '葉公問孔子於子路.'의 도출도

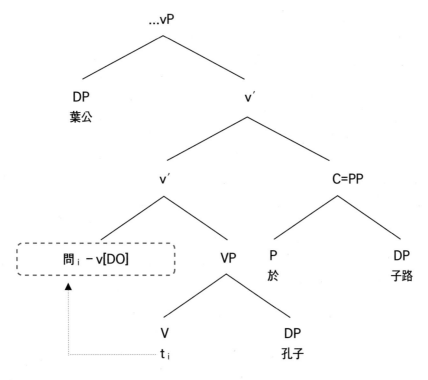

섭공은 자로에게 공자를(/에 대해) 물었다.

11.1.2. VOC 구

기본 해석공식: [ES는 O를 C로(/써/라고/에서) V하다]

11.1.2.1. 구 생성도

먼저 '술어(V)→목적어(O)→보어(C)→(부사어)→주어(S)→(화제)' 순으로 병합한다.

연번	앞맥락	화제	주어 ES	부가어	술어 V-v [DO]	목적어 O	보어 C	뒷맥락	출전
① 10		孔文子		何以	謂	之	"文"	也？	公冶長15
② 11					博	我	以文	，約我以禮	子罕11
③ 12					道	之	以德	，齊之以禮	爲政3
④ 13	生，				事	之	以禮	死，葬之以禮	爲政5
⑤ 14	孔子曰:			能	行	五者	於天下	，爲仁矣	陽貨6
⑥ 15	子曰				從	我	於陳、蔡	者16，皆不及門也	先進2

---

10 공문자하이위지문야?(Kǒngwénzǐ héy ǐwèi zhī 'Wén' yě; '孔文子' 성은 공(孔), 이름은 어(圉). 위(衛)나라의 대부(大夫). '문(文)'은 죽은 그가 죽은 후에 붙여진 시호이다. 이 문장의 해석에서 공문자는 〈행위자〉 주어가 아님을 아는 것이 포인트이다.)

11 박아이문, 약아이례(bó wǒ yǐ wén, yuē wǒ yǐ lǐ)

12 도지이덕, 제지이례(dǎo zhī yǐ dé, qí zhī yǐ lǐ; '道', '導'와 통함, 이끌다. 동사; '齊' 가지런히 하다, 다스리다, 동사; '以' 수단, 방식을 표시하는 전치사)

13 생, 사지이례, 사, 장지이례(shēng, shì zhī yǐ lǐ, sǐ, zàng zhī yǐ lǐ; '生'과 '死'는 모두 보이지 않는 절 형식이다.)

11.1.2.2. 해석과 쓰기연습

'기본 해석공식'을 응용하여, 사건의미와 문맥에 맞게 잘 다듬어 표현해보자. 이제 도출의 역순, 즉 '(화제)→주어(S)→(부사어)→보어(C)→목적어(O)→술어(V)'로 해석한다.

한편, '구 생성도'의 원문과 아래 볼드체의 해석에 근거하여 문장의 주요성분을 다시 병합(해석의 역순)해 보자.

① (공문자는 말이죠,) (사람들이) **왜 그를 "文"이라고 부르죠?** VOC →

② **문헌으로 나를 박식하게 해주셨다.** VOC →

③ **그들(백성)을 덕으로써 인도하고,** VOC →

    그들(백성)을 예의로써 가지런히 하면(/다스리면),

④ [(부모가) 살아계실 때에는]

    예의로써 그(/부모)를 섬기고, VOC →

    [(부모가) 돌아가셨을 때에는] 예의로써 그(/부모)를 장사지내고,

⑤ **세상에서 (능히) 이 다섯 가지를 행하는 것은** VOC →

    [인이 된다.]

⑥ **진나라와 채나라에서 나를 따르던** VOC →

    [사람들은 모두가 나의 문하에 오지 못 했구나.]

---

14 공자왈: 능행오자어천하(위인야)(Kǒngzǐ yuē: néng xíng wǔ zhě yú tiān xià, wéi rén yǐ; '五者' '仁'의 다섯 가지 요소, 즉 '恭, 寬, 信, 敏, 惠'를 이른다.)

15 자왈: 종아어진채자, 개불급문야(Zǐ yuē: cóng wǒ yú Chén·Cài zhě, jiē bù jí mén yě; '門' 공자의 문하. '교육 장소'를 이름)

16 이 구절에서 '활동' 사건의미를 표시하는 VOC는 '從我於陳, 蔡'까지이고, 이것이 관형절로써 '者'를 수식하는 독특한 구조이다.

11.1.2.3. 구 생성의 배경

'활동' 사건의미를 표시하는 'VOC 구'의 속을 도표로 보자.

표기	의미역	의미 특징	격	한국어 조사 첨가
ES	행위자		주격	-이/가 (-은/는)
V-v		[+의지]; [+진행]		
O	대상자		목적격	-을/를
C	(각종) **간접 대상자** (각종) **장소** **수단/방법/이유**			-이/가/라고 -에서/게/로 -로/로써

표의 내용은 뇌 속에서 해당 명제를 이해하고 생성하려 할 때 순식간에 활성화되는 것들이다.

1) 'ES' 충당 요소

경제성 추구로 인해 모두 비어 있다. 그러나 언제든지 환원할 수 있으며, 이때 'V-v'에 대하여 〈**행위자**〉 의미역과 '**주격**'을 가진다. 따라서 한국어로 해석할 때 주격조사 '**-이/가 (-은/는)**' 등을 첨가한다.

① -(사람들이) 　　　　② -(夫子가, 선생님이, 공자를 지칭);

③ -(위정자가); 　　　　④ -(樊遲 너는, 자녀는);

⑤ -(네가, 제자 자장을 지칭); 　　　　⑥ -(내가 [보기에], 공자를 지칭);

2) 'V' 충당 요소

술어는 모두 〈행위자〉의 [+의지]적 행위로 해석될 수 있어야 하며, 음성적 실현여부를 떠나 반드시 〈지배대상〉 목적어를 가져야 한다. 이는 활동[DO] 사건의미 표시의 필수조건이다.

① -謂(불러주다);　　　　　② -博(넓게 해주다);

③ -道(이끌어주다);　　　　④ -事(섬기다);

⑤ -行(준행하다);　　　　　⑥ -從(따르다);

예 중에는 동사가 **[+주다]**의 의미특징을 가지는 것은 논항을 하나 더 가질 가능성이 있다는 것을 의미한다.

3) 'O' 충당 요소

목적어 성분을 동사와 연계시켜 나타내면 다음과 같다.

① -謂+之(그를 불러주다);　　② -博+我(나를 넓게 해주다);

③ -道+之(그를 이끌어주다);　④ -事+之(그를 섬기다);

⑤ -行+五者(다섯 가지를 준행하다);　⑥ -從+我(나를 따르다);

예문에서, 이 요소들은 모두 'V-v'로부터 지배 〈대상자〉 의미역을 할당받고, '**목적격**'을 가짐으로, 한국어로 해석할 때 목적격조사 '**-을/를**'을 첨가한다.[17]

---

17 특이하게 논어 예구에서 직접목적어에 대명사 '之'가 많이 출현한다. 이는 직접목적어의 의미를 그다지 강조하지 않고 보어의 의미를 강조하기 위함이 아닐까? 어떤 이들은 이를 동사의 접미사라고도 하는데, 그렇게 보는 까닭을 모르겠다.

4) 'C' 충당 요소

보어(C)는 '전치사+한정사구'로 이루어지며, 이 때 핵은 전치사이다. 따라서 보어 구성에 있어 전치사는 필수요소이다. 전치사가 비명시적인 경우($\emptyset$)와 명시적인 경우로 나누어 살펴보자.

술어 (V-v) [DO]	보어(C)			한국어 조사
	전치사	DP	DP의 의미역	
謂	$\emptyset$	"文"	인정/자격 대상	"문"이라고 부르다
博	以	文	재료/도구	문헌으로써 넓게 하다
道		德	수단/방식	덕으로써 이끌다
行	於	天下	원점 장소	세상에서 행하다
從		於陳, 蔡	원점	채나라와 진나라에서 따르다
			출발점	채나라와 진나라에서부터 따르다

표에서 보듯 전치사 '以'는 자신의 목적어에 대해 주로 '수단/방식' 혹은 '재료'의 의미역을 할당함으로써 '활동' 사건의미를 보충한다. 따라서 '모종의 방식으로 V하다.'로 해석된다. 한편 전치사 '於'는 원점, 출발점, 도달점 등의 다양한 장소 의미역을 가진다.

#. 본문 수형도 보기 - 11.1.2.1 ① '孔文子何以謂之"文"也?'의 도출도

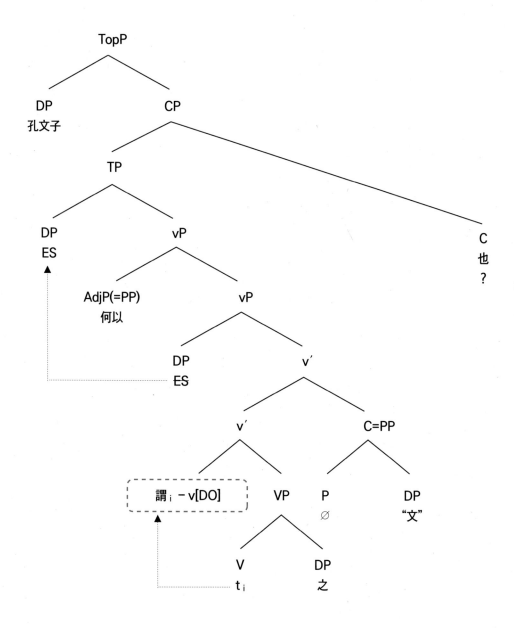

공문자는 말이죠, ES(사람들이)가 어째서 그를 "문"이라고 말하는 거죠?

(수형도에서 '∅'에 해당하는 전치사는 'AS'일 것이다.)

11.1.3. VCO 구

기본 해석공식: [ES는 C에게(/와) O를 V하다]

특히, 이 구조는 현대중국어에서 보이는 소위 4형식 구문과 일치한다.

11.1.3.1. 구 생성도

먼저 '술어(V)→목적어(O)→보어(C)→(부사어)→주어(S)→(화제)' 순으로 병합한다.

연번	앞맥락	주어 (ES)	부가어	술어 V-v [DO]	보어 C	목적어 O	뒷맥락	출전
① 18	由,			誨	女	知之	乎?	爲政17
② 19			竊	比	於我	老彭		述而1
③ 20	陽貨欲見孔子, 孔子不見			歸	孔子	豚		陽貨1
④ 21	思原爲之宰,			與	之	粟九百	,辭22	雍也5
⑤ 23	顔淵死,顔路 請24子之車以			爲	之	椁		先進8

---

18 유, 회여지지호(Yóu, huì rǔ zhī zhī hū; '知之' '誨'의 직접목적어 성분이다. 동사구이므로 '(사람이) 그것/무엇을 안다는 것'으로 해석해야 한다.)

19 절비어아노팽(qiè bǐ yú wǒ Lǎopéng; '竊' 몰래, 속으로, 가만히. 부사)

20 양화욕현공자, 공자불현, 귀공자돈(Yánghuò yù xiàn Kǒngzǐ, Kǒngzǐ bú xiàn, kuì Kǒngzǐ tún; '見' 음은 xiàn, 알현(謁見)하다; '歸' 음은 kuì. (음식을)보내다. 주다. 궤(饋)와 통한다)

21 사원위지재, 여지속구백, 사(Sīyuán wéi zhī zǎi, yǔ zhī sù jiǔ bǎi, cí; '之' 지시대명사. '그', 공자 집안을 이름; '宰' 우두머리, 집사, 총책)

22 말하다. 거절하다. 사절하다.

23 안연사, 안로청자지거이위지곽(Yányuān sǐ, Yánlù qǐng Zǐ zhī chē yǐ wéi zhī guǒ; '椁' 곽, 덧 널. 고대

11.1.3.2. 해석과 쓰기연습

'기본 해석공식'을 응용하여, 사건의미와 문맥에 맞게 잘 다듬어 표현해보자. 이제 도출의 역순, 즉 '(화제)→주어(S)→(부사어)→보어(C)→목적어(O)→술어(V)'로 해석한다.

한편, '구 생성도'의 원문과 아래 볼드체의 해석에 근거하여 문장의 주요성분을 다시 병합(해석의 역순)해 보자.

① [유(/자로)야,]

(내가) **너에게 무엇을 안다는 것에 대해 알려줄까?** VCO →

② (나는) **가만히 나와(/에게) 노팽**[25]**을 비교해본다.** VCO →

③ [양화[26]가 공자가 알현하러오길 원하였으나, 공자가 알현하지 않자],

(그가) **공자에게 삶은 새끼돼지요리를 보냈다.** VCO →

④ [사원[27]이 공자 가문의 우두머리 집사가 되었다.]

(공자가) **그에게 찧지 않은 곡식 900말을 주었다.** VCO →

[그가 (괜찮다며) 거절했다.]

⑤ [안연이 죽자, 안로[28]가 공자의 수레를 팔아서]

그(안연)에게 덧널을 해주자고 [청하였다]. VCO →

널(관) 밖의 큰 관(棺)을 이름]

24 동사 '請'의 목적어는 '<u>子之車以[1]爲[4]之[2]椁[3]</u>(공자의 수레로써 그에게 덧널을 만들어주다)'를 목적어로 한다.

25 은(殷)나라의 대부(大夫). 또, 노(老)는 노빙(老聘), 팽(彭)은 팽조(彭祖)를 의미한다함. 『漢語大詞典. 8』, 漢語大詞典編纂委員會(1991:622)

26 이름은 호(虎), 계씨(季氏)의 가신 중 권세가 가장 높았다 함

27 '思原' 공자의 학생, '子思'를 이름

28 '顔路' 공자의 학생. 안연의 부친

11.1.3.3. 구 생성의 배경

'활동' 사건의미를 표시하는 'VCO 구'의 속을 도표로 보자.

표기	의미역	의미 특징	격	한국어 조사 첨가
ES	행위자		주격	-이/가 (-은/는)
V-v		[+의지]; [+진행]		
C	(각종) 간접 대상자			-에게 -와
O	대상자		목적격	-을/를

표의 내용은 뇌 속에서 해당 명제를 이해하고 생성하려 할 때 순식간에 활성화되는 것들이다.

1) 'ES' 충당 요소

이 요소들은 생략되었지만 환원시킬 때 모두 'V-v'에 대하여 〈행위자〉 의미역과 '주격'을 가진다. 따라서 환원하여 한국어로 해석할 때 주격조사 '-이/가(-은/는)'를 첨가한다.

① -(내가, 공자를 지칭)   ② -(나는, 공자를 지칭);
③ -(양화는);   ④ -(공자가);
⑤ -(선생님이, 공자를 지칭)

2) 'V' 충당 요소

술어는 모두 〈행위자〉의 [+의지]적 행위로 해석될 수 있어야 하며, 음성적 실현여부를 떠나 반드시 〈지배대상〉 목적어를 가져야 한다. 이는 활동[DO] 사건의미 표시의 필수조건이다.

특히, 아래의 동사들은 **[+주다]**의 의미특징을 가짐으로 인해 보어 논항을 하나 더 가진다.

① -誨(가르쳐주다. 깨우쳐주다);　② -比(비교해보다);

③ -歸(보내주다);　④ -與(주다);

⑤ -爲(만들어주다)

3) 'C' 충당 요소

보어(C)는 '전치사+한정사구'로 이루어지며, 이 때 핵은 전치사이다. 따라서 보어 구성에 있어 전치사는 필수요소이다. 전치사가 비명시적인 경우(∅)와 명시적인 경우로 나누어 살펴보자. 특히 보어가 소위 간접목적어(IO)로 충당되는 양상을 주의해 보자.

주어 (ES)	술어 (V-v) [DO]	간접 목적어 (IO) 보어(C)			직접 목적어 [DO]	한국어 조사
		전치사	DP	DP의 의미역		
	比	於	我	비교 대상자	老彭	나와(노팽을)
	誨	∅	女	수여 대상자	知之	너에게(그것을 안다는 것을)
	歸		孔子		豚	공자에게(새끼돼지 요리를)
	與		之		粟九百	그에게(900말을)
	爲		之		槨	그에게(덧널을)

이 구조에서 보어로 충당되는 요소들은 모두 '於[WITH]'를 제외하고, 모두 전치사가 비명시적이다. 전치사가 비명시적인 경우, 즉 소위 간접 목적어는 목적격을 받지 못한다. 한국어 번역의 예에서 보듯 이들은 모두 후치사 '-에게'이다. 그러면 이들이 동사로부터 목적격을 받지 못하는 원인은 무엇일까? 그렇다! 이들 앞에는 보이지 않으나 전치사 '[TO /-에게]'가 실재하기 때문일 것이다.

4) 'O' 충당 요소

이 요소들은 모두 'V-v'로부터 지배 〈대상자〉 의미역을 할당받으며, **'목적격'**을 가지므로, 한국어로 해석할 때 목적격조사 **'-을/를'**을 첨가한다.

① -誨+知之(그것/무엇을 안다는 것을 가르쳐주다);
② -比+老彭(노팽을 비교해보다);
③ -歸+豚(새끼 돼지 요리를 보내주다);
④ -與+粟九百(찧지 않은 곡식 900말을 주다);
⑤ -爲+槨(덧널을 만들어주다)

#. 본문 수형도 보기 – 11.1.3.1 ① '誨女知之乎?'의 도출도

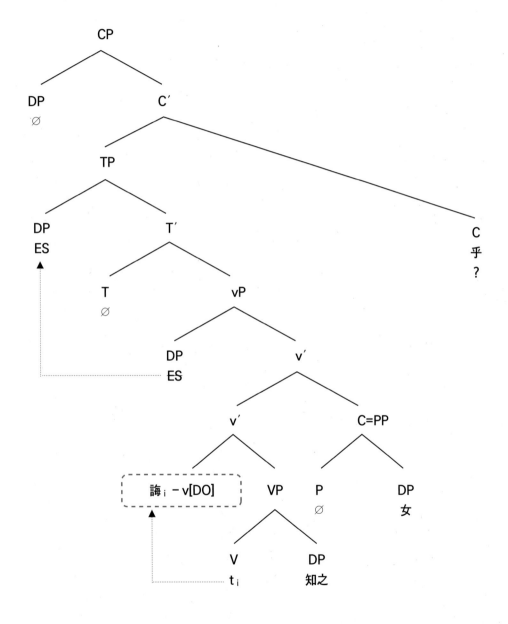

ES(내가: 공자)가 너에게 무엇을 안다는 것을(/에 대해) 가르쳐줄까?

11.2. 변화결과 표시구

기본 해석공식: **[ES는 C에서(/에게) O를 V(x)게 되다]** (ES는 비의지적 변화 대상자/경험자)

11.2.1. 구 생성도

먼저 '술어(V)→목적어(O)→보어(C)→(부사어)→주어(S)→(화제)' 순으로 병합한다.

연번	앞맥락	주어 ES	술어 V-v [BECOME]	목적어 O	보어 C	뒷맥락	출전
① 29	子曰:不然.		獲	罪	於天	,無所禱也	八佾 13
② 30	子貢曰:		有	美玉	於斯	,韞櫝而藏諸31 ? 求善賈而32沽諸?	子罕 13

---

29 자왈: 불연. 획죄어천, 무소도야(Zǐ yuē: bù rán, huò zuì yú tiān, wú suǒ dǎo yě)

30 자공왈: 유미옥어사, 온독이장제? 구선고이고저?(Zǐgòng yuē: yǒu měi yù yú sī, yùn dú ér cáng zhū ? qiú shàn gǔ ér gū zhū; '韞' 감추다. 동사; '櫝' 독, 궤짝. 함; '藏' 감추다. 보관하다. 동사; '賈' 고(gǔ), 장사. 상인; '沽' 고(gū), 팔다. 동사)

31 '諸'는 '之(대명사)+乎(의문 어기조사)'의 합음(合音)

32 '而' 윗 절의 '而'와 더불어 모두 순접표시 접속사

11.2.2. 해석과 쓰기연습

'기본 해석공식'을 응용하여, 사건의미와 문맥에 맞게 잘 다듬어 표현해보자. 이제 도출의 역순, 즉 '(화제)→주어(S)→(부사어)→보어(C)→목적어(O)→술어(V)'로 해석한다.

한편, '구 생성도'의 원문과 아래 볼드체의 해석에 근거하여 문장의 주요성분을 다시 병합(해석의 역순)해 보자.

① [공자가 말했다: 안 된다.]

   (사람이) 하늘로부터 **죄가 얻어지게 되면**(/를 얻게 되면),   → VOC

   [기도할 곳이 없게 된다.]

② [자공이 말했다:]

   여기에서 아름다운 옥이 생겼으니(/을 얻게 되었으니),   → VOC

   [그것을 함에 넣어 보관할까요? 아니면 물건 값을 알아보는 상인을 찾아 팔까요?]

11.2.3. 구 생성의 배경

'변화결과' 사건의미를 나타내는 'VOC 구'의 속을 도표로 보자.

표기	의미역	의미 특징	격	한국어 조사 첨가
ES	대상자/경험자		주격	–이/가(은/는), –에게
V–v		[–의지]; [+변화]: [+심리/인지]		
O	대상자		목적격	–을/를 (–이/가)
C	장소			–에서

표의 내용은 뇌 속에서 해당 명제를 이해하고 생성하려 할 때 순식간에 활성화되는 것들이다.

1) 'ES' 충당 요소

경제성 추구로 인해 모두 비어 있다. 그러나 환원한다면, 모두 변화의 〈경험자〉 혹은 〈대상자〉로 해석되며, 한국어 주격조사 '-이/가(-은/는)' 등을 첨가한다.

① -(당신이, 공자와 대화하는 사람/王孫賈[33]);
② -(우리가, 공자와 자공을 지칭함)

2) 'V–v' 충당 요소

예문에서, 이들은 모두 **[+변화결과]**를 나타내는 동사들로 해석된다.[34]

---

33 위(衛)나라의 대부

34 이 경우는 '비대격동사가 목적어를 가지는 이상한 경우' 같다. 이에 아래 두 술어(V–v[BECOME])의 사건의미를 주어의 [+의지]에 의한 '활동' 사건의미로 바꿔보려 해도 뜻이 매우 이상해진다. 3)으로 가서 'O' 충당

① -獲(얻다/얻어지다);
② -有(생기게 되다/있게 되다);

3) 'O' 충당 요소

목적어 요소를 술어 동사와 결합시켜 나타내면 다음과 같다.

① -獲+罪(죄를(/가) 얻다/얻어지다);
② -有+玉(아름다운 옥을(/이) 생기게/있게 되다);

예문에서 보듯, 이 요소들은 'SOC 구'에서 'V-v'로부터 지배 〈대상자〉 의미역을 할당받고 '-을/를'의 '목적격'을 가지나, 한편으로는 변화결과의 대상자로도 인식된다. 이 경우 한국어로 번역할 때 동사의 어형변화와 더불어 '-이/가'를 부가할 수 있다.

4) 'C' 충당 요소

'변화결과' 사건의미 표시 'VOC 구'속 '술(V)+보(C)' 관계를 표로 보자.

술어 (V-v) [BECOME]	보어(C)			한국어 조사
	전치사	DP	DP의 의미역	
獲	於	天	출발점	하늘에서 (죄가) 얻어지다
有		斯		이곳에서 (옥이) 있게 되다

표에서 보듯 이 구의 보어 속의 한정사구(DP)는 전치사 핵으로부터 변화발생의 출발점 (source)의 의미역을 할당받는다.

요소를 부가해도 그렇다. ①, ② 모두 주어에 의한 의지적 활동으로 해석되지 않기 때문이다. 그러니 어쩐단 말인가? 결국, '변화결과' 사건의미를 나타내는 '-v[BECOME])' 경동사가 대격/비대격을 불구하고, 동사의 속성을 좌지우지하는 상위계층에서 작동한다는 가설을 세워야 한다는 생각을 가지게 한다. 물론 일반적인 경우는 아니지만 말이다.

11.2.4. 더 생각하기

비명시적인 전치사로부터 〈출발점〉의 의미역을 할당받는 좀 특수한 보어(C)의 예를 보자.

[예구 더 즐기기]

연번	화제 T	주어 ES	술어 V-v [BECOME]	목적어 O	보어 C	뒷맥락	출전
ⓐ 35	身體髮膚		受	之	父母	,不 敢 毁 傷, 孝 之 始 也	孝經

ⓐ **신체와 터럭과 피부는 (자녀가) 부모로부터 (그것을) 받은 것이다.**

　　[(자녀는) 감히 (그것을) 훼손하면 안 되나니, (이것이) 효의 시작이다.]

　　예에서 보어 '父母'는 **비명시적인 전치사로부터 〈출발점〉**의 의미역을 할당받는다. 즉, 생략된 전치사는 영어의 'from[FROM]' 같은 전치사일 것이다. 이 전치사의 보충어로 쓰이는 한정사구(DP) '父母'의 의미역이 바로 〈출발점〉이다. 이것에 대해 잘 인지하지 못하면 비록 짧은 문장일지라도 해석에 곤란함을 겪게 된다.

---

35 신체발부수지부모, 불감훼상, 효지시야(shēn tǐ fā fū shòu zhī fùmǔ, bù gǎn huǐ shāng, xiào zhī shǐ yě; '身體髮膚'는 원래 비대격동사 '受'의 지배대상이었지만 앞으로 이동하여 주격을 받게 되었다; '之' 이것을, 그것을, 지시대명사. 직접목적어의 자리를 차지하였다.)

#. 본문 수형도 보기 - 11.2.1 ① '獲罪於天(,無所禱也)'의 도출도

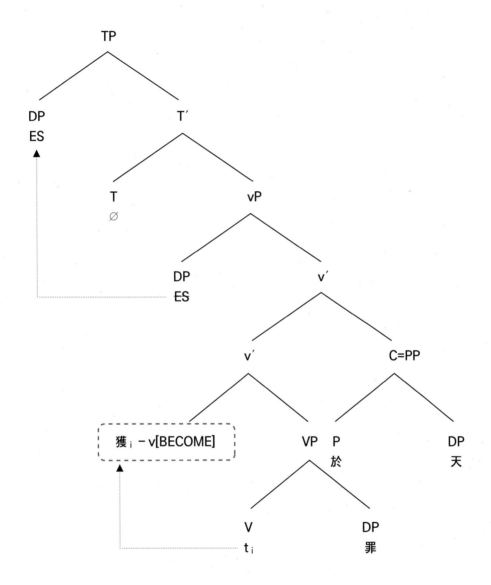

ES(사람)가 하늘로부터 죄를 얻으면, (빌 곳이 없게 된다.)

11.3. 원인-변화결과 표시구

기본 해석공식: **[(S가) C에(게) 'O를/s가(/로 하여금)' V되게 하다]** ((S)는 사태발생의 원인자)

11.3.1. 구 생성도

먼저 '술어(V)→목적어(O)→보어(C)→(부사어)→주어(S)→(화제)' 순으로 병합한다.

연번	앞맥락	주어 (S)	부가어	술어 V–v–v [BECOME] [CAUSE]	목적어 O/s	보어 C	출전
① 36	惡衣服,而			致	美	乎黻冕	泰伯21
② 37	菲飮食,而			致	孝	乎鬼神	泰伯21
③ 38	卑宮室,而			盡	力	乎溝洫	泰伯21
④ 39	冉有, 季路見於 孔子曰:	季氏	將	有40	事	於顓臾	季氏1

---

36 악의복, 이치미호불면(è yīfu, ér zhì měi hū fúmiǎn; '惡' 악, 나쁘다; '黻冕' 궁자(弓字) 두 개를 수놓은 면류관)

37 비음식, 이치효호귀신(bēi yǐn shí, ér zhì xiào hū guǐ shén; '菲' 음식의 질이 좋지 않다)

38 비궁실, 이진력호구혁(bēi gōng shì, ér jìn lì hū gōu xù; '卑' 비루하다; '宮室' 궁실, 집; '溝洫' 도랑, 물길)

39 염유, 계로현어공자왈: 계씨장유사어전유(Rǎnyǒu, Jìlù xiàn yú Kǒngzǐ yuē: Jìshì jiāng yǒu shì yú Zhuānyú; '見' 현, 얼굴을 뵈다. 상대방 존중의 의미가 있음; '顓臾' 춘추전국시기 노나라의 속국. 지금 산동성의 비현 (費縣) 지역에 있었음)

40 '有'는 의미적으로는 '상태'나 '변화결과' 표현과 어울린다. 그러나 이 예처럼 화자의 의도에 따라서는 '있게 되게 하다'라는 **'원인-변화결과'**의 사건의미를 나타낼 수도 있다. 즉, **어떤 동사(/단어)의 뜻도 중요하지만, 그 보다 더 중한 것은 해당 동사(/단어)가 문맥 속에서 어떤 사건의미를 나타내는지 파악해야 한다.** 이것이 바로 해석을 빠르고 정확하게 하는 비결이다.

11.3.2. 해석과 쓰기연습

'기본 해석공식'을 응용하여, 사건의미와 문맥에 맞게 잘 다듬어 표현해보자. 이제 도출의 역순, 즉 '(화제)→주어(S)→(부사어)→보어(C)→목적어(O)→술어(V)'로 해석한다.

한편, '구 생성도'의 원문과 아래 볼드체의 해석에 근거하여 문장의 주요성분을 다시 병합(해석의 역순)해 보자.

① [(우임금은) 질이 낮은 의복이지만,]

(우임금은) **수놓은 모자에** 아름다움'을/이' 미치게 했고, VOC →

(/수놓은 모자가 아름답게 했고,)

② [좋은 음식은 아니지만],

귀신에게 효(/정성)**가**(/를) **이르게 했고**(/효를 미치게 했으며), VOC →

③ [비루한 집이지만],

도랑을 파는 일에 힘이(/을) **다해지게 하였다.** VOC →

④ [염유와 계로가 공자께 얼굴을 뵈고 말했다:]

계씨가 장차 전유에서 (침략적) 일이 있게 하려합니다.[41] VOC →

---

41 '계씨가 장차 전유에게 일을 내려고 합니다.'

11.3.3. 구 생성의 배경

'원인-변화결과' 사건의미를 나타내는 'VOC 구'의 속을 도표로 보자.

표기	의미역	의미 특징	격	한국어 조사 첨가
(S)	**원인자**		주격	-이/가(은/는)
V-v		[사동] [변화결과]		
O/s	**대상자/경험자**			-을/를 -이/가(/로 하여금)
C	**수혜자 42/도착점**			-에(게)

표의 내용은 뇌 속에서 해당 명제를 이해하고 생성하려 할 때 순식간에 활성화되는 것들이다.

1) '(S)' 충당 요소

경제성 추구로 인해 ①-③은 비어 있다. 그러나 환원이 가능하며, 모두 'V-v-v'에 의하여 〈원인자〉 의미역을 할당받는다. 한국어 주격조사 '-이/가(-은/는)' 등을 첨가한다.

① -(우임금은);   ② -(우임금은)
③ -(우임금은);   ④ -季氏(계씨가)

---

42 수혜자(beneficiary)란 어떤 대상물이 이동하는 사람이나 장소의 개념이다. 이동하는 대상물의 '호/오'나 '유/불리'를 의미하지는 않는다. ④ 보어 속 논항인 '顓臾'의 의미역 때문에 첨언한다.

2) 'V' 충당 요소

이 술어 동사(V-v₁-v₂)는 〈원인자〉에 의해 유발된 행위(사건)(으)로 해석되며, 발음 여부를 떠나 항상 〈지배대상〉 혹은 〈경험자〉 의미역의 보충어(/목적어/보어)를 가짐으로써 '원인-변화결과' 사건의미 표시 조건을 만족시킨다.

① -致(이르게 되게 하다);   ② -致(이르게 되게 하다);

③ -盡(다하게 되게 하다);   ④ -有(있게 되게 하다, 생기게 하다)

동사는 모두 두 경동사에 의해 [+원인]과 [+변화결과]의 의미특징을 가진다.

3) 'O' 충당 요소

목적어 성분을 술어 동사와 연계시켜 표시해보자.

① -致+美(아름다움이(/을) 이르게 하다);

② -致+孝(효가/정성이 이르게 하다);

③ -盡+力(힘이(/을) 다해지게 하다);

④ -有+事(일이(/을) 있게 하다, 생기게 하다)

예문에서 보듯 목적어 성분은 〈대상자〉 혹은 〈경험자〉 의미역을 할당받을 수 있다.[43]

4) 'C' 충당 요소

보어(C)는 '전치사+한정사구'로 이루어지며, 이 때 핵은 전치사이다. 따라서 보어 구성에 있어 전치사는 필수요소이다. '원인-변화결과' 사건의미 표시 'VC 구'속의 보어는 전치사가 모두 명시적인 경우이다.

---

43 그렇기는 하지만, 이 목적어 성분은 -v[BECOME]] 경동사의 지정어 자리에서 〈경험자〉 의미역을 받는 경우가 더 순한 것 같다. 따라서 '-을/를'보다 '-이/가'의 해석이 자연스럽다.

술어 (V–v–v) [BECOME] [CAUSE]	보어(C)			한국어 조사
	전치사	DP	DP의 의미역	
致	乎	黻冕	수익자/ 도착점	수놓은 모자에게 (아름다움이) 미치게 **하다**
致	乎	鬼神		귀신에게 (효가/정성이) 미치게 **하다**
盡	乎	溝洫		도랑을 파는 일에 (힘이) 다해지게 **하다**
有	於	顓臾		전유에게 (일이/전쟁이) 있게 **하다**

표에서 보듯, 이 구의 보어 속 한정사구(DP)는 전치사로부터 변화결과의 수익자(beneficiary) 혹은 도착점(goal)의 의미역을 할당받는다.

11.3.4. 더 생각하기

[구조 비교와 해석]

다음 두 유사구조에 대해 보어의 위치와 의미역에 대해 생각해보자.

연번	앞맥락	주어 ES	부가어	술어 V–v–v [BECOME] [CAUSE]	목적어 O	보어 C	출전
ⓐ 44	子謂南容…	孔子	以其兄之子	妻		之	公冶長2 /先進6
ⓑ 45		天	將以夫子	爲	[木鐸]₂	[木鐸]₁	八佾24

---

44 자위남용…, 공자이기형지자처지(Zǐ wèi Nánróng…, Kǒngzǐ yǐ qí xiōng zhī zǐ qì zhī)

45 천장이부자위목탁(tiān jiāng yǐ Fūzǐ wéi mùduó)

ⓐ 공자는 그의 형의 딸로 하여금 **그(南容)에게** <u>시집가게 했다</u>/처가 되게 하였다.

ⓑ-1 하늘이 장차 공자로 하여금 목탁**이 되게 하시려는 도다**.

ⓑ-2 하늘이 장차 공자로써 목탁**을 삼으려는 도다**.

ⓐ와 ⓑ-1은 모두 '원인-변화결과' 사건의미로 해석한 것이고, ⓑ-2는 '활동' 혹은 '원인-변화결과' 사건의미로 이해한 것이다. ⓐ의 '之'는 '南容'을 가리키며, 직접 지배대상의 자리인 'O'자리에 위치하면 이상한 의미가 된다. 즉, 'C'의 자리에 와야 'TO南容'의 의미를 만들 수 있다.

11.4. 요약

이제 '(S)VOC 구'가 사건의미의 차이에 따라 각각 다르게 해석되는 양상을 종합해 보자.

구의 종류와 특성 사건의미	(S)VOC/VCO 구									
	(S)			V–v		O			C	
	의미역	뜻과 기능	한국어 조사	의미 특징	[V–v]의 뜻	의미역	뜻과 기능	한국어 조사	의미역	한국어 조사
활동 -v₁[DO]	행위자	[+의지] 행동주	-이/가 (은/는)	[+의지] [+진행]	V–v₁ V하다	대상자	직접 지배 대상	-을/ 를	전치사 비명시	-이/가 등
									전치사 병시	-에서- 써등
	臣	事			君			以忠		
	a-1. [(S)는 C에게(/으로/써/와/라고) O를 V하다] → 신하는 충성으로써 군주를 섬긴다.									
	ES(내가)	誨			女			知之[乎]		
	a-2. [(S)는 C에게(/으로/써/와/라고) O를 V하다] → ES(내가) 너에게 그것을 안다는 것을 가르쳐줄까?									
상태 -v₂[BE]										

구의 종류와 특성 / 사건의미	(S)VOC 구									
	(S)			V-v		O			C	
	의미역	뜻과 기능	한국어 조사	의미 특징	[V-v]의 뜻	의미역	뜻과 기능	한국어 조사	의미역	한국어 조사
변화결과 $-v_3$[BECOME]	태상자	[−의자] 변화 태상자	−이/가 (은/는)	[−의자] [+변화 결과]	$V-v_3$ V**되다** $V-v_1-v_3$ V하게 **되다**	대상자	직접 지배 대상	−을/를	전치사 비명시 / 전치사 병시	−이/가 등 / −에서 등
	ES			獲		罪			於天	

c. **[ES는 C에서(/에게) O를 V(x)게 되다]**
→ ES가 하늘로부터 죄를 얻게 되다.

구의 종류와 특성 / 사건의미	(S) 의미역	(S) 뜻과 기능	(S) 한국어 조사	V-v 의미 특징	[V-v]의 뜻	O 의미역	O 뜻과 기능	O 한국어 조사	C 의미역	C 한국어 조사
원인-변화결과 $-v_4$[[CAUSE]- [BECOME]]	원인자	[−의지] 원인자	−이/가 (은/는)	[+사역] [+변화 결과]	$V-v_1-v_3-v_4$ V(하게) **되게 하다** V**게(케) 하다**	대상자	직접 지배 대상	−을/를	전치사 비명시 / 전치사 병시	−이/가 등 / −에서 등
	季氏			[將]有		事			於顓臾	

d. **[ES는 C에게 O를(/가) V되게 하다]**
→ 계씨는 장차 전유에(게) 일이(/을) 있게(/벌리려) 하려 합니다.

이상 사건의미와 'SVC 구'에서 주의할 점을 주어, 술어, 목적어, 보어 차원에서 다시 정리해보자.

1) 주어(S)의 의미역

주어는 '(S)VOC/VCO' 구 등에서 활성화되지 않는 경우가 많다. 그러나 아래의 의미역으로 즉시 환원이 가능하다.

 a. '활동' 사건의미의 주어: [+의지]의 〈행위자〉

 b. ~~'상태' 사건의미의 주어:~~

 c. '변화결과' 사건의미의 주어:

  (i) ~~비대격동사의 변화 〈대상자〉~~

  (ii) ~~[+심리], [+인지] 동사의 심리/인지 〈경험자〉~~

 d. '원인-변화결과' 사건의미의 주어: **변화결과의 〈원인자〉**

2) 술어 동사(V)의 의미특징

 a. '활동' 사건의미의 동사: [+의지], [+진행]

 b. ~~'상태' 사건의미의 동사~~

 c. '변화결과' 사건의미의 동사: (i) [+변화결과]; (ii) [+심리], ~~[+인지]~~

 d. '원인-변화결과' 사건의미의 동사: [+사역], [+변화결과]

3) 목적어(O)의 의미역

 a. '활동' 사건의미의 목적어: [+의지] 술어 동사의 지배대상

 b. ~~'상태' 사건의미의 목적어:~~

 c. '변화결과' 사건의미의 목적어:

  (i) [+변화결과]의 〈대상자〉; (ii) ~~[+심리], [+인지] 동사의 〈지배대상〉~~

 d. '원인-변화결과' 사건의미의 목적어: [+사역]의 〈대상자〉, [+변화결과]의 〈경험자〉

4) 보어(C)의 의미역

    a. '활동' 사건의미의 보어:

      [+의지], [+진행] 동사의 간접 〈대상자〉; 〈장소〉; 〈도구/방식〉

    b. ~~'상태' 사건의미의 보어:~~

    c. '변화결과' 사건의미의 보어:

      （ⅰ) [+변화결과]의 〈장소〉; （ⅱ) ~~[+심리], [+인지]~~

    d. '원인-변화결과' 사건의미의 보어:

      [+사역], [+변화결과]의 〈장소〉

#. 본문 수형도 보기 – 11.3.1 ④ '(冉有、季路見於孔子曰:) 季氏將有事於顓臾'의 도출도

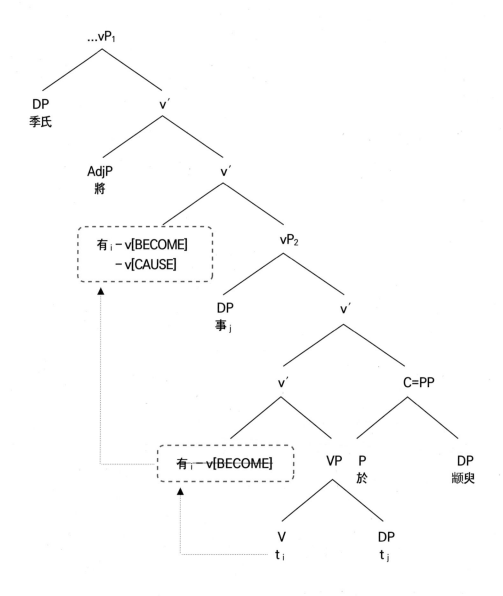

ES(염유와 계로가 공자를 뵙고 나서 말했다.) 계씨가 전유에서 (침략적인) 일이 있게 하려(/일을 꾸미려) 합니다.

사건의미와 '使'자 문형

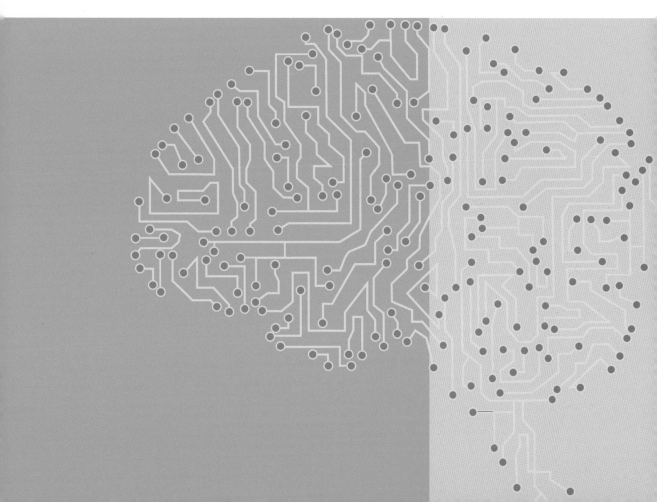

12 사건의미와 '使'자 문형

이는 소위 '使'자를 쓰는 문형을 말한다. 이 문형은 '使'를 일반 동사로 보느냐 경동사로 보느냐에 따라 둘로 나뉜다. 즉, 전자는 '使'가 '부리다'와 '사신가다/사신보내다'의 의미인 경우이고, 후자는 '使'가 〈원인자〉 의미역을 끌어들이는 경동사로 쓰이는 경우이다. 따라서 전자는 '활동[DO] 사건의미'를 표시하고, 후자는 '원인[CAUSE-결과(BECOME) 사건의미'를 표시하는 구이다.

12.1. 활동 표시 '使'자 구

12.1.1. 'S+使(부리다)+O+C' 구

기본 해석공식: [(S는) C로써 O를 V(使:부리다)] (S는 의지적 행위자)

1) 구 생성도

먼저 '술어(V)→목적어(O)→[보어(C)]→(부사어)→주어(S)→(화제)' 순으로 병합한다.

연번	앞맥락	주어 (S)	술어 V-v [DO]	목적어 O	보어 C	뒷맥락	출전
①1		君	使	臣		,臣事君,如之何?	八佾19
②2		君	使	臣	以禮	,臣事君以忠	八佾19
③3	節用愛人,		使	民	以時		學而5
④4	惠則足以		使	人			陽貨6

---

1 군사신, 신사군, 여지하(jūn shǐ chén, chén shǐ jūn, rú zhī hé)

2) 도식 해석

'기본 해석공식'을 응용하여, 사건의미와 문맥에 맞게 잘 다듬어 표현해보자. 이제 도출의 역순, 즉 '(화제)→주어(S)→(부사어)→[보어(C)]→목적어(O)→술어(V)'로 해석한다.

한편, '구 생성도'의 원문과 아래 볼드체의 해석에 근거하여 문장의 주요성분을 다시 병합(해석의 역순)해 보자.

① **군주가 신하를 부리고,**

　 S使O →

　 [신하가 군주를 섬기는 일은 어떻게 해야 합니까?]

② **군주는 예의로써 신하를 부리고,**

　 S使OC →

　 [신하는 충성으로써 군주를 섬겨야 합니다.]

③ [(크대는) 비용을 절약하고 사람들을 사랑하고,]

　 (크대는) 때에 맞게 백성을 부리시오.[5]

　 (ES)使OC →

④ [(자도자가) 은혜로우면 족히]

　 남들을 다스릴 수 있다.

　 (ES)使O →

---

2 군사신이례, 신사군이충(jūn shǐ chén yǐ lǐ, chén shì jūn yǐ zhōng)

3 절용이애인, 사민이시(jié yòng ér ài rén, shǐ mín yǐ shí; '節' 절약하다. 동사; '愛' 사랑하다. 동사)

4 혜즉족이사인(huì zé zú yǐ shǐ rén; '惠' 은혜스럽게 하다, 은혜를 베풀다)

5 '때에 맞게 백성을 부려라'도 앞 구절을 '술+목, 술+목' 구조처럼 이해한 것처럼 '백성을 부리되 때에 맞게 하라'로 해도 좋겠다. '以'는 원래 동사로 '…하다'의 뜻이다.

3) 구 생성의 배경

'활동' 사건의미를 나타내는 '(S)使(부리다)OC 구'의 속을 도표로 보자.

표기	의미역	의미 특징	격	한국어 조사 첨가
S	행위자		주격	-이/가 (-은/는)
V-v		[+의지]; [+진행]		
O	대상자		목적격	-을/를
C	수단/방식			-로(써)

　　표의 내용은 뇌 속에서 해당 명제를 이해하고 생성하려 할 때 순식간에 설정되는 것들이다.[6] 예②는 명제를 구성하는 모든 성분이 다 발음되는 예이고, 기타는 하나 혹은 두 개의 성분이 생략된 예이다.

(1) 'S' 충당 요소

'使(부리다)'의 〈행위자〉 의미역을 표시하는 명사구이다. 부리는 사람은 봉건시대에 군주나 위정자가 대표적이다.

　　　① -君(군주/임금은);　　　　② -君(군주/임금은);

　　　③ -(군자/위정자는);　　　　④ -(군자/위정자는)

(2) '使'의 특징

이 '使'는 '부리다'는 뜻으로, 〈행위자〉의 [+의지]적 행위로 해석된다.[7] 따라서 〈지배대

---

6 한편, 예 ①처럼 보어 자리, 혹은 ④, ⑤처럼 주어 자리가 비어있다면, 이는 맥락상 말하지 않아도 명백하거나 아예 불필요한 요소이기 때문에 경제적 효율성을 따져 생략한 것이다.

7 이 '使'를 하나의 일반 동사로 인식한다면 이전에 해당 구에서 살펴본 동사와 기능상 차이가 없다. 그러나 여기서 구체적으로 기술하는 이유는 이후 12.2.1-12.2.3에서 살펴볼 '使'가 경동사 '-v[CAUSE]'의 실현된

상〉 목적어를 가짐으로써 활동[DO] 사건의미의 표시 조건을 만족시킨다.

(3) 'O' 충당 요소

'使(부리다)'의 대상을 표시한다.

① -使+臣(신하를);　　　② -使+臣(신하를);

③ -使+民(백성을);　　　④ -使+人(사람들을)

(4) 'C' 충당 요소

보어에는 전치사가 명시되며, '使(부리다)'의 '방식'이나 '근거' 등을 표시한다.

① 以禮(예의로);

② 以時(때에 맞게)

한편, '使'의 기타 용법 중, 본서의 기술 목적과 부합하지 않는 것은 각주8로 대신한다.

형태이므로 그 차이를 보이기 위함이다.

8 '使'의 용법은 비교적 다양한 편이나, 본서의 성격에 맞지 않는 내용이므로 각주로 처리한다.

(1) '使'자 구가 주어나 목적어로 쓰이는 경우
 a. 使民(S)如承大祭。顔淵2 [주어]
  백성을 부리는 것은 큰 제사를 맡아서 하는 것처럼 해야 한다.
 b. 及(V)其使人(O)也,器之。子路25 [목적어]
  그 사람을 부리는데 이르러서는 (군자는) 그(부리는 사람)를 그릇으로 여긴다.

(2) '使'가 피동문의 술어로 쓰이는 경우
 a. 上好禮, 則民易使也。憲問41
  윗사람이 예의를 좋아하면, 백성은 쉬이 다스려진다.
 b. 小人學道則易使也。陽貨4
  소인이 도를 배우면 (그는) 쉬이 다스려진다.

(3) '使'가 부사 혹은 접속사로 쓰이는 경우
 如有周公之才之美, 使驕且吝, 其餘不足觀也已。泰伯11
 주공의 재주와 아름다움이 있다 해도,
 만일 (그가) 교만하고 인색하다면 그 나머지는 더 보지 않아도 될 것이다.

12.1.2. 'S+使(사신 보내다)+(O)+C' 구

기본 해석공식: [(S는) O를 C에게 V(使:사신 보내다)]

1) 구 생성도

먼저 '술어(V)→목적어(O)→[보어(C)]→(부사어)→주어(S)→(화제)' 순으로 병합한다.

연번	앞맥락	화제	주어 (S)	술어 V–v–v [BECOME] [CAUSE]	목적어 (O)	보어 C	뒷맥락	출전
①9				使10		於四方	,不能專對	子路5
②11	行己有恥,			使		於四方	,不辱君命,可謂士矣	子路20
③12		子華		使		於齊13	,冉子爲14其15母請粟	雍也4
④16			蘧伯玉	使	人	於孔子		憲問25

---

9 사어사방, 불능전대(shǐ yú sì fāng, bù néng zhuān duì; '專' 전문적으로 하다. 동사; '對' 응대, 접대. 명사)

10 이는 동사 '使'에 경동사 두 개가 붙은 경우로 '**사신가게(V) 되게(v₁) 하다(v₂)**'의 의미이다.

11 행기유치, 사어사방, 불욕군명, 가위사의(xíng jǐ yǒu chǐ, sh ǐyú sì fāng, bù rǔ jūn mìng, kě wèi shì yǐ; '辱' 욕, 타동사. 욕보이다.)

12 자화사어제, 염자위기모청속(Zǐhuá shǐ yú Qí, Rǎnzǐ wéi qí mǔ qǐng sù; '子華', 공서적(公西赤); '冉子', 염구(冉求); '粟' 찧지 않은 곡식)

13 춘추전국시대 지금의 산동성(山東省)의 북부에 있던 제후 국가

14 현대중국어의 전치사 '…을 위하여'와 기능이 매우 유사하다.

15 지시 대상은 자화

16 거백옥사인어공자(Qúbóyù shǐ rén yú Kǒngzǐ; '蘧伯玉' 춘추(春秋) 시대 위(衛) 나라의 대부)

2) 해석과 쓰기연습

'기본 해석공식'을 응용하여, 사건의미와 문맥에 맞게 잘 다듬어 표현해보자. 이제 도출의 역순, 즉 '(화제)→주어(S)→(부사어)→[보어(C)]→목적어(O)→술어(V)'로 해석한다.

한편, '구 생성도'의 원문과 아래 볼드체의 해석에 근거하여 문장의 주요성분을 다시 병합(해석의 역순)해 보자.

① (시경 300편을 외운 사람이, **군주가** 파견하여)

   사방(여기저기)으로 사신으로 갔으나,

   使C →

   [전문적으로 응대하지 못했다.]

② [(선비는) 자신의 행동에 염치가 있고, (**군주가** 파견하여)]

   사방(여기저기)으로 사신으로 가서,

   使C →

   [군주의 명령을 욕되게 하지 않으면, 선비라 칭할 만하다.]

③ 자화는 말이지, (군주가 그를) **제나라에 사신(으로)보내자,**

   使C →

   [염자가 자화의 모친을 위해 곡식을 (주자고 공자에게) 청하였다.]

④ **거백옥이 사람을 공자에게 사신(으로) 보냈다.**

   S使OC →

3) 구 생성의 배경

'활동' 사건의미를 나타내는 '(S)使(사신 보내다)(O)C 구'의 속을 도표로 보자.

표기	의미역	의미 특징	격	한국어 조사 첨가
(S)	원인자		주격	-이/가 (-은/는)
使(V)		[+의지] [+진행]		
(O)	대상자			-을/를 -이/가
C	장소 [도착점]			-에/(으)로

비교적 많은 성분들이 생략될 수 있는 문형이다. 그러나 이런 내용은 우리의 뇌 속에서 아무것도 아니다. 해당 명제를 이해하고 생성하려 할 때 순식간에 활성화되는 것들이다.

(1) 'S' 충당 요소

경제성 추구로 인해 생략된 것은 환원이 가능하며, 모두 [+사역]의 경동사 '-v[CAUSE]'에 의하여 〈원인자(causer)〉 의미역을 할당받는다. 주격을 받으므로, 한국어 주격조사 '-이/가(-은/는)' 등을 첨가한다.

    ① -(군주가);   ② -(군주가);

    ③ -(군주가);   ④ -蘧伯玉(거백옥이)

(2) '使'의 특징

본동사 '使'는 두 경동사 '-v[BECOME]'과 '-v[CAUSE]'의 영향으로 '사신가**게 되게 하다**'로 해석된다.

(3) 'O' 충당 요소

예에서는 ①-③은 모두 비어있다. 그러나 모두 환원이 가능하다. 당연히 사신으로 파견받은 '사람/신하'이다. ③의 예에서는 '자화'가 이 자리에서 문두의 화제 위치로 이동하였다. 반면, ④에서는 〈대상자〉 '人'이 출현한다.

(4) 'C' 충당 요소

보어는 모두 사신을 가게 되는 '도착점(goal)'으로서의 〈장소〉이다.

① -於四方(사방에/ 이곳저곳에);　　② -於四方(사방에/ 이곳저곳에);

③ -於齊(제나라에);　　　　　　　④ -於孔子(공자에게)

모두 명시적인 전치사 '於'를 사용하여 **[도착점]의 〈장소〉 의미역**을 준다.

12.2. 원인-변화결과 표시 '使'자 구

'使자 구'는 현대중국어는 물론이고 고대중국어에서도 전문적으로 '원인-변화결과' 사건의미를 나타낸다. 이는 바로 본서에서 중시하는 네 가지 사건의미 가운데 하나이다. 이 점이 체제상 약간의 무리를 하면서까지 이 장절을 설정한 이유이다. 본서는 먼저 문장성분이 생략되지 않은 구를 설정하여 살펴본 후, 구조 성분의 생략 양상에 따라 5종으로 구분하여 살펴본다.

12.2.1. S+使+'o/s'+V+C 구

기본 해석공식: [S는 'o/s가(/로 하여금)' C가(/를) V되게 하다/삼다]

(S는 사태발생의 원인자, o/s는 사역의 〈대상자〉 혹은 〈경험자〉)

1) 구 생성도

먼저 '술어(V)→보어(C)→[목적어/주어(o/s)]→使→주어(S)→(화제)' 순으로 병합한다.

연번	주어 S	경동사 v[CAUSE] 使	목적어 s주어 'o/s' [17]	술어 V-v [BECOME]	보어 C	출전
① [18]	子路	使	門人	爲	臣	子罕12
② [19]	子路	使	子羔	爲	費宰	先進25
③ [20]	孟氏	使	陽膚	爲	士師	子張19
④ [21]	季氏	使	閔子騫	爲	費宰	雍也9

---

17 이 'o/s' 성분은 '목적어/주어'로 기능한다 하여, 전통적으로 '겸어(兼語)'라는 용어를 써 왔다. 'o/s' 성분 뒤에는 한국어 조사 '-을/를'과 '-이/가' 혹은 '-로 하여금' 등을 선택적으로 부가한다. 이 둘을 구분하는 것이 해석에 유리하다. 본서는 특히 '-이/가' 혹은 '-로 하여금'로 해석되는 's'의 경우는 보충어절 속에서 주격을 받으므로 's주어'라고 부른다.

2) 해석과 쓰기연습

'기본 해석공식'을 응용하여, 사건의미와 문맥에 맞게 잘 다듬어 표현해보자. 이제 도출의 역순, 즉 '(화제)→주어(S)→[목적어/주어(o/s)]→(使)→보어(C)→술어(V)→使'로 해석한다.

한편, '구 생성도'의 원문과 아래 볼드체의 해석에 근거하여 문장의 주요성분을 다시 병합(해석의 역순)해 보자.

① (공자가 병이 위중하였을 때)

　　자로가 (공자) **문하 사람을(/이)** (공자의) **신하가 되게 하려** 했다.

　　S+使+o/s+V+C →

② **자로가** (공자의 학생)**자고를(/로 하여금) 비읍의 우두머리로 삼으려** 했다.

　　S+使+o/s+V+C →

③ (증자의 제자) **맹씨가** (증자의 제자) **양부로 하여금 사사**(소송 담당 관리)**가 되도록 하였다.**

　　S+使+o/s+V+C →

④ **계씨가** (공자의 제자)**민자건으로 하여금 비읍의 우두머리가 되게 하려** 했다.

　　S+使+o/s+V+C →

---

18 자로사문인위신(Zǐlù shǐ mén rén wéi chén)

19 자로사자고위비재(Zǐlù shǐ Zǐgāo wéi Bì zǎi)

20 맹씨사양부위사사(Mèngshì shǐ Yángfū wéi Shìshī; '士師' 소송 담당 관리)

21 계씨사민자건위비재(Jìshì shǐ Mǐnzǐqiān wéi Bì zǎi; '季氏' 노나라의 귀족. 공자는 『논어』에서 그를 여러 번 비평한다.)

3) 구 생성의 배경

'원인-변화결과' 사건의미를 나타내는 'S+使+o/s+V+C 구'의 속을 도표로 보자.

표기	의미역	의미 특징	격	한국어 조사 첨가
S	원인자		주격(S)	-이/가 (-은/는)
使(v₁)		[+사역]		(하여금) -게/케
o/s	대상자		목적격(?)[22]	-을/를/
	경험자		주격(s)	-이/가 -로 하여금
V-v₂		[+변화결과]		-되다
C	(결과) 대상자		(보격)[23]	-이/가/로

구성 성분이 이제껏 본 것 중 제일 복잡하다. 사건의미를 구성하는 논항들의 의미역과 격, 그리고 동사 성분의 의미특징 및 한국어 조사 첨가 양상 등이 보인다. 이는 해당 성분이 발음되고 문자적으로 시각화되느냐의 여부를 떠나, 우리 뇌 속에서 해당 명제를 이해하고 생성하려 할 때, 순식간에 모두 활성화된 것들이다.[24]

(1) 'S' 충당 요소

주어(S)는 술어 경동사 -v[CAUSE]에 의하여 〈**원인자**〉 의미역을 할당받는다. 주격을 받으므로, 한국어 주격조사 '-**이/가(-은/는)**' 등을 첨가한다.

---

22 격을 받을 위치는 아니다. 그러나 한국어 해석시의 조사첨가를 고려하여 일단 이렇게 표시한다. 연구가 더 필요할 것이다.

23 보어에 대한 격 표시이므로 일단 이렇게 표시한다.

24 우리 뇌에서 이 정도의 성분을 가지고 연산(computation)하는 것은 일도 아니다.

① -子路(자로가);　　　　② -子路(자로가);

③ -孟氏(맹씨가);　　　　④ -季氏(계씨가)

(2) 경동사 '使'

경동사로서의 '**使**'는 자신의 상위 한정명사구(DP)에게 〈원인자〉 의미역을 준다. 또, 하위에 발음 여부를 떠나 항상 〈지배대상〉 혹은 〈경험자〉 의미역의 보충어(/목적어/보어)를 가짐으로써 '원인-변화결과' 사건의미 표시 조건을 만족시킨다.

(3) 'o/s' 충당 요소

이 성분은 경동사 '使'와 동사 사이에 낀 성분이다. 이 성분은 사실 경동사 '-v[BECOME]'에 의해 〈대상자〉와 〈경험자〉를 선택적으로 할당받는다. '使'와 연계시켜 표시해보자.

① -使+門人(문하 사람을/이/으로 하여금);

② -使+子羔(자고가/로 하여금);

③ -使+陽膚(양부를/가/로 하여금);

④ -使+閔子騫(민자건을/이/으로 하여금)

(4) 'V-v' 충당 요소

동사 성분은 아래와 같이 두 개의 경동사에 의해 성분통어(C-Command)됨으로써 '**V하게 되게[BECOME] 하다[CAUSE]**'[25]의 사건의미 의미를 가진다.

① -爲(하게 되게 하다);　　② -爲(하게 되게 하다);

③ -爲(하게 되게 하다);　　④ -爲(하게 되게 하다);

---

25 군더더기로 인하여 약간의 어색함이 있더라도 사건의미의 이해 차원에서 이렇게 기술한다.

논어를 전수 조사하여 뽑은 5개의 예문 중 4개가 '爲(되다)'이다. 이 동사에 경동사 '-v[BECOME]' 부가되는 것은 의미와 형식의 교묘한 결합이라 하겠다.[26] 이 행위의 결과물은 바로 이어지는 보어요소가 된다.

(5) ˙ 'C' 충당 요소:

이 구조에서 보어(C)는 행위의 결과로서 생긴 일종의 대상자이다.[27] 따라서 [대상], [자격] 등의 의미를 가지며, 해석 시에 '-이/가/로' 등의 후치(조)사가 부가될 수 있다.

술어 使-V-v [BECOME]	보어 C			한국어 조사 첨가
	전치사	DP	의미역	
爲		臣		신하가 되게 하다
爲	∅	費宰	(행위결과) 대상자/ 경험자	비읍의 우두머리로/가 되게 하다
爲		士師		사사가 되게 하다
爲		費宰		비읍의 우두머리로/가 되게 하다

표에서 보듯, 보어(C)로 충당되는 논항(DP)은 비명시적인 전치사로부터 모종의 의미역을 할당받는다. '-이가(은/는)' 혹은 '-로' 등의 자격을 표시하는 전치사이겠다. 따라서 한국어로 해석할 때 목적격을 부여하면 상당히 부자연스럽다.

---

26 이 행위는 〈원인자〉 주어의 사역성에 의해 일어나는 것이다. 따라서 'o/s'의 의지와 직접적인 관련이 없다.

27 일부 서적에서는 목적어라고 보기도 하지만, 본서는 이들이 목적격을 가질 수 없음에 보어로 친다. 따라서 이때의 '-이/가'는 보어표시 조사이다. 동사 뒤에 있다하여 목적어라고 할 수 없는 이유이다.

#. 본문 수형도 보기 - 12.2 ② '子路使子羔爲費宰'의 도출도

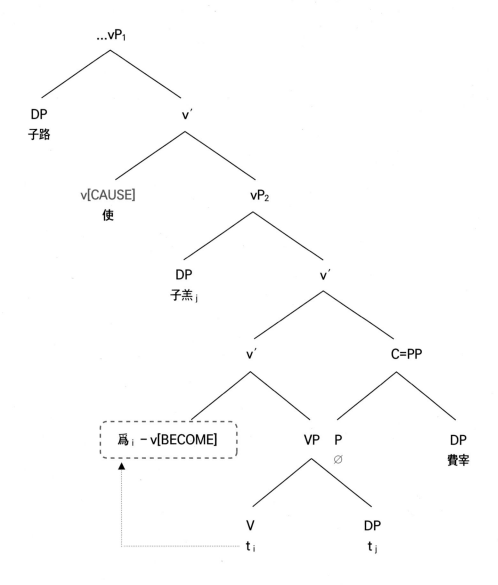

자로 (공자의 제자)가 자고(공자의 제자)로 하여금 비읍의 재상이 되게 하려 했다.

12.2.2. 使+o/s+V 구

기본 해석공식: [ES는 o/s를(/가/로 하여금) V되게 하다] (ES는 사태발생의 원인자)

1) 구 생성도

먼저 '술어(V)→[목적어/주어(o/s)]→使→주어(S)→(화제)' 순으로 병합한다.

연번	앞맥락	주어 ES	부가어	경동사 v[CAUSE] 使	목적어 s주어 o/s	술어 V~v [BECOME]	뒷맥락	출전
①28	季康子問:			使	民	敬忠以勸	,如之何?	爲政20
②29	(宰我)曰:			使	民	戰栗		八佾21
③30	子曰:擧直 錯諸31枉,		能	使	枉者	直		顔淵22

---

28 계강자문: 사민경충이권, 여지하?(Jìkāngzǐ wèn: shǐ mín jìng zhōng yǐ quàn, rú zhī hé; '以' 병렬표시 접속사; '勸' 권면하다)

29 (재아)왈: 사민전율(yuē: shǐ mín zhàn lì)

30 자왈: 거직착제왕, 능사왕자직(Zǐ yuē: jǔ zhí cuò zhū wǎng, néng shǐ wǎng zhě zhí)

31 '之+於'의 합음자(合音字)

2) 해석과 쓰기연습

'기본 해석공식'을 응용하여, 사건의미와 문맥에 맞게 잘 다듬어 표현해보자. 이제 도출의 역순, 즉 '(화제)→주어(S)→[목적어/주어(o/s)]→(使)→술어(V)→使'로 해석한다.

한편, '구 생성도'의 원문과 아래 볼드체의 해석에 근거하여 문장의 주요성분을 다시 병합(해석의 역순)해 보자.

① [계강자가 물었다:]

　　백성을(/으로 하여금) 공경케 하고, 충성케 하며,

　　(부지런하도록) 권면케 하려면 어떻게 해야 합니까?

　　使+o/s+V →

② (주나라 사람들은 밤나무를 사직에 씀으로써)

　　백성들을(/로 하여금) 전율케 하였다.

　　使+o/s+V →

③ [곧은 자를 굽은 자 위에 놓음으로써,]

　　(그렇게 함으로써) 비뚤어진 자를(/로 하여금) 올곧게 되게 할 수 있다.

　　使+o/s+V →

3) 구 생성의 배경

'원인-변화결과' 사건의미를 표시하는 '使+o/s+V'의 속을 보자.

표기	의미역	의미 특징	격	한국어 조사 첨가
ES	원인자		주격(S)	-이/가 (-은/는)
使(v₁)		[+사역]		-게/케 하다
o/s	대상자		목적격(?)	-을/를
	경험자		주격(s)	-이/가 -로 하여금
V-v₂		[+변화결과]		-되다

표의 내용은 뇌 속에서 해당 명제를 이해하고 생성하려 할 때 순식간에 활성화되는 것들이다.

(1) 'ES' 충당 요소

예문에서, 이 요소들은 생략되었지만 모두 환원할 수 있으며, 〈원인자〉 의미역과 '주격'을 가진다. 따라서 환원하여 한국어로 해석할 때 주격조사 '-이/가(-은/는)'를 첨가한다.

① -(계강자가);
② -(주나라 사람들은);
③ -(곧은 사람을 굽은 사람 위에 배치하는 것은)

(2) 경동사 '使'

경동사로서의 **'使'**는 자신의 상위 한정명사구(DP)에게 〈원인자〉 의미역을 준다. 또, 하위에 보이든 안보이든 항상 〈지배대상〉 혹은 〈경험자〉 의미역의 보충어(/목적어/보어)를 가짐으로써 '원인-변화결과' 사건의미 표시 조건을 만족시킨다.

(3) 'o/s' 충당 요소

이 성분은 경동사 '使'와 동사 사이에 낀 성분이다. 이 성분은 사실 경동사 '-v[BECOME]에 의해' 〈대상자〉와 〈경험자〉를 선택적으로 할당받는다. 경동사 '使'와 연계시켜 써보자.

① -使+民(백성을/<u>으로 하여금/이</u>);
② -使+民(백성을/<u>으로 하여금/이</u>);
③ -使+枉者(굽은 자를/<u>로 하여금/가</u>)

(4) 'V-v' 충당 요소

동사 성분은 아래와 같이 두 개의 경동사에 의해 성분통어(c-command)됨으로써 'V하게 되게[BECOME] 하다[CAUSE]'의 사건의미 의미를 모두 가진다.

① -敬忠以[32]勸(공경하게 하고, 충성하게 하고, 권면하게 하다);
② -戰栗(전율되게 하다);
③ -直(곧게 하다)

---

32 순접표시 접속사

12.2.3. 使+s+V+O 구

기본 해석공식: [ES는 s가(/로 하여금) O를 V되게 하다] (S는 사태발생의 원인자)

1) 구 생성도

먼저 '술어(V)→[목적어(O)→주어(s)]→使→주어(S)→(화제)' 순으로 병합한다.

연번	앞맥락	주어 ES	부가어	경동사 v[CAUSE] 使	s주어 s	술어 V-v [BECOME]	목적어 O	출전
① 33	取瑟而歌,			使	之	聞	之	陽貨20
② 34	孔子過之,			使	子路	問	津	微子6
③ 35	子曰: 隱者也.			使	子路	[反]見	之	微子7
④ 36	君子不施 其親,		不	使	大臣	怨	乎不以37	微子10

---

33 취슬이가, 사지문지(qǔ sè ér gē, shǐ zhī wén zhī)

34 공자과지, 사자로문진언(Kǒngzǐ guò zhī, shǐ Zǐlù wèn jīn)

35 자왈: 은자야. 사자로반견지(Zǐ yuē: yǐnzhě yě. shǐ Zǐlù fǎn jiàn zhī; '反', 거꾸로, 되돌아, 부가어)

36 군자불시기친,불사대신원호불이(Jūnzǐ bù chí qí qīn, bù shǐ dà chén yuàn hū bú yǐ; '施', 소원하다. 잊어버리다. '施'는 '弛'와 통한다.)

37 임용해주지 않는 것. '以'는 '任用'을 나타낸다.

2) 해석과 쓰기연습

'기본 해석공식'을 응용하여, 사건의미와 문맥에 맞게 잘 다듬어 표현해보자. 이제 도출의 역순, 즉 '(화제)→주어(S)→[목적어(O)→주어(s)]→(使)→술어(V)→使'로 해석한다.

한편, '구 생성도'의 원문과 아래 볼드체의 해석에 근거하여 문장의 주요성분을 다시 병합(해석의 역순)해 보자.

① [(공자는) 거문고를 가져가가 노래를 불러,]

（공자는) **그(유비의 사자)가 그것을 듣게 했다.**

使+s+V+O →

② [공자가 그 곳을 지나가다가,]

공자는 자로로 하여금 나루터를 묻게 하였다.

使+s+V+O →

③ ["은자로다." 공자가 말했다.]

공자는 자로로 하여금 그 사람을 되돌아가 뵙게 하였다.

使+s+V+O →

④ [군자는 그 친족에게 소원하게 하지 않으며,]

（군자는) **대신들이 자신들을 임용해주지 않는 것을(/에 대해) 원망하게 하지 않는다.**

使+s+V+O →

3) 구 생성의 배경

원인-변화결과 사건의미를 표시하는 '**使+s+V+O 구**'의 속을 보자.

표기	의미역	의미 특징	격	한국어 조사 첨가
ES	원인자		주격(S)	-어/가 (-은/는)
使(v₁)		[+사역]		-게/케(되게)하다
s	경험자		주격(s)	-이/가 -로 하여금
V-v₂		[+변화결과]		-되다
O	대상자		목적격	-을/를 -에(/대해)

표의 내용은 뇌 속에서 해당 명제를 이해하고 생성하려 할 때 순식간에 활성화되는 것들이다.

(1) 'ES' 충당 요소

예문에서, 이 요소들은 생략되었지만 모두 환원할 수 있으며, 〈**원인자**〉 의미역과 '**주격**'을 가진다. 따라서 환원하여 한국어로 해석할 때 주격조사 '**-이/가(-은/는)**'를 첨가한다.

① -(공자는);　　　　② -(공자는);

③ -(공자는);　　　　④ -(군자는);

(2) 경동사 '使'

경동사로서의 **'使'**는 자신의 상위 한정명사구(DP)에게 〈원인자〉 의미역을 준다. 또, 하위에 보이든 안보이든 항상 〈지배대상〉 혹은 〈경험자〉 의미역의 보충어(/목적어/보어)를 가짐으로써 '원인-변화결과' 사건의미 표시 조건을 만족시킨다.

(3) 's' 충당 요소

이 성분은 경동사 '使'와 동사 사이에 낀 성분이다. 이 성분은 사실 경동사 '-v[BECOME]에 의해 '〈대상자〉와 〈경험자〉를 선택적으로 할당받는다. '使'와 함께 표시해보자.

    ① -使+之(그가/로 하여금);

    ② -使+子路(자로가/로 하여금);

    ③ -使+子路(자로가/로 하여금);

    ④ -使+大臣(대신이/으로 하여금)

(4) 'V-v' 충당 요소

동사 성분은 아래와 같이 두 개의 경동사에 의해 성분통어(C-command)됨으로써 'V하게 되게[BECOME] 하다[CAUSE]'의 사건의미 의미를 가진다.

    ① -聞(듣게 하다);

    ② -問(묻게 하다);

    ③ -見(뵙게 하다);

    ④ -怨(원망하게 하다)

이상 행위의 결과가 후속하는 목적어이다.

(5) 'O' 충당 요소

이 요소는 행위는 술어(V-v)의 지배대상이다. 다음을 보자.

① -聞+之(그것을 듣게 하다);

② -問+津(나루터를 묻게 하다);

③ -見+之(그를 뵙게 하다);

④ -怨+乎不以(임용해주지 않은 것을/에 대해 원망하게 하다)

위의 예에서 ①-③은 직접 대상자 목적어이다. ④는 전치사가 있어서 간접 대상자를 가진다. 모두 목적격조사 '-을/를'을 부가하여 해석할 수 있다.

#. 본문 수형도 보기 - 12.2.3 ② '使子路問津'의 도출도

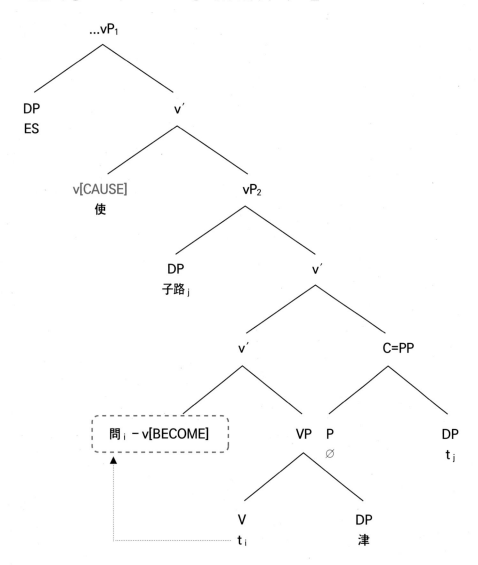

ES(공자)가 자로(공자의 제자)로 하여금 나루터를 묻게 했다.

(이 구조에서는 특수하게 대상자 목적어를 사역의 대상으로 하지 않고, 보어 성분을 구성하는 전치사의 목적어 성분을 사역의 대상으로 삼아 이동시켰다.)

12.2.4. 使+V+O 구

기본 해석공식: [ES는 (es가/로 하여금) O를 V되게 하다] (ES는 사태발생의 원인자)

1) 구 생성도

먼저 '술어(V)→목적어(O)→[목적어/주어(o/s)]→使→주어(S)→(화제)' 순으로 병합한다.

연번	앞맥락	화제	주어 ES	부가어	경동사 v[CAUSE] 使	s주어 es	술어 V~v [BECOME]	목적어 O	뒷맥락	출전
① 38	肉雖多,			不	使		勝	食氣		鄕黨8
② 39	子與人 歌而善,			必	使		反	之	,而後和之	述而31
③ 40		雍也,		可	使		南41	面		雍也1
④ 42	季康子問:	仲由,		可	使		從	政	也與	雍也8
⑤ 43		由也,		千乘之 國可	使		治	其賦	也	公冶長8
⑥ 44	子曰:	民		可	使		由	之	,不可使 知之	泰伯9

---

38 육수다, 불사승식기(ròu suī duō, bù shǐ shèng shí qì)

39 자여인가이선, 필사반지, 이후화지(Zǐ yǔ rén gē ér shàn, bì shǐ fǎn zhī, ér hòu hè zhī)

40 옹야가사남면(Yōng yě kě shǐ nán miàn)

41 남쪽으로 향하다. 문맥 및 다른 예구들과 견주어 볼 때 '동사'로 처리하는 것이 합리적이다.

42 계강자문: 중유가사종정야여(Jìkāngzǐ wèn: Zhòngyóu kě shǐ cóng zhèng yě yú)

2) 해석과 쓰기연습

'기본 해석공식'을 응용하여, 사건의미와 문맥에 맞게 잘 다듬어 표현해보자. 이제 도출의 역순, 즉 '(화제)→주어(S)→[목적어/주어(o/s)]→(使)→목적어(O)→술어(V)→使'로 해석한다.

한편, '구 생성도'의 원문과 아래 볼드체의 해석에 근거하여 문장의 주요성분을 다시 병합(해석의 역순)해 보자.

① [고기가 비록 많더라도,]

(공자는) (고기가) **식기(/곡기)를 이기게 하지는 않으셨다.** 使+V+O →

② [공자는 사람들과 노래하다가 그 사람이 잘 부르면,]

(공자는) **반드시 (그로) 하여금 그것을 반복하게 하시고,** [이후에 그 노래에 화답하셨다.]

使+V+O →

③ [옹(/중궁)[45]은 말이지,]

(하늘이) (그로) **하여금 제후(/위정자)가 되게 할 수 있다.** 使+V+O →

④ **중유(자로)는 (내가) (그로 하여금) 정치를 하게 할 수 있을까요?** 使+V+O →

⑤ [자로는 병거 천대의 나라에서]

(군주가) (그로) **하여금 조세를 담당하게 할 수 있을 것입니다.** 使+V+O →

⑥ [공자께서 말씀하셨다:] (백성들은 말이지), (위정자가)

그들로 하여금 그것(/법령)을 따르게 할 수 있으나, 使+V+O →

[그들로 하여금 그것(/왜 법령을 따라야 하는 지에 대한 것)을 알게 할 수는 없다.]

---

43 유야, 천승지국가가치기부야(Yóu yě, qiān shèng zhī guó kě shǐ zhì qí fù yě)

44 자왈: 민가사유지, 불가사지지(Zǐ yuē: mín kě shǐ yóu zhī, bù kě shǐ zhī zhì)

45 공자의 학생, 염옹(冉雍), 즉 중궁(仲弓)을 말함

3) 구 생성의 배경

'원인-변화결과' 사건의미를 표시하는 '使+V+O 구'의 속을 보자.

표기	의미역	의미 특징	격	한국어 조사 첨가
ES	원인자		주격(S)	-이/가 (-은/는)
使(v_1)		[+사역]		-게/케(되게)하다
es	경험자		주격(s)	-이/가 -로 하여금
V-v_2		[+변화결과]		-되다
O	(간접)/(결과) 대상자			-을/를 -에(/대해)

표의 내용은 뇌 속에서 해당 명제를 이해하고 생성하려 할 때 순식간에 활성화되는 것들이다. 이 구조도 제법 많이 생략되는 문형이다. 주어와 사역대상 성분이 생략된다. 앞뒤 문맥이 허락하면 언제든지 생략한다는 것이 언어 조작에 대한 우리 뇌 속의 원칙이다.

(1) 'ES' 충당 요소

예문에서, 이 요소들은 모두 생략되었지만 모두 환원할 수 있다. 이들은 〈원인자〉과 '주격'을 가지므로, 한국어로 해석할 때 주격조사 '-이/가(-은/는)'를 첨가한다.

① -(공자는); ② -(공자는);

③ -(하늘이/황제가); ④ -(내가, 계강자가);

⑤ -(군주가); ⑥ -(위정자가)

(2) 경동사 '使'

경동사로서의 '**使**'는 자신의 상위 한정명사구(DP)에게 〈원인자〉 의미역을 준다. 또, 하위에 보이든 안보이든 항상 〈지배대상〉 혹은 〈경험자〉 의미역의 **보충어**(/목적어/보어)를 가짐으로써 '원인-변화결과' 사건의미 표시 조건을 만족시킨다. 이 구조에서는 상위의 〈원인자〉 'S'도 생략되었고, 하위의 's'요소도 생략된다. 그러나 당연히 모두 환원이 가능하다.

　① -(공자)+**使**+肉(고기로 하여금/가);

　② -(공자는)+**使**+(노래를 잘 하는 사람으로 하여금/이);

　③ -(하늘이)+**使**+雍(옹으로 하여금/가);

　④ -(계강자가)+**使**+**仲由**(자로로 하여금/가);

　⑤ -(군주가)+**使**+由(자로로 하여금/가);

　⑥ -(위정자는)+**使**+民(백성으로 하여금/이)

여기서 재미있는 현상은 '使' 뒤에 와서 〈경험자〉로 쓰이던 성분들이 일률적으로 문두로 빠져나가 화제(③-⑥)가 되거나 문맥(①, ②)을 통해 알 수 있는 배경을 만들어 줌으로써, 이 자리는 빈자리 'es'가 된다.[46]

(3) 'es' 충당 요소

이 성분은 경동사 '使'와 동사 사이에 낀 성분이다. 모두 생략되기는 하지만, 이 성분은 경동사 -v[BECOME]에 의해 〈경험자〉 의미역을 받을 때 뜻이 안정적이다.

(4) 'V-v' 충당 요소

동사 성분은 아래와 같이 두 개의 경동사에 의해 성분통어(C-command)됨으로써 '**V되게[BECOME] 하다[CAUSE]**'의 사건의미 의미를 가진다.

---

[46] 이처럼 중국어에서 화제화현상은 상고중국어 때부터 다양한 각도에서 포착된다.

① -勝(이기/더 되게 하다);

② -反(반복되게 하다);

③ -南(남쪽으로 향하게 되게 하다/위정자가 되게 하다 47);

④ -治(치리되게 하다);

⑤ -從(종사하게 하다);

⑥ -由(따르게 되게 하다)

(5) 'O' 충당요소

목적어로 충당되는 요소는 모두 술어 동사로부터 **직접적으로 〈대상자〉 의미역과 목적격**을 할당받는다.

술어	목적어		한국어
使-V-v [BECOME]	O		조사 첨가
	DP	의미역	
勝	食氣		곡기를 이기게 하다
反	之		그것을 반복하게 하다
南	面	지배 대상자	얼굴을 남쪽으로 향하게 하다/위정자가 되게 하다
治	其賦		세금을 치리하게 하다
從	政		정치를 하게 하다
由	之		그것을 따르게 하다

---

47 '南面'을 합쳐 관용의미로 '위정자(군주/제후)가 되게 하다'로 처리하는 것에 대해, 우리는 이 구조/단어가 언어적 생성과정([v+o])을 거친 후에 문화의미가 부가된 것으로 본다.

#. 본문 수형도 보기 - 12.2.4 ④ '(季康子問, [孔子對日:]) 仲由, 可使從政(也與)'의 도출도

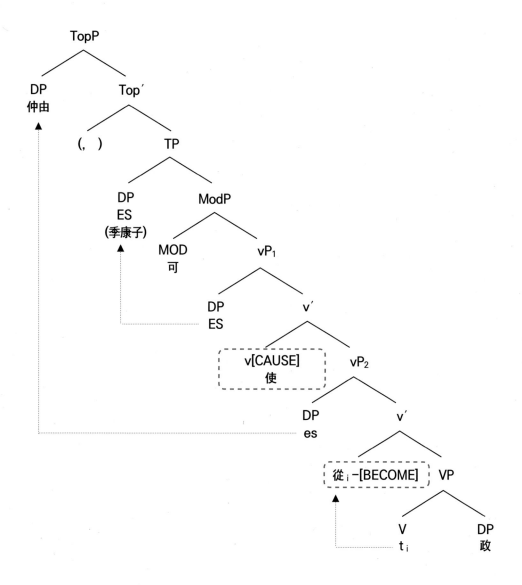

중유(자로)는 말이지, (당신이: 계강자) (그로 하여금) 정치를 하게 할 수 있다.

12.2.5. 使+V+C 구

기본 해석공식: [ES는 es가/로 하여금 C가 V되게 하다] (S는 사태발생의 원인자)

1) 구 생성도

먼저 '술어(V)→보어(C)→[목적어/주어(o/s)]→使→주어(S)→(화제)' 순으로 병합한다.

연번	앞맥락	주어 ES	부가어	경동사 v[CAUSE] 使	s주어 es	술어 V-v [BECOME]	보어 C	뒷맥락	출전
① 48	由也爲之, 比及三年,		可	使		有	勇	,且知方也	先進26
② 49	求也爲之, 比及三年,		可	使		足	民		先進26
③ 50	聽訟, 吾猶人也.		必也	使		無	訟	乎	顏淵13

---

48 유야위지, 비급삼년, 가사유용, 차지방야(Yóu yě wéi zhī, bǐ jí sān nián, kě shǐ yǒu yǒng, qiě zhī fāng yě)

49 구야위지, 비급삼년, 가사족민(Qiú yě wéi zhī, bǐ jí sān nián, kě shǐ zú mín)

50 청송, 오유인야. 필야사무송호(tīng sòng, wú yóu rén yě. bì yě shǐ wú sòng hū; '無', 없다, 동사)

2) 해석과 쓰기연습

'기본 해석공식'을 응용하여, 사건의미와 문맥에 맞게 잘 다듬어 표현해보자. 이제 도출의 역순, 즉 '(화제)→주어(S)→[목적어/주어(o/s)]→使→보어(C)→술어(V)→使'로 해석한다.

한편, '구 생성도'의 원문과 아래 볼드체의 해석에 근거하여 문장의 주요성분을 다시 병합(해석의 역순)해 보자.

① [자로가 이 나라를 맡아 하면 3년 무렵에는,]

   (자로카) (그 나라 백성들로) **하여금 용기가 있게 하고,**

   使+V+C →

   [(자로카) 나아가 (그들로 하여금) **살아갈 방도를 알게 할 수 있다.**]

② [염구가 그것을 맡아 하면 3년 무렵에는,]

   (염구카) (그 나라로) **하여금 백성이 많아지게 할 수 있다.**[51]

   使+V+C →

③ [소송에 대해 듣는 것은 나(/공자)도 남들과 같다.]

   (그러나) (나는) **반드시** (사람들로 하여금) **소송이 없게 되게 하겠다.**

   使+V+C →

---

51 이는 '백성을 풍족하게 하다'와 '백성의 수가 많아지게 하다'의 두 가지 해석이 가능하다고 본다. 필자는 구조상 후자의 해석이 더 적절하다고 본다.

3) 구 생성의 배경

'원인-변화결과' 사건의미를 표시하는 '使+V+C 구'의 속을 보자.

표기	의미역	의미 특징	격	한국어 조사 첨가
ES	원인자		주격(S)	-이/가 (-은/는)
使(v_1)		[+사역]		-게/케(되게)하다
es	경험자		주격(s)	-이/가 -로 하여금
V-v_2		[+변화결과]		-되다
C	**[결과] 대상자**			-이/가

표의 내용은 뇌 속에서 해당 명제를 이해하고 생성하려 할 때 순식간에 활성화되는 것들이다. 이 구조도 많이 생략되는 문형이다. 주어와 사역대상 성분이 생략된다.[52] 앞뒤 문맥이 허락하면 언제든지 생략한다. 이것이 언어 운용에 대한 우리 뇌 속의 경제성 원칙이다.

(1) 'ES' 충당 요소

예문에서, 이 요소들은 모두 생략되었지만 모두 환원할 수 있다. 이들은 〈원인자〉 의미역과 **'주격'**을 가지므로, 한국어로 해석할 때 주격조사 **'-이/가(-은/는)'**를 첨가한다.

    ① -(나는-자로);

    ② -(나는-염구);

    ③ -(나는-공자)

---

52 생략된 자리는 12.2.4의 경우와 같지만, 뒤에 남아있는 성분이 보어(C)이므로 상당히 다른 해석을 요한다. 조심해야 할 점이다.

(2) 경동사 '使'

경동사로서의 **'使'**는 자신의 상위 한정명사구(DP)에게 〈원인자〉 의미역을 준다. 또, 하위에 보이든 안보이든 항상 〈지배대상〉 혹은 〈경험자〉 의미역의 **보충어**(/목적어/보어)를 가짐으로써 '원인-변화결과' 사건의미 표시 조건을 만족시킨다. 이 구조에서는 상위의 〈원인자〉도 생략되었고, 하위의 '〈경험자〉'요소도 생략된다. 그러나 모두 환원이 가능하다.

(3) 'es' 충당 요소

이 성분은 경동사 '使'와 동사 사이에 낀 성분이다. 이 성분은 경동사 '-v[BECOME]'에 의해 원칙적으로 '〈대상자〉와 〈경험자〉' 의미역을 선택적으로 할당받는다. 그러나 예의 경우는 모두 〈경험자〉 의미역을 받아 주격을 부가하는 것이 더 좋아 보인다. '使'와 함께 표시해보자.

① -(자로가)+使+千乘之國(병거 1천대의 국가로 하여금/가);
② -(염구는)+使+百乘之國(병거 1백대의 국가로 하여금/가);
③ -(공자는)+使+(백성들로 하여금/이)

(4) 술어(V-v-v) 충당 요소

동사 성분은 아래와 같이 두 개의 경동사에 의해 성분통어(C-command)됨으로써 'V하게 되게[BECOME] 하다[CAUSE]'의 사건의미 의미를 가진다.

① -有(있게 되게 하다);
③ -足(풍족하게 되게 하다);
③ -無(없게 되게 하다)

(5) 보어(C) 충당 요소

이 구조에서 보어로 충당되는 한정사구(DP)는 비명시적인 전치사에 의해 경험자 의미역을 받는 것으로 보인다.

술어 使-V-v [BECOME]	보어 C			한국어 조사 첨가
	전치사	DP	의미역	
有		勇		용기가 있(게 되게) 하다
足	∅	民	경험자	백성을/이 풍족하(게 되게) 하다
無		訟		송사가 없게 (되게) 하다

표에서 보듯, 술어 동사가 '足'인 경우 보어(C)로 충당되는 논항(DP) '民'은 대상자 의미역을 받음으로써, 한국어로 해석할 때 목적격도 받을 수 있다. 이는 결국 중의적인 표현이라 하겠다.

4) 더 생각하기

[以]≒[使]

고대 중국어에서 '使'의 용법중 하나는 [+사동]/[+사역]의 의미로 쓰이는 것이다. 우리는 이를 경동사적 용법으로 친다. 그런데 동사 '以' 역시 유사한 기능이 있다. 다음을 보자.

연번	앞맥락	주어 ES	부가어	경동사 v[CAUSE] 以	s주어	술어 V-v [BECOME]	보어 C	출전
ⓐ 53	子謂公冶長:"可妻也,雖在縲絏之中,非其罪也!"			以	其子	妻	之	公冶長 1
ⓑ 54	子謂南容:"邦有道,不廢;邦無道,免於刑戮."			以	其兄之子	妻	之	公冶長 2

ⓐ [공자께서 공야장을 일러 말씀하셨다:

"(나는) (그에게) (딸을) 시집보낼만하다.

비록 (그가) 감옥에 있지만, 그의 죄가 아니다!"]

(공자는) 자신의 딸을/이/로 하여금 그에게 시집가게 했다.

ⓑ [공자께서 남용을 일러 말씀하셨다:]

"나라에 도가 있다면, (그는) 묻히지 않을 것이며;

나라에 도가 없더라도 (그는) 육시의 형벌을 면할 것이다."

(공자는) 형의 딸을/이/로 하여금 그에게 시집가게 했다.

이 'ES+以+o/s+V+C' 구조의 기본 해석 공식은 '[(사태발생의 원인자) (S는) 'o/s'을/가(/로 하여금) C에게 V되게 하다]'이다. 이 구조는 주어가 자주 생략된다는 점, 'o/s'가 〈대상자〉 혹은 〈경험자〉 의미역을 받는다는 점[55], 무엇보다 '원인자-변화결과'의 사건의미를 나타낸다는 점 등에서 '使자 구'와 흡사하다.[56]

한편, 두 예에서 보어(C) '之' 앞에 생략된 전치사는 'TO/-에게'와 같은 것이겠다. 이런 점 때문에 우리가 이것을 목적어라고 하지 않는 이유이다.[57]

---

53 자위공야장: 가처야, 수재유설지중, 비기죄야(Zǐ wèi Gōngyěcháng: kě qì yě, suī zài léi xiè zhī zhōng, fēi qí zuì yě; '公冶長' 공자의 학생, 사위; '縲絏' 죄수를 매는 포승줄, 여기서는 감옥을 가리킴; '非' 아니다, 동사)

54 자위남용: 방유도, 불폐; 방무도, 면어형륙(Zǐ wèi Nánróng: bāng yǒu dào, bú fèi; bāng wú dào, miǎn yú xínglù; '南容' 공자의 학생, 처조카; '刑戮' 육시의 형벌, 매우 극심한 형벌을 이름)

55 단, 보어(C)는 '使자 구'에서 보기 힘든 〈수익자〉 의미의 간접 대상자이다.

56 물론 이 구조를 '以+子/兄之子'를 전치사구로 보고 동사 '妻'의 부사어로 처리하는 것도 해석방법의 하나이겠다. 그러나, 이 구조가 '사역'의 사건의미를 나타내는 점에 주목하자. 고대중국어에서 '以'의 연구가치가 높아 보인다.

57 만약 '之'를 목적어로 보면, '그를 처로 삼았다' 혹은 '그를 시집보냈다' 따위의 전혀 다른 말로 번역하게 될 가능성이 농후하다.

#. '4) 더 생각하기' 수형도 보기 – '(子)以其兄之子妻之'의 도출도

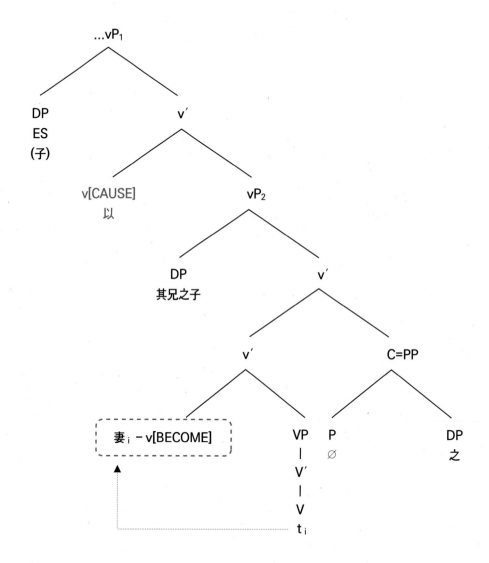

ES(공자)는 자신의 형의 딸로 하여금 그(南容)에게 시집가게 했다.

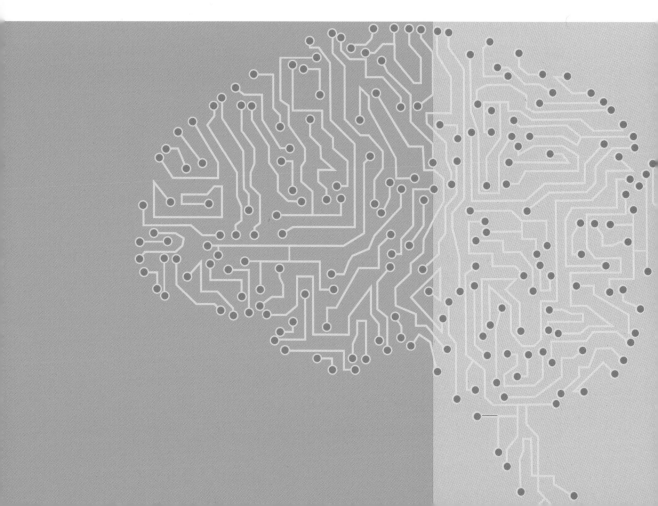

CHAPTER

13

총결

13 ┃ 총결

지금까지 논의된 내용을 요약한다.

13.1. 사건의미

본서는 **사건의미**와 큰 문형 'SVO', 'SVC' 혹은 'SVOC'에 딸린 구체적인 약 8개의 구 (phrase) 및 1개의 '使자구'에 근거하여 **'한문해석 공식'**을 추구했다. 예문은 『논어』 속의 구체적인 문장을 중심으로 하였다. 이때 개별 동사나 전치사의 의미에 집중하기보다, 그것보다 한 단계 위에서 작동하는 **경동사**(light verb, 輕動詞)에 의한 사건의미 활성화에 근거하였다.

고대 중국어에서 경동사는 [+사역]의 '使'를 제외하고 모두 비명시적이고 굴절적인 형태소인 것 같다. 따라서 동사구(VP)의 핵인 동사를 당겨 병합함으로써 모종의 추상적인 사건의미(eventuality meaning)를 표시한다. 그 사건의미는 다음과 같다.

  ⅰ) 활동[DO]
  ⅱ) 상태[BE]
  ⅲ) 변화결과[BECOME]
  ⅳ) 원인[CAUSE]-결과[BECOME]

한편, 소위 고대중국어의 소위 의동(意動)용법을 설명하기 위해 **사건의미 '여기다 [CONSIDER]'**를 설정할 수도 있으나, 본서에서는 다루지 못했다.

13.2. 도식 보기

도식 보기는 바로 도식 속에 논어 구절의 문장성분을 도출되는 순서대로 대입하는 과정이다. 이를 통하여 어떤 성분이 어느 위치에 들어가 작동할 것인지 생각하게 되고, 다 채워 넣은 후에는 채워진 곳과 빈곳에서 동일하게 작동하는 문장성분의 기능을 살필 수 있다.

13.3. 해석과 쓰기연습

'**해석과 쓰기연습**'은 '도식 보기'의 연장선이다. 해석할 때는 특히 도식의 빈 곳에서 작동하는 문장성분들의 역할과 의미를 모두 '**환원**'하여 적어보고, 후에 중복된 것을 '**생략**'하는 것이 학습에 효과적이다. 한국어로의 해석은 도출과정의 역순이다.

13.4. 구 생성의 배경

고대중국어든 현대중국어든, 한국어든 영어든 모든 구(phrase)는 통사적 관점에서 어떤 예외도 없이 동일한 기제에 의해 생성된다 할 수 있다. 즉, **구는 핵과 보충어의 계층적 병합에 의해 구조화된다**. 이때, 논항들이 보이는 **의미역**과 **격**은 문장의 해석에 필수적인 요소이다. 또, 보어에서 (명시적이든 비명시적이든) 핵인 전치사가 자신의 보충어인 한정사구(DP)에 부여하는 모종의 의미역은 비교적 다양하다. 또, 보어의 구성소인 한정사구는 전치사와 먼저 병합됨으로 문장의 주동사와는 간접적 관계를 가진다. 이상의 내용이 '사건 의미' 구조화 단계에서 거의 파악된다. 이를 표로 정리하면 다음과 같다.

(32) 사건의미와 문장성분 배열상의 특징 [1]

문장성분의 배열과 특징 / 사건의미	주어 (S) 의미역	격	술어 (V-v) 동사-경동사	목적어 (O) 의미역	격	보어 (C) 전치사 비명시 DP 특성	명시 DP 특성	한국어 후치사 대응관계
활동	행위자	주격	V-v [DO]	대상자	목적격	[+판단] [+존재] [+소유] [+비교] 등의 대상	[+장소] [+시간] [+도구] [+방식] [+원인] 등의 대상	-에게 -(으)로 -대해 -라고
상태	묘사 대상자	주격	V-v [BE]	-	-			-이/가 -보다 -만
변화결과 A	변화결과 대상자	주격	V-v [BECOME]	-	-			-이 -에서 -(으)로 -로써
변화결과 B	경험자	주격	V-v [BECOME]	대상자	목적격			-이 -에서 -(으)로 -로써
원인-변화결과	원인자	주격	V-v-v [CAUSE]- [BECOME]	대상자	목적격			-을/를
				경험자	내포절의 주격			-이/가 (-은/는) -로 하여금

---

1 이 표는 사건의미와 관련된 여러 문법관계를 요약한 것이다. 본서의 이론 부분인 3.3에서도 논의의 진행을 위해 언급했다.

13.5. 더 생각하기

본서의 '더 생각하기'는 두 가지 의도로 설정되었다. 하나는 해당 구절에 대한 학습이 완료되는 시점에서, 해당 구절에 출현하였던 문법 요점에 대해 설명하고 정리하는 것이다. 다른 하나는 해당 구절의 구조와 동일한 예문을 더 음미하자는 것이다. 이때는 논어구절에 국한하지 않는다.

13.6. 요약(같은 구조, 다른 해석)

본서에서 **4장부터** 11장까지의 각 문형에 속한 사건의미 구에 대해 설명이 완료되면, 요약에 해당하는 **'같은 구조, 다른 해석'**이 있다. 이는 지금까지의 각 문형 속에서 나누어 설명한 2~4개의 사건의미 구를 종합하여 비교한 것이다. 이는 **'같은 구조, 다른 해석'**의 근본적인 원인을 제시하는 일종의 결론이다. 그런데 사실 상당 부분 같은 내용의 반복처럼 보이기도 한다. 그러나 이것은 언어 운용의 경제성 차원에서의 보이는 유기적 관계이다. 어떤 의미에서 같은 내용, 같은 구조를 끊임없이 계층적으로 순환(recursion)시킨다. 이는 언어운용을 단순화시켜 에너지를 절약하자는 뇌 속의 기제 때문이라 하겠다.

13.7. 한문 해석 공식

본서의 목적은 한문 **'해석 공식'**을 마련하는 데 있다. 우리는 본서의 4장-12장을 통해 사건의미와 문형간의 관계를 밝히고자 했다. 문형은 목적어와 보어의 유무에 근거하여 제시된 'SVO', 'SVC', 'SVOC' 문형과 이들에서 파생된 각각의 문형에 대해 사건의미를 적용시켰다. 이렇게 배열하여 사건의미를 적용시키는 이유는 이미 밝힌 대로 **'같은 구조, 다른 해석'**에 대해 설명하기 위함이다. 도대체 같은 구조인데 왜 다른 해석이 나오느냐는 것이다. 사실 기본문형 아래 파생문형의 예를 들었지만, 기본문형에서 해석된 의미가 파생문형에 그대로 적용됨을 알 수 있다.

이제 이들 세 문형의 해석공식을 도표로 제시한다.[2] 독자들은 같은 문형에 대해 사건의미 차이로 인해 다르게 해석되는 양상을 서로 비교해보기 바란다. 가장 우측의 내용은 이런 해석이 나오게 하는 주어, 술어, 목적어의 의미역과 의미특징에 대한 요약이다.

---

2 본서의 12장에서 다룬 사역표시 '使' 구문은 그 자체가 사역 사건의미를 나타내기 위해 고안된 것이므로 달리 요약하지 않는다.

13.7.1. 사건의미에 따른 SVO와 그 파생문형의 해석공식

문장성분의 배열과 특성 / 사건의미	SVO와 관련 문형		기본 해석공식	S의 의미역 V의 의미특징 O의 의미역
활동 [DO]	SVO		S가 O를 V하다	S는 의지적 〈행위자〉 V는 [+의지] O는 직접 〈지배대상〉
	VO		ES가 O를 V하다	
	SV		S가 (EO를) V를 하다	
	V		ES가 EO를 V하다	
상태 [BE]	SV			
	V			
변화결과 [BECOME]	SVO	A	S가 O를 V하게 되다	S는 심리적 변화 〈경험자〉/ 변화 결과 〈대상자〉 V는 [-의지] O는 직접 〈지배대상〉
	VO		ES가 O를 V하게 되다	
	SV	B	S가 V하게 되다	
	V		ES가 (EO를) V하게 되다	
원인- 변화결과 [CAUSE]- [BECOME]	SVO		S는 O/s를/가/로 하여금 V(되)게 하다	S는 사태발생의 〈원인자〉 V는 [+의지] O/s는 〈대상자〉/〈경험자〉
	VO		ES는 O/s를/가/로 하여금 V(되)게 하다	
	SV	A	S는 (EO/s를/가/로 하여금) V(되)게 하다	
		B	(ES는) s가(/로 하여금) V되게 하다	
	V		ES는 (O/s를/가/로 하여금) V(되)게 하다	

'활동[DO]' 사건의미는 이 문형과 궁합이 잘 맞는다. 이 의미 구조에서 동사는 일반적으로 지배대상 목적어를 가진다.

'상태[BE]' 사건의미는 예가 없을 정도로 이 문형과 궁합이 안 맞는다. 이 의미 구조에서 동사는 목적어를 가질 수 없다.

'변화결과[BECOME]' 사건의미는 A: [+심리], [+인지] 동사인 경우와 B: 비대격동사인 경우가 매우 다른 양상을 보인다. 둘 다 [-의지]의 주어를 가지는 공통점이 있다. 그러나 전자는 심리나 인지 대상자 목적어를 가지나, 후자는 동사의 보충어로 병합한 성분을 주어의 위치로 이동시켜 변화결과의 대상자 주어로 만드는 특징이 있다.

'원인[CAUSE]-변화결과[BECOME]' 사건의미는 이 문형에서 해석이 가장 어렵다. 특히 문장성분이 생략된 경우는 '사역'의미를 부여를 위해 문맥의 도움이 필요하다.

13.7.2. 사건의미에 따른 SVC와 그 파생문형의 해석공식

문형 해석 공식과 특징 / 사건의미	SVC와 관련 문형	기본 해석공식	S의 의미역 / V의 의미특징 / C속 DP의 의미역
활동 [DO]	SVC	S가 C에서(/게/대하여/로써) V하다	S는 의지적 〈행위자〉 V는 [+의지] C속 DP는 술어의 간접 의미역
	VC	ES가 C에서(/게/대하여/로써) V하다	
상태 [BE]	SVC	S는 C가(/와/에) V(x)다	S는 묘사/진술 〈대상자〉 V는 [+상태]; [-의지] (C속 DP는 술어의 간접 의미역)³
	VC	ES는 C가(/와/에) V(x)다	
	SV	S는 V(x)다	
	SC	S는 C이(/와/과 같/가있)다	
	V	ES는 V(x)다	
변화결과 [BECOME]	SVC	S는 C가(/에서/로/까지) V(x)게 되다	S는 비의지적 변화결과 〈대상자〉 V는 [+변화결과]; [-의지] (C속 DP는 술어의 간접 의미역)
	VC	ES는 C가(/에서/로/까지) V(x)게 되다	
	SC	S는 C가(/이) (EV)되다	
원인- 변화결과 [CAUSE]- [BECOME]	VC	ES는 C에 대해 V되게 하다	ES는 사건 발생의 〈원인자〉 V는 [+원인]; [+변화결과] C속 DP는 술어의 간접 의미역

---

3 괄호를 친 이유는 보어(C)가 아예 상정되지 않은 경우를 고려한 표시이다.

　'활동[DO]' 사건의미 속에서 이 문형의 보어는 행위자 주어의 활동 장소, 혹은 행동 방식이나 이유 등을 나타낼 수 있다.

　'상태[BE]' 사건의미는 이 문형과 궁합이 잘 맞는다. 이 문형의 보어는 묘사 대상자 주어의 존재위치, 판단대상, 비교대상, 소유대상 등의 의미를 보충한다.

　'변화결과[BECOME]' 사건의미 속에서 이 문형의 보어는 경험자 혹은 대상자 주어의 변화결과와 관련된 다양한 장소, 혹은 존재나 증감의 대상 등을 나타낼 수 있다.

　'원인[CAUSE]-변화결과[BECOME]' 사건의미는 샘플 예문을 하나밖에 찾지 못할 정도로 이 문형과 궁합이 잘 안 맞는다.

13.7.3. 사건의미에 따른 SVOC와 그 파생문형의 해석공식

문형 해석 공식과 특징 / 사건의미	SVOC와 관련 문형	기본 해석공식	S의 의미역 / V의 의미특징 / O의 의미역 / C속 DP의 의미역
활동 [DO]	SVOC/ SVCO	S는 C에게(/으로/와/라고) O를(/에 대해) V하다	S는 의지적 〈행위자〉 V는 [+의지] O는 직접 〈지배대상〉 C속 한정사구(DP)는 다양한 간접[4] 의미역
	VOC/ VCO	ES는 C에게(/으로/와/라고) O를(/에 대해) V하다	
상태 [BE]			
변화결과 [BECOME]	(S)VOC	ES는 C에서(/에게) O를 V(x)게 되다	ES는 변화결과의 〈대상자〉 V는 [+변화결과]; [−원인] O는 직접 〈지배대상〉 C속 한정사구는 간접 의미역
원인– 변화결과 [CAUSE]– [BECOME]	(S)VOC	S가 C에(게) 'O/s를/가/로 하여금' V되게 하다	ES는 사건 발생의 〈원인자〉 V는 [+원인]; [+변화결과] O/s는 〈지배대상〉/〈경험자〉 C속 한정사구는 간접 의미역

---

4 여기서 '간접'이라 함은 문장의 술어동사와의 관계 속에서 간접적이라는 의미이다. 즉 이 한정사구는 전치사 핵에 의해 직접적으로 모종의 의미역을 할당받을 뿐 문장의 술어동사와는 직접적인 관계를 가지지 않는다.

'활동[DO]' 사건의미 속에서 이 문형의 목적어와 보어는 각각 소위 직접목적어와 간접목적어로 사용되어, 행위자 주어에 의한 '수여' 의미를 주로 나타낸다. 또, 보어의 의미가 목적어 논항과 관련된 자격이나 인정 등 모종의 대상자를 나타내기도 한다.

'상태[BE]' 사건의미는 샘플 예문이 없을 정도로 이 문형과 궁합이 안 맞는다.

'변화결과[BECOME]' 사건의미도 샘플 예문이 두 개 밖에 없을 정도로 이 문형과 궁합이 잘 안 맞는다. 보어 논항은 목적어 논항의 출발점(source)을 나타낸다.

'원인[CAUSE]-변화결과[BECOME]' 사건의미 속에서, 이 문형은 주어가 목적어로 하여금 보어 논항으로 귀착되게 함의 의미를 나타낸다.

『논어』 어구 해석은 지나치게 다양하다. 그래서 '논어 구절은 이설이 없는 구절이 없다.'고 말하나보다.1 그러다 보니 오류도 적지 않다. 이처럼 해석의 다양성과 오류가 생기는 원인은 무엇일까? 여러 원인이 있겠지만, 시대의 변화와 고정관념이 겹쳐진 것 같다. 전자는 변화에 수용하기 위해 다양해지라 하고, 후자는 가르침에 그대로 따르며 '왜냐고 묻지 마!'라고 한다. 전자는 그럴 수 있다. 그러나 후자와 관련하여 필자는 논어를 보다 깜짝깜짝 놀라곤 한다. 언어학적으로 명백히 틀렸음에도 누구를 따랐는지 '천편일률적인 오류' 때문이다.

논어 구에 대해, 어휘의미를 조합하고 철학이나 영감(靈感)에 의존하다 보면 이미 번역이 아니다. 무엇보다 그 뜻이 알듯 모를듯하여 우리의 뇌리에서 반응이 일어나지 않는다. 이런 해석은 없는 말의 향연이요, 오역의 잔치일 뿐이다. 우리 뇌는 경제성에 충실하기에 멍 때리고 노는 한이 있더라고 이런 잔치를 위해 에너지를 쓰지 않는다.

언어는 엄청난 융통성도 있지만, 아울러 인간이 가진 최고도의 정교함과 성숙함을 추구하는 생물(生物)이다. 언어는 바로 인간 뇌 활동의 정수이다. 이에 필자는 『논어』 혹은 한문 고전 원전의 구절들에 대해 언어적 유기성(메커니즘)에 따른 번역이 우선되어야 한다고 믿는다. 그 위에 철학과 수사가 놓여야 진정한 조화가 드러난다. 한편, 공부를 오래한 분들이 소위 '문사철(文史哲)'이라는 말로 학문의 영역을 뭉뚱그리지 않길 바란다. '융합'과 '뭉뚱그림'은 다른 말이다. 문학은 문학대로, 사학은 사학대로, 철학은 철학대로 우뚝한 그 무엇인가가 있다. 어학도 마찬 가지이다. 그러니 어학을 전공하는 우리도 전문성에 걸 맞는 좋은 해석과 번역을 위해 노력해야 한다. 그 위에라야 진정한 융합이 있다.

---

1 이강재, 「촘스키가 논어를 읽는다면」 교수신문(2017.10,16), 인용 및 참고. 여기서 본서의 부제가 탄생했다. 이강재교수께 감사드린다. http://www.kyosu.net/news/articleView.html?idxno=34172

주지하듯 언어만큼 인간의 종 특성을 보여주는 것은 없다. 그것을 다루는 언어학이 해야 할 일이 많다는 것이다. 재미있고 도전하고 싶은 분야이지만, 돈벌이가 안 되는 학문이라고 포기한다면, 진짜 '문돌이' 학문이 되는 것이다. 어떤 어종(語種)이든 어문학, 특히 어학을 전공하는 이들은 '인간 능력'의 본질을 탐구한다는 깊은 자부심을 가져 마땅하다. 이 시대 뜨거운 분야인 뇌 과학이 말하는 바, 인간 뇌 활동의 핵심은 바로 언어의 생성이기 때문이다. 인류는 언어가 있고나서 비로소 진정한 역사를 가지게 되었다. 창세기에서 보면 하나님은 말씀, 즉 언어로 온 우주를 만드셨다. 우리 인간도 창조주(Big Creator)의 속성을 부여받았기에, 언어를 통과하지 않은 창조는 없다. 그러니 어학은 이 시대 학문을 업으로 삼은 자, 모름지기 한번 도전해볼 만한 가치 있는 영역이다. 그 자부심만큼 전공에 대한 소양과 과학적 접근이 필요하다. 그중 하나가 언어학과 뇌 과학의 접목이다. 아직 연구해야할 부분이 무궁무진하며, 인간 본연의 종 특성에 대한 탐구와 더불어 다양한 응용 분야도 파생되기 때문이다.

이제 2018년 겨울방학과 함께 시작된 이 작업에 대해, 마침표를 찍어야 할 시간이다. 여하튼 이 책 속의 모든 오류는 필자의 역량부족 탓이다. 여러분의 질책을 달게 받으며 완성도를 높여나갈 것이다.

감사한 분들의 얼굴들이 떠오른다. 학문의 길을 걷도록 인도해주신 스승님들께 감사드립니다. 직접 배우지는 못했지만, 특히 생성문법학의 길을 보여주신 촘스키 교수와 직접 가르침을 주신 한국외대 김광섭교수께 감사드립니다. 아내와 자식들에게 사랑을 전합니다. 이미 하늘에 계신 가족들이 생전에 주신 그 헌신과 사랑에 감사합니다. 존경하는 동료와 사랑하는 제자들에게 감사합니다. 믿음의 친구들에게 감사합니다. 특히, 지근거리에서 수

에필로그: 뇌리에 기억되게 해석하라

십 년을 함께 동고동락한 박흥수 교수께 우정을 전합니다. 이제 봄의 문턱, 꽃망울들이 앞다투어 기지개를 켭니다. 온 우주에 활기를 불어넣으시는 권능의 하나님을 찬양합니다.

2019. 4. 25
서울 이문동 연구실에서
김 종 호 적음

참고문헌

C.-T. James Huang, Y.-H. Audrey Li, Yafei Li(2009), The Syntax of Chinese. Cambridge. Cambridge University Press.

Chomsky N(1995), The Minimalist Program. Cambridge: MIT Press.

Gao ming-le(2011), Universals and Variation, proceedings of GLOW in Asia Ⅷ 2010.

Huang, C.-T. James(1982), Logical relations in Chinese and the theory of grammar. Doctoral dissertation. MIT.

James Huang, Y.-H Audrey Li, Yafei Li著, 張和友譯(2013), 『漢語句法學』, 北京, 世界圖書出版公司.

James, Legge(1991[1861]), Confucian Analects, HK, Hong Kong University Press.

Zeljko Boskovic and Howard Lasnik(2007), Minimalist Syntax The Essential Reading, Blackwell Publishing.

Noam Chomsky, 박명관·장영준(2001), 『최소주의 언어이론』, 한국문화사.

Norbert Hornstein(2009), A Theory of Syntax, Minimal Operations and Universal Grammar. Cambridge University Press.

Palmer F.r.(2001[1986]), Mood and Modality (second edition)[M]. Cambridge: Cambridge University Press.

Paul, W.(2005), Low IP and left periphery in Mandarin Chinese. Recherches Linguistiques de Vincennes 33.

Radford, Andrew(2012[2004]), Minimalist Syntax: Exploring the structure of English. Cambridge. Cambridge University Press, 5th edn.

Rizzi, Luigi(1997), The Fine Structure of the Left Periphery. Elements of Grammar: A Handbook of Generative Syntax. Ed. Liliane Haegeman. Dordrecht: Kluwer.

Rizzi, Luigi(2004), Locality and Left Periphery. In A Belletti(ed), Structure and beyond: The cartography of syntactic structure 3. New York: OUP.

Tzong-Hong Lin(2001), "Light Verb Syntax and the Theory of Phrase Structure", University of California, Ph.D Dissertation.

Victoria Fromkin외 저(1974, 제9판), 謝富惠외 역(2011[1999]), 『An Introduction to Language(語言學新引)』, CENGAGE Learning, 台北: 文鶴出版有限公司.

Wei-Tien Dylan Tsai(2015) The Cartography of Chinese Syntax. The Cartography of Syntactic Structures. Volume Ⅱ.

공자, 김원중 역(2013[2012]), 『논어』, 경기, 글항아리.

郭錫良·唐作藩·何九盈·蔣紹愚등저, 이강재·김혜영외역(2016), 『古代漢語常識, 고대중국어』, 역락.

김광섭(2018), 『최소주의 최후수단』, 한국문화사.

김대식(2014.11.20.), 「뇌, 나 그리고 현실」, https://www.youtube.com/watch?v=BSCG_VPjuNo.

김용석(2012), 『최소주의 문법, Glossary』, 서울, 글로벌콘텐츠.

김용옥(2008), 『논어한글역주』, 서울, 통나무.

김용하·박소영·이정훈·최기용(2018), 『한국어 생성 통사론』, 역락.

김종호(2011), 『현대중국어 10문형 50구문』, 한국외국어대학교출판부.

김종호(2011), 『현대중국어 화제화 이중 명사구문 연구』, 한국문화사.

김종호(2012), 『도표로 보는 정통중국어문법』, 한국외국어대학교출판부.

김종호(2013), 『공자, 멋진 사람을 말하다』, 한티미디어.

김종호(2017), 『논어명구』, 한국외국어대학교 지식출판콘텐츠원.

김종호(2018), 「논어 명구 속 '원인-결과' 사건구조의 이해와 한국어 번역」 『중어중문학』 72집.

김종호(2018), 『최소주의 생성문법 13강』, 한국외국어대학교 지식출판콘텐츠원.

김종호·강희명(2011), 『중국어 쉬운 문법』, 다락원.

김진우(2012[2011]), 『언어와 뇌-생물언어학의 전망』, 한국문화사.

김형찬(2014), 『논어』, 서울, 홍익출판사.

남승호(2008), 『한국어 술어의 사건구조와 논항구조』, 서울대학교출판부.

寧春岩(2011), 『甚麼是生成語法』, 上海, 上海外語敎育出版社.

寧春岩저, 김종호외 역(2015), 『생성문법이란 무엇인가』, 한국문화사.

동양고전정보화연구소(2018), 『漢文 독해 기본 패턴』, 전통문화연구회.

鄧思穎(2010), 『形式漢語句法學』, 上海, 上海敎育出版社.

류종목(2014[2010]), 『논어의 문법적 이해』, 서울, 문학과 지성사.

陸儉明主編(2012), 『現代漢語』, 北京, 北京師範大學出版集團.

李澤厚(2008), 『論語今讀』, 北京, 三聯書店.

梅廣(2015), 『上古漢語生語法綱要』, 臺北, 三民書局.

武惠華 譯註(1998), 『白話論語』, 北京, 北京大學出版社.

박문호(2017.11.21.), 「뇌와 언어」,
　　　　'https://www.youtube.com/watch?v=cFT5y5uvmO8' 참조.

박문호(2018[2017]), 『박문호박사의 뇌과학 공부』, 김영사.

思履 主編(2014), 『論語全書』, 北京, 北京聯合出版公司.

謝氷瑩·劉正浩·李鍌·邱燮友 編譯(民國70年[1981,1968]), 『四書讀本』, 臺北, 三民書局.

성백효 역(2011[2005, 1990]), 『論語集註』, 서울, 傳統文化硏究會.

세종대왕기념사업회 편집부, 장세경 역(2011[1756년경]), 『역주 논어언해』, 서울, 세종대왕
　　　　기념사업회.

楊伯峻(2014[2006]), 『論語譯注(簡體字本)』, 北京, 中華書局.

楊逢彬(2016), 『論語新注新譯』, 北京, 北京大學出版社.

王力(2010), 『漢語史稿』, 北京, 中華書局.

王邦雄·曾昭旭·楊祖漢, 황갑연譯(2002), 『논어철학』, 서울, 서광사.

熊仲儒(2011), 『現代漢語中的功能範疇』, 安徽師範大學出版社.

유교문화연구소(2005), 『논어』, 서울, 성균관대학교 출판부.

이강재(2006), 『논어』, 파주, 살림출판사.

이기동(2013[1996, 1992]), 『論語講說』, 서울, 성균관대학교 출판부.

錢穆(2017), 『論語新解』, 北京, 九州出版社.

정재승(2016.04.25.), 「EBS초대석 – 창의적인 뇌는 무엇이 다른가?」.

정재승(2018), 『열두 발자국』, 도서출판 어크로스.

정춘수(2018), 『한문공부』, 부키.

曹逢甫(1995[1979]), 『A FUNCTIONAL STUDY OF TOPIC IN CHINESE』, 臺北, 學生書局.

조장희(2017.06.20.), 「언어, 인지 그리고 의식」
　　　　　'https://www.youtube.com/watch?v=_8Mkb1hXzE8' 참조.

蔡維天(2015), 『從微觀到宏觀 – 漢語語法的生成視野』, 北京, 商務印書館.

湯廷池(民國68[1979]), 『國語變形語法研究:第一集 移位變形』, 臺北, 臺灣學生書館.

何永淸(2016), 『論語語法通論』, 臺北, 臺灣商務印書館.

何元建(2011), 『現代漢語生成語法』, 北京, 北京大學出版社.

許世瑛(民國62年[1973]), 『論語二十篇句法研究』, 臺北, 開明書店.

黃正德(2007), 「漢語動詞的題元結構與其句法表現」 『語言科學』 第6卷第4期.

찾아보기

찾아보기

한문 해석 공식 - 촘스키가 논어를 읽는다면 -

한문 해석 공식 - 촘스키가 논어를 읽는다면 -